サービス&ホスピタリティ・マネジメント

サービス&ホスピタリティ・マネジメント研究グループ
飯嶋　好彦、伊藤　綾、蟹瀬　誠一、
佐々木　一彰、佐々木　茂、島川　崇、
長谷川　惠一、藤津　康彦、松本　創、
吉田　雄人　　　　　　　　　　　　　著

ツーリズム学会副会長
徳江　順一郎　編著

はじめに

　観光立国を目指すわが国において、その主軸となるサービス、そしてホスピタリティについての研究はきわめて重要なものである。しかしながら、こうした分野において特徴的に生じる事象に関係する研究は、この国ではやや遅れていると言わざるを得ない。サービスについての研究は1970年頃代から、ホスピタリティについての研究は1990年代頃からようやく行われるようになってきた。

　こうした遅れについては、研究分野が比較的新しい学問領域であることも一因だろうが、決してそれだけではない。日本に特有の社会的、経済的、そして政治的な諸事情によって、サービスやホスピタリティに対する理解があまり進まなかった、といった面も指摘できよう。

　実際、わが国においては、大学で「サービス」や「ホスピタリティ」と名がつく学部、学科は決して多くはない。また、アカデミズムの事情から見ると、これらの分野の研究は、経営学・商学系統の学部、学科でよりも、観光学系統の学部、学科において盛んに行われているということにも言及せねばならない。経営学・商学系統の世界では、第3次産業よりも第1次・第2次産業を軸とした"モノ"として扱われる製品（商品）についての研究がメインストリームである。実際、サービスそのものについての学会が存在せず、サービスそのものについての学術誌も存在しないことがそれを証明していよう。

　本書は、このような状況にあるサービス／ホスピタリティについて、現実に起こっている事象を踏まえつつ、その背景に流れていると思われる大きな「幹」について考察し、それを軸としたマネジメントについて提示し、さらに、将来への展望について述べたものである。

　しかし、そのように言うものの、純粋に学術的なアプローチのみでサービスとホスピタリティについて考察したものではなく、現実のビジネスにおける事例も織り交ぜつつ、単なる机上の空論にならないように論じている。一方で、実業界のプロフェッショナルのみならず、学術的に著名な研究者にも執筆を依頼し、実践面と理論面とのバランスにも配慮している。

第Ⅰ部では、サービス／ホスピタリティの実態に迫る。普段、何気なく接しているサービスやホスピタリティが、そもそもどのようなものであるのか解明してゆく。ここでは、先行研究についてのレビューも行っている。

　第Ⅱ部では、サービス産業、ホスピタリティ産業と呼ばれる産業について概観する。こうした産業の企業には、われわれに身近な存在も多いが、さまざまな視点から実態について論じてゆく。

　第Ⅲ部では、実際のマネジメントについて議論する。現在サービス／ホスピタリティ産業に従事している人たちだけでなく、将来的な興味を持っている人には、ぜひとも把握しておいて欲しい内容である。

　第Ⅳ部では、特にホスピタリティについて、将来的な展望を述べている。単なるおもてなしではなく、「関係性をいかにマネジメントするか」という視点から、サービスが提供される場だけではない方向性へのホスピタリティ拡張について考察した。

　トヨタやソニーといった、わが国を代表する製造業者が世界的なプレゼンスを持つに至ったのは、会社の直接的な関係者たちの頑張りももちろんだが、そうした現実のビジネスと車の両輪のような存在である理論体系の構築に力を注いだ研究者たちの存在も大きい。コンビニエンス・ストアの隆盛も、流通論をはじめとした経営関係の諸理論の発展が寄与した面が多々見受けられる。

　残念ながら、サービス／ホスピタリティについては、そのような実務面と研究面との相乗効果が生じているとは言えないだろう。そもそも、残念ながら日本のサービス／ホスピタリティ産業の企業で、世界的に事業展開を図ることに成功した事業者はほとんど存在しない。また、前述したとおり、学問的にも必ずしも盛んであるという状況ではない。

　しかしながら、サービス／ホスピタリティは、ビジネスにおいては多くの人々を巻き込んで成立するものであるから、影響力は非常に大きい。売上規模に比べて多くの雇用を実現するし、国際的な人的交流を促進する面も持っている。

しばしば言われることではあるが、現在の日本が陥っている苦境は、「重厚長大」型産業からの転換がうまくいっていないことも原因の1つとして挙げられよう。もちろん、一部では「軽薄短小」型への転換もなされつつあるが、ここでも「ものづくり」にばかり傾倒しすぎる悪しき側面が見え隠れしており、必ずしも世界的な競争力を維持できているとは言えず、今後それだけでは国家を担うことはできないと言わざるを得ない。サービス／ホスピタリティの要素を含めたソフトづくりもなされなければ、他から模倣されて終わりなのである。

　人と人とが接するサービス場面でのホスピタリティについて理解することも、今後のわが国にとっては非常に重要なことである。このような関係性マネジメントについて、本書を通じて多くの人たちに理解を深めてもらえれば幸いである。

サービス&ホスピタリティ・マネジメント

はじめに
第Ⅰ部　サービス／ホスピタリティとは何か？

第1章　サービス／ホスピタリティとは？ ………………………………… 3
　第1節　サービス／ホスピタリティの現実 ……………………………… 4
　　1．はじめに ………………………………………………………………… 4
　　2．サービスの現実 ………………………………………………………… 4
　　3．ホスピタリティの現実 ………………………………………………… 6
　第2節　サービス／ホスピタリティの語源と歴史 ……………………… 9
　　1．サービスの語源と歴史 ………………………………………………… 9
　　2．ホスピタリティの語源と歴史 ………………………………………… 10
　　3．語源研究と派生的な弊害 ……………………………………………… 12

第2章　サービス／ホスピタリティ研究の潮流 ………………………… 15
　第1節　サービス研究の系譜 ……………………………………………… 16
　　1．サービスの定義についての検討 ……………………………………… 16
　　2．対比による把握 ………………………………………………………… 17
　　3．活動・機能による把握 ………………………………………………… 17
　　4．限定による把握 ………………………………………………………… 18
　　5．効用による把握 ………………………………………………………… 19
　　6．消費者ニーズの時間軸における変化への対応による把握 ………… 20
　　7．サービス研究のまとめ ………………………………………………… 22
　第2節　ホスピタリティ研究の系譜 ……………………………………… 23
　　1．ホスピタリティ概論研究 ……………………………………………… 23
　　2．ホスピタリティ産業研究 ……………………………………………… 26
　　　（1）海外におけるホスピタリティ産業研究 ………………………… 26
　　　（2）わが国におけるホスピタリティ産業研究 ……………………… 27
　　3．ホスピタリティ・マネジメント研究 ………………………………… 28
　　4．ホスピタリティ関連研究のまとめ …………………………………… 29

第3章　関係性とサービス／ホスピタリティ概念 ……………………… 35
　第1節　サービス／ホスピタリティ概念へのアプローチ ……………… 36
　　1．はじめに ………………………………………………………………… 36

2．サービスとホスピタリティ……………………………………………… 36
第2節　サービスの定義と特性 ………………………………………………… 38
　1．サービスの定義………………………………………………………… 38
　2．サービスの特性………………………………………………………… 39
　　（1）客観的品質の変動性／不安定性 …………………………………… 40
　　（2）主観的品質の変動性／不安定性 …………………………………… 41
　3．サービスの特性に対する対応………………………………………… 42
第3節　関係性概念の系譜と信頼の構造－ホスピタリティ概念把握の前提 …… 45
　1．前提としての関係性概念と信頼概念………………………………… 45
　2．信頼の下位構造とサービス／ホスピタリティ……………………… 46
第4節　ホスピタリティの定義とサービスとの関係 ………………………… 50
　1．サービス提供プロセスにおける信頼構造とホスピタリティの定義……… 50
　2．信頼の役割と関係消費………………………………………………… 52

第Ⅱ部　サービス／ホスピタリティ産業

第4章　旅行業／交通事業……………………………………………… 57
第1節　旅行業 …………………………………………………………………… 58
　1．旅行業とは……………………………………………………………… 58
　2．旅行会社の機能………………………………………………………… 59
　　（1）便宜性 ………………………………………………………………… 59
　　（2）費用の低減 …………………………………………………………… 60
　　（3）保証 …………………………………………………………………… 60
　3．旅行商品の種類………………………………………………………… 60
　　（1）募集型企画旅行 ……………………………………………………… 60
　　（2）受注型企画旅行 ……………………………………………………… 61
　　（3）手配旅行 ……………………………………………………………… 61
　　（4）渡航手続代行 ………………………………………………………… 61
　　（5）旅行相談 ……………………………………………………………… 61
　4．旅行会社の種類………………………………………………………… 62
　　（1）旅行業法上の分類 …………………………………………………… 62
　　（2）業態上の分類 ………………………………………………………… 62
　5．旅行業を取り巻く環境と今後の展開………………………………… 64

第2節　鉄道事業 ……………………………………………………… 68
　1．日本の鉄道事業の歴史：国鉄から JR へ………………………… 68
　2．民鉄（私鉄） ……………………………………………………… 69
　3．割引乗車券………………………………………………………… 69
　4．IC カード事業 …………………………………………………… 70
　5．駅ビル、エキナカビジネス……………………………………… 70
第3節　航空事業 ……………………………………………………… 74
　1．航空業界の歴史…………………………………………………… 74
　2．FFP………………………………………………………………… 75
　3．コードシェア……………………………………………………… 75
　4．グローバル・アライアンス……………………………………… 76
　5．GDS・CRS ……………………………………………………… 76
　6．LCC のビジネスモデル ………………………………………… 77
第4節　その他の交通事業について ………………………………… 81
　1．船舶事業…………………………………………………………… 81
　　（1）定期客船 ……………………………………………………… 81
　　（2）遊覧船 ………………………………………………………… 81
　　（3）クルーズ ……………………………………………………… 81
　2．バス事業…………………………………………………………… 82
　　（1）貸切バス ……………………………………………………… 82
　　（2）乗合バス ……………………………………………………… 82
　　（3）高速バス ……………………………………………………… 83
　3．レンタカー………………………………………………………… 83
　4．タクシー…………………………………………………………… 84

第5章　宿泊産業………………………………………………………… 87
第1節　宿泊産業の概略 ……………………………………………… 88
　1．はじめに…………………………………………………………… 88
　2．法律による宿泊施設の種類とホテルの定義…………………… 88
　3．国際的なホテルの分類手法……………………………………… 90
　4．わが国におけるホテル業の発展過程…………………………… 92
　5．まとめ……………………………………………………………… 94
第2節　都市型立地の宿泊産業 ……………………………………… 96

CONTENTS

　　1．都市型立地の宿泊産業の現状……………………………………… 96
　　2．新しい業態の登場…………………………………………………… 96
　　　（1）阪急阪神第一ホテルグループの「remm」ブランド ………… 96
　　　（2）東急ホテルズの「ビズフォート」ブランド ………………… 97
　　3．リブランディング…………………………………………………… 100
　　4．市場の変化と対応…………………………………………………… 101
　第3節　リゾート型立地の宿泊産業（旅館を含む）……………………… 103
　　1．はじめに……………………………………………………………… 103
　　2．旅館におけるサービス提供と市場の変化………………………… 103
　　3．リゾートにおけるホスピタリティ………………………………… 105
　　4．「和」リゾートに共通する要素 …………………………………… 107
　　5．リゾート型立地の宿泊産業におけるホスピタリティ…………… 110
　　6．おわりに……………………………………………………………… 112

第6章　MICE／ゲーミング産業／IR ………………………………………… 115
　第1節　MICE／ゲーミング産業／IRの概略 …………………………… 116
　　1．はじめに……………………………………………………………… 116
　　2．MICE／ゲーミング産業／IRとホスピタリティ ………………… 116
　第2節　MICE ……………………………………………………………… 118
　　1．はじめに……………………………………………………………… 118
　　2．MICEに対するわが国の取り組み ………………………………… 118
　　3．シンガポールにおけるMICEに対する取り組み ………………… 120
　第3節　ゲーミング産業…………………………………………………… 123
　　1．ゲーミングとは……………………………………………………… 123
　　2．ゲーミングの理解…………………………………………………… 123
　　　（1）ゲームの種類 …………………………………………………… 123
　　　（2）ゲーミングの種類 ……………………………………………… 125
　　3．ゲーミングの魅力度………………………………………………… 128
　　4．社会的存在としてのゲーミング企業……………………………… 130
　　　（1）合法化の意義 …………………………………………………… 130
　　　（2）ゲーミング企業における社会性 ……………………………… 131
　第4節　IR ………………………………………………………………… 134
　　1．はじめに……………………………………………………………… 134

2．シンガポールにおけるカジノをめぐる歴史的経緯·················· 134
　　　（1）シンガポールにおけるカジノ合法化への道程 ················ 134
　　　（2）シンガポールにおける IR 建設の背景 ·························· 135
　　3．シンガポールの IR 事例 ·· 137
　　　（1）ビジネスツーリズムを主とした統合リゾート ·············· 137
　　　（2）ファミリーエンターテイメントを主とした統合リゾート ············ 140
　　4．MICE ／ゲーミング産業／ IR を通じたホスピタリティ ················ 143

第 7 章　その他のサービス／ホスピタリティ産業 ·························· 147
第 1 節　その他のサービス／ホスピタリティ産業 ························ 148
　　1．その他のサービス／ホスピタリティ産業とは ······················ 148
　　2．本書で扱う産業 ·· 148
第 2 節　料飲産業 ·· 149
　　1．料飲産業の現状とホスピタリティ ·· 149
　　2．料飲産業の特性 ·· 151
　　　（1）原価の変動 ·· 152
　　　（2）ロス ··· 152
　　　（3）需要の極端な時間的偏在 ·· 152
　　3．料飲産業における不確実性と関係性 ····································· 153
　　4．カウンターに見られる対応 ··· 154
　　5．組織的解決への可能性 ·· 156
　　6．料飲事業におけるホスピタリティ ··· 158
第 3 節　ブライダル産業 ·· 159
　　1．ブライダルの現状 ··· 159
　　2．ブライダル関連事業 ··· 160
　　3．ブライダルの潮流 ··· 160
　　4．これからのブライダル事業 ··· 162
第 4 節　ケータリング／供食サービス ·· 165
　　1．ケータリング／供食サービスの概要 ····································· 165
　　2．事業上の留意点 ·· 167
第 5 節　レクリエーション施設／テーマ・パーク ······················ 168
　　1．レクリエーション施設／テーマ・パークの概要 ·················· 168
　　2．テーマ・パークに見るホスピタリティ ································· 172

CONTENTS

第Ⅲ部　サービス／ホスピタリティ・マネジメント

第8章　サービス／ホスピタリティ・マネジメント……………………　179
第1節　サービス・マネジメント ………………………………………　180
1．サービス・マネジメントとは……………………………………　180
2．サービス・デリバリー・システム ……………………………　180
 （1）顧客に基づく視点 ………………………………………………　180
 （2）組織に基づく視点 ………………………………………………　181
 （3）サービス・デリバリー・システムの構成要素 ………………　182
3．インフラストラクチャー要素とサービス・マネジメント……　182
4．サービス・マネジメント体系……………………………………　183
 （1）顧客中心主義 ……………………………………………………　185
 （2）イノベーティブなマネジメント・システムと組織 …………　185
 （3）多職能を有する従業員の育成 …………………………………　186
第2節　ホスピタリティ・マネジメント ………………………………　187
1．サービス・パッケージの問題点と対応…………………………　187
 （1）サービス・パッケージの抱える問題点 ………………………　187
 （2）ホスピタリティ対応の前提 ……………………………………　188
2．不確実性の制御…………………………………………………　189
3．組織レベルのホスピタリティ・マネジメント ─ トライアド・モデル … 190
4．トライアド・モデルの拡張……………………………………　192
第3節　サービス／ホスピタリティにおける競争とマーケティング …………　194
1．サービスにおける競争戦略とSTP ……………………………　194
 （1）競争関係の認識の意義 …………………………………………　194
 （2）競争戦略 …………………………………………………………　194
 （3）サービスにおけるSTP …………………………………………　195
 （4）サービスの特性と重要／決定特性 ……………………………　196
2．ポジショニング戦略─サービス組織、市場、競合相手の分析……………　198
 （1）サービス・レベルとサービス階層の決定 ……………………　198
 （2）マーケティング戦略におけるポジショニングの役割 ………　198
 （3）サービス組織の分析 ……………………………………………　198
 （4）市場分析 …………………………………………………………　199
 （5）競合相手の分析 …………………………………………………　199

（6）ポジショニング・マップの作成 …………………………………… 199
　3．サービス・マーケティング……………………………………………… 200
　　（1）事前情報の収集からアフターサービスまで ……………………… 200
　　（2）サービス・マーケティング・ミックスの7P ……………………… 202
　　（3）サービスにおけるマーケティングのタイプ ……………………… 203

第9章　サービス／ホスピタリティの会計 …………………………… 205
第1節　さまざまなビジネスにおける業務と部門 ………………………… 206
　1．ライン事業部門とその業務……………………………………………… 206
　2．スタッフ部門とその業務………………………………………………… 207
第2節　会計の基礎概念 ………………………………………………………… 209
　1．財務諸表…………………………………………………………………… 209
　2．損益計算書………………………………………………………………… 210
　3．貸借対照表………………………………………………………………… 212
第3節　財務会計と管理会計 …………………………………………………… 217
　1．会計情報とその利用者…………………………………………………… 217
　2．財務会計…………………………………………………………………… 217
　3．管理会計…………………………………………………………………… 218
第4節　サービス／ホスピタリティ企業における管理会計情報の必要性 … 221
　1．商品やサービスの多様性と原価計算…………………………………… 221
　2．管理会計情報の特徴……………………………………………………… 222
第5節　宿泊施設のための統一会計報告様式（USALI）の概要 …………… 224
　1．USALI の意義 …………………………………………………………… 224
　2．USALI による損益計算書 ……………………………………………… 225
　3．日本における USALI 導入の課題 ……………………………………… 227

第10章　組織と人的資源管理 …………………………………………… 231
第1節　組織の理論 ……………………………………………………………… 232
　1．はじめに…………………………………………………………………… 232
　2．組織論とは………………………………………………………………… 232
　3．組織の基本………………………………………………………………… 233
　　（1）官僚制 ………………………………………………………………… 233
　　（2）ボトルネック ………………………………………………………… 235

CONTENTS

　　（3）組織構造 …………………………………………… 236
　4．サービス／ホスピタリティにおける組織 ………… 236
　　（1）不確実性と組織 …………………………………… 236
　　（2）サービス／ホスピタリティと組織 ……………… 238
第2節　人的資源管理 ……………………………………… 241
　1．はじめに ………………………………………………… 241
　2．ホスピタリティ企業における従業員の役割 ……… 242
　3．ホテル企業における女性労働の実態 ……………… 244
　　（1）女性総支配人の少なさ …………………………… 244
　　（2）性による担当職務の分離 ………………………… 245
　　（3）給与の男女格差 …………………………………… 246
　4．ホテル企業で女性が成功するための要因 ………… 246
　5．ホテル企業が解決すべき女性のキャリア課題 …… 247
　　（1）早期離職を生み出す2つの関門 ………………… 247
　　（2）若年女性の希薄な昇進・勤続意欲 ……………… 248
　　（3）エントリー・レベルの従業員に対する配慮 …… 248
　　（4）女性のキャリア開発意欲を削ぐ要因 …………… 249
　　（5）女性の勤続・昇進意欲を向上させるための要件 … 251

第11章　法制度とサービス／ホスピタリティ ………… 255
第1節　サービス／ホスピタリティ産業の法制度概観 … 256
　1．はじめに ………………………………………………… 256
　2．概観 ……………………………………………………… 256
　3．観光産業とコンプライアンス ……………………… 257
第2節　旅行業 ……………………………………………… 258
　1．概観 ……………………………………………………… 258
　　（1）概要 ………………………………………………… 258
　　（2）旅行業法 …………………………………………… 258
　2．旅行業法とホスピタリティ ………………………… 260
第3節　交通事業 …………………………………………… 261
　1．概観 ……………………………………………………… 261
　　（1）概要 ………………………………………………… 261
　　（2）バリアフリー新法について ……………………… 261

2．備考……………………………………………………………… 263
　　　（1）バリアフリー新法とホスピタリティ…………………… 263
　　　（2）航空法とホスピタリティ………………………………… 263
　第4節　宿泊産業………………………………………………… 265
　　1．概観……………………………………………………………… 265
　　　（1）概要………………………………………………………… 265
　　　（2）旅館業法の概要…………………………………………… 265
　　2．備考……………………………………………………………… 266
　　　（1）旅館業法と宿泊拒否……………………………………… 266
　　　（2）宿泊産業と個人情報保護法……………………………… 267
　第5節　料飲産業………………………………………………… 268
　　1．概観……………………………………………………………… 268
　　　（1）概要………………………………………………………… 268
　　　（2）食品衛生法について……………………………………… 268
　　2．食品衛生法とホスピタリティ………………………………… 269
　第6節　サービス／ホスピタリティ産業におけるＭ＆Ａ……… 270
　　1．概観……………………………………………………………… 270
　　2．Ｍ＆Ａの手続における留意点………………………………… 270
　　　（1）宿泊産業におけるＭ＆Ａ………………………………… 270
　　　（2）料飲産業におけるＭ＆Ａ………………………………… 270
　　　（3）交通産業におけるＭ＆Ａ………………………………… 270
　　3．その他の留意点………………………………………………… 272
　第7節　その他…………………………………………………… 273
　　1．その他のサービス／ホスピタリティ産業…………………… 273
　　2．おわりに………………………………………………………… 273

第Ⅳ部　ホスピタリティ拡張論

第12章　ホスピタリティ拡張論Ⅰ ……………………………… 277
　第1節　ホスピタリティ拡張論とは ……………………………… 278
　　1．ホスピタリティ拡張論のアウトライン……………………… 278
　　2．地域、行政、ジャーナリズムとホスピタリティ…………… 278
　第2節　地域を軸としたホスピタリティ ………………………… 280

1．地域ブランド……………………………………………………280
　　2．地域ブランド形成への取り組み方……………………………281
　　3．地域マーケティングの視点……………………………………283
　　4．地域ブランド形成のためのトータル・マーケティング戦略…285
　第3節　行政におけるホスピタリティ………………………………287
　　1．横須賀市長への道………………………………………………287
　　2．これまでの行政とこれからの行政……………………………288
　　3．具体的なアクション……………………………………………291
　　4．行政におけるホスピタリティ…………………………………294
　第4節　ジャーナリズムとホスピタリティ…………………………297
　　1．はじめに…………………………………………………………297
　　2．ジャーナリズムの特性…………………………………………297
　　3．新聞とジャーナリズム…………………………………………298
　　4．テレビとジャーナリズム………………………………………299
　　5．インターネットの出現によるジャーナリズムの変化………301
　　6．ジャーナリズムにおけるホスピタリティ……………………302

第13章　ホスピタリティ拡張論 II ……………………………………307
　第1節　職人におけるホスピタリティ………………………………308
　　1．はじめに…………………………………………………………308
　　2．職人にとっての関係性…………………………………………309
　　3．職人にとってのホスピタリティ………………………………313
　第2節　消費者側に求められるホスピタリティ……………………314
　　1．はじめに…………………………………………………………314
　　2．消費者側のホスピタリティにおける基礎知識………………314
　　　（1）トランザクション分析……………………………………314
　　　（2）基本的構えとストローク…………………………………319
　　3．消費者に求められるホスピタリティ…………………………322
　　　（1）前提となる要素……………………………………………322
　　　（2）消費者側のホスピタリティ研究…………………………322
　　4．おわりに…………………………………………………………325

第14章　明日のサービス／ホスピタリティ ……………………… 329
　1．はじめに……………………………………………………………… 330
　2．今後のサービス／ホスピタリティ研究…………………………… 330
　3．産業界とサービス／ホスピタリティ……………………………… 331
　4．明日のサービス／ホスピタリティ………………………………… 334

あとがき………………………………………………………………………… 339

コラム　4-1．女性に絞ったターゲット戦略　（島川　崇）………… 66
　■HISのQUALITA店舗展開……………………………………………… 66

コラム　4-2．単なる「輸送」にとどまらない「旅」の演出者　（崎本武志）… 72
　■箱根特急「小田急ロマンスカー」におけるホスピタリティ……… 72

コラム　4-3．JALのクラスJとANAのスーパーシート　（島川　崇）……… 79

コラム　4-4．ネット時代の旅行業　（島川　崇）…………………… 85
　■楽天トラベル　包み隠さないリアルなユーザー評価……………… 85

コラム　5-1．コア・サービスだけではない満足の提供　（徳江 順一郎）…… 113
　■中萬学院グループにおける顧客満足にみる「関係性マネジメント」……… 113

コラム　6-1．ホスピタリティ拡張論に向けての試論　（重田 玲子）……… 145
　■ジャズライブにおけるホスピタリティ……………………………… 145

コラム　7-1．特殊技能における関係性　（藤田 範子）……………… 176
　■歯科医におけるホスピタリティ……………………………………… 176

コラム12-1．関係性の功罪　（宮本 博文）…………………………… 305
　■映像コンテンツにおける関係性……………………………………… 305

コラム13-1．ブライダルを軸にBtoCへ　（徳江 順一郎）…………… 326
　■東京衣裳株式会社にみるホスピタリティ…………………………… 326

第Ⅰ部

サービス／ホスピタリティとは何か？

第1章
サービス／ホスピタリティとは?

1 サービス／ホスピタリティの現実

1．はじめに

　今日の先進諸国は、サービス経済化という大きな潮流に呑み込まれている。この現象を経営的な視点からとらえ直すと、それらの国々の企業や組織がマネジメントすべき対象が、モノ（物理的な製品）からサービスへ移行していることがわかる。

　ところが、マネジメントの対象が移行したことにより、われわれは伝統的なマネジメント理論、すなわちモノづくりに基盤を置いて構築されてきたマネジメント理論の有効性に対して、大きな疑問を感じるようになった。

　それは、サービスの生産をマネジメントすることとモノの生産をマネジメントすることとは、明らかに異なる行為であるからであり、それゆえモノに基づいた理論では、サービスに関する行為をうまくマネジメントできないからである。

　だが、なぜモノに基づく理論ではサービスをうまくマネジメントできないのであろうか。その答えは、「サービスとは何か」という根本的な問いかけの中にあると考える。

　そして、その延長線上に、「ホスピタリティとは何か」という命題も横たわっている。のちに明らかにするが、サービスとホスピタリティとは、いわば表裏一体の関係にあるからである。

　この「サービス」、「ホスピタリティ」という、知っているようで実はよく知らないものについて、その正体を明らかにし、これをいかにマネジメントするか、これが本書の最大の目的である。

2．サービスの現実

　サービス経済化と言っても、それが果たしてどのようなものなのかは、なかなか実感しにくい。そこで、通商白書から実態を取り上げてみたい。

　図表1-1は第3次産業が各国・地域のGDPに占める割合を示したものである。米国ではここ20年以上の間に70%前後を上下しており、日本とEUとが緩やかな上昇基調を描きつつ、近年では60%を超えて、70%に近づいていることがわかる。

図表1-1　各国・地域の実質GDPに占めるサービス産業の付加価値割合

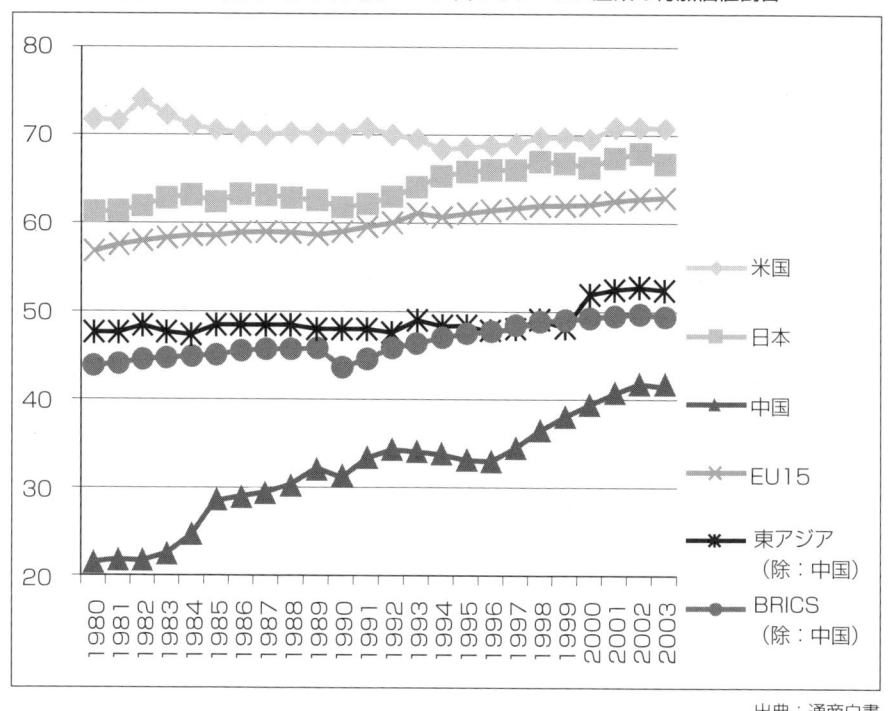

出典：通商白書

　同様に、中国を除く東アジアとBRICSにおいては、やはり緩やかな上昇基調にあり、2000年代には50％台になっている。そして、他国・地域と比較した際に、中国が非常に急速なサービス化を進展させている様相もうかがえる。

　雇用者に占めるサービス産業従事者の割合も、世界的に見て第3次産業従事者がいずれの国、地域でも増加していることが見て取れる（図表1-2）。

　このようにマクロ・レベルでもサービス経済化は進行していると考えられるのであるが、その理由はどういったところにあるのだろうか。

　サービスにおける1人当たり付加価値は、年々上昇を続けている。一方で、モノに対する付加価値はそうはいかない。端的な例で示せば、電卓の価格は1970年代には数万円していたが、最近では100円ショップなどでも手に入り、価格としては数百分の一にまで下がっている。しかしサービスは、むしろ価格が上昇しているものが多い。これはサービスの持つ「流通できない」という特性によるものである。あとで詳しく説明するが（第3章）、サービスは生産と同時に消費しなければなら

ない。そのため、安価に生産できる地域で大量に生産して消費地に運ぶといったことが不可能なのである。

また、サービスの提供には多くの人を必要とすることが多い。すなわち、雇用創出効果が高いのである。そのため、経済成長をするほど、その国ではサービス経済化が進んでゆくことになる。

図表1-2　各国・地域の雇用者に占めるサービス産業従事者の割合

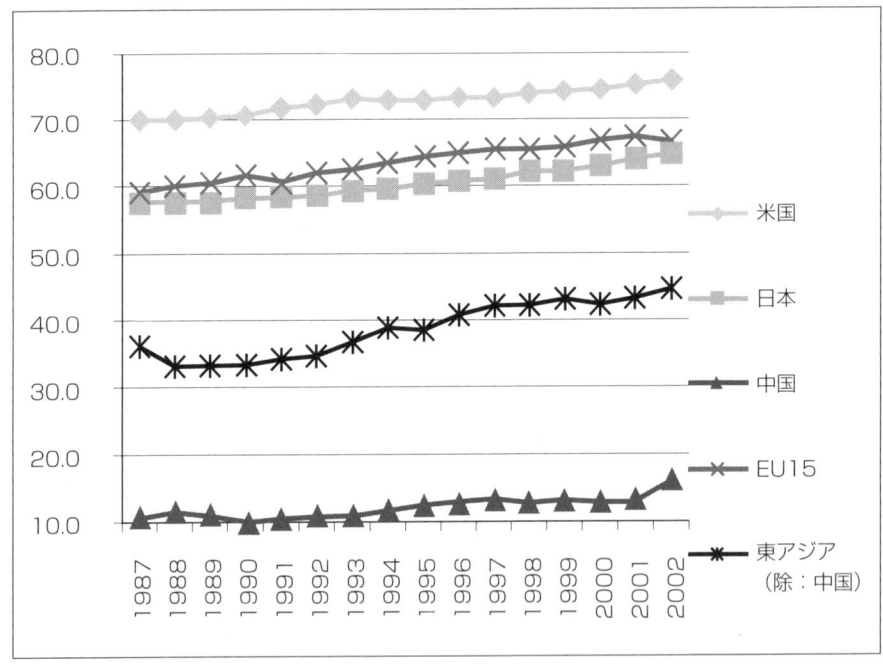

出典：通商白書

3．ホスピタリティの現実

このように、現代ではサービス経済化が進んでいることが理解できよう。そこで、最近しばしば指摘されるのは、その中でも重要なのは「ホスピタリティ」だという点である。では「ホスピタリティ」とは何であるのか。これを誰もが納得いくように説明するのはなかなか難しい。

サービスとホスピタリティ。これらは似て非なる概念である。サービスの方がより一般に広まっているためか、あまり議論の対象になることはない。もちろん学術

の世界においては、いまだ論議の最中で、統一的な見解があるとは言えないのであるが、こうしたサービス概念については、あとで詳しく説明してゆく。

　むしろ問題なのはホスピタリティの方である。ホスピタリティは、わが国においては「おもてなし」といった訳語があてられることが多いようであるが、果たして本当にこの意味でとらえてもいいものであろうか。実際、かつてはサービスも「用役」といった訳語があてられていたこともあるが、現在ではそのまま「サービス」という表現が定着している。もしかしたら、やがてホスピタリティが一般化してゆくと、これも訳語云々といった話にはならなくなるかもしれない。

　ここで、まずはホスピタリティについての一般的なイメージをまとめておくことで、ホスピタリティという言葉が構築しうる文脈を共有し、この後のサービスとホスピタリティについての議論に入りやすいようにしておきたい。実際に、ホスピタリティという言葉はどのような場面で用いられていることが多いのであろうか。

　ホスピタリティが、特にビジネスに関連して語られる場合は、ほとんどがサービスに関したものである。図表1-3は、2009年度東洋大学国際地域学部国際観光学科にて開講の「ホスピタリティ・マネジメント」履修者に対する、第1回目の講義時の、「ホスピタリティという言葉から何を連想するか？」というアンケートについての答えである。特に「ビジネスにおいて」というような前提などは設定せず、端的な印象としての連想を問うたものである。

　やはり多くの学生が、いわゆる「サービス業」を念頭に置いていることが読み取れる。これはもちろん履修者の所属学科が「国際観光学科」であるという点も大き

図表1-3　ホスピタリティ連想ワード　　　　　　　　　　（単位：人）

おもてなし（の心）	50	接客業	3
サービス（精神）	37	お客様	3
ホテル	28	最適相関関係	2
思いやり、親切、心遣い、気遣い	27	観光	2
接客	24	人間関係	2
ディズニーランド	6	見返りなし	2
顧客満足	6	まごころ	2
リッツ・カールトン	4	笑顔	2
レストラン	4	ホテルマン	2
サービス業	3	対等の関係	2

（内訳：1年生108名、3年生14名、4年生3名、自由回答・複数回答可）：著者作成

な理由となっているであろう。そういった業界に就職を目指す学生が多いのであるから当然である。

　しかしながら、実際のホスピタリティという言葉が持つ意味は、こうしたものにはとどまらない。

　例えば、調査対象者が異なれば、「医療」、「病院」といったキーワードも見いだせるであろう。病院は英語でhospital（ホスピタル）であり、ホスピタリティと関係があることは明らかである。あるいは、「茶道」、「華道」といったものも、ホスピタリティから連想されてしかるべきである。つまり、文化的な要素も入ってくることがうかがえる。また、後述するように、倫理的観念や宗教的規範を重視するアプローチもホスピタリティには存在するが、こうしたことに関連する単語はこのアンケートからは出てこなかった。

　いずれにせよ、サービスについては国家の白書にも掲げられるほどの身近なものになった一方で、非常に関係が深いと想定されるホスピタリティについては、現時点ではそうでないことが理解できよう。本章ではもう少し詳細に、これらの正体について探ってゆく。

（徳江 順一郎）

2 サービス／ホスピタリティの語源と歴史

1. サービスの語源と歴史

　さまざまな先行研究において、サービスの語源とホスピタリティの語源とについては、かなり明らかとなってきている。

　サービスはラテン語の servos が語源といわれている[1]。これには、「奴隷」や「戦利品として獲得した外国人」といった意味がある。そこからラテン語における奴隷を示す形容詞やその行動を示す動詞的な意味を持つ serbvitium を経て、現在の service になったという。また、同じラテン語の「仕える」といった意味を持つ servire を経て serve や servant になったという説もある。いずれにせよ、奴隷の存在が根源にあることは確かなようである。

　これ以上の分析は、専門の言語学の先生方にお任せしたいと思うが、こうした語源をもつために、最近では「サービスは奴隷的な奉仕なのか？」という疑問を耳にすることがある。

　実際、かつてのサービスはそのような側面があったことも否定できないだろう。現在のようなサービス経済化が進展する以前は、自給自足が基本という人間の生活が長きにわたって続いていた。そのような社会でサービスが提供されうるのは、特権的な階級の人々に対してのみに限られていたであろう。近代に入り、工業化が進んでからも、人種差別的な前提の下でのサービス提供における労働力の供給があったこともまた事実である。このような環境下では、生きるために、主人としての存在に対して奉仕するしか生きてゆく術がなかった人々も存在した。

　しかしながら、20世紀以降、サービスを提供する側の労働者は、サービスを享受する側でもあり、人種差別的・身分差別的な労働力の供給という前提が成り立たなくなっている。特に国民の過半数がサービスに従事している環境にある国々では、この状態が当然のこととなっている。

　こうしたことを踏まえ、本書では、現在の「サービス」とは奴隷に類する意味を持つものではなく、あくまでかつて奴隷が果たした社会的な役割、すなわち、社会

1　塹江(2003)

におけるプロセスの代行という機能や、その代行という行為そのものと位置づける。こうしたプロセスを代行する場合の機能的側面や行為的側面が、サービスという言葉が持つ、現代における大きな意味となるのではないだろうか。さもなければ、後述するようなさまざまな問題点が生じかねない。

２．ホスピタリティの語源と歴史

　さて、次にホスピタリティについて考察したい。ホスピタリティはそもそも、異邦人を歓待したところにその根源があるという。遠い異国から来た見知らぬ人をもてなし、時には病を癒す手助けをし、そしてまた旅に出られるようにする、ということである。

　現代で似た事例を探すと、他国でのホームステイなどはこのいい例であろう。ホームステイは、場合によってフィーも支払われるというが、原則は無料で、異国の人間に一定期間の寝食を提供するものである。こうした行為は、提供側からすれば、無料どころかむしろ「持ち出し」になってしまうことも少なくない。

　それでは、なぜ異邦人を歓待するのであろうか。これは豊かになったと言われる現代特有の現象ではなく、古代から連綿と続いているものである。

　そもそものホスピタリティは、人類の歴史とともに存在してきたようである。ホスピタリティは、根源的には、人類が共同体を形成するプロセスにおいて、その共同体で生活していない外からの来訪者を歓待し、休息の場や食事、あるいは衣類といった、生活に必要な諸要素を提供する異人歓待の風習にまで遡るという。自分たちのテリトリーを意識した場合、テリトリー外からの来訪者に対して敵対するだけではなく、歓待するという方向性での対応が生じたことは興味深い。

　このようなテリトリーは、「家」の単位から始まり、「親族」、「むら」、「まち」と発展し、さらに近代社会においては「都市」や「国家」へと発展することとなった。こうしたテリトリー概念の発展とともに、ホスピタリティも発展し、市民間の、すなわち人と人とのホスピタリティから、産業としてのホスピタリティへと変化してきた。こうした事実は古代のさまざまな伝説や逸話、そして神話の中に、共同体内外の人間における関係性に関する記述が多く見受けられることからも裏付けられる。

　つまり、日常の生活とは異なる環境から来た人間との触れ合いは、それだけでも一定の意味をなすものであり、歴史的にはそれ以上の価値も付加されてきたものと考えられる。

先行研究を参考に、ホスピタリティの語源を探ってみると、図表 1-4 のようになる。語源を遡ると、文字を持たなかった言語であると想像される印欧祖語 PIE（Proto - Indo - European language）にまでたどり着く。紀元前数千年前に用いられていたとも言われるこの言語における、*ghos-ti という単語と *poti という単語とが、その祖先であると考えられている（「*」は、文字を持たなかったと想定される言語を、派生的な言語で表現する際に付す）。これらの単語が、ラテン語の時代に「客」という意味の hostis と、「主人」という意味の hospes とに派生していき、同じく印欧祖語 PIE の影響を受けたと考えられるギリシャ語とも関係しつつ、hospes から派生したと考えられている。

図表1-4　ホスピタリティ関連諸語一覧

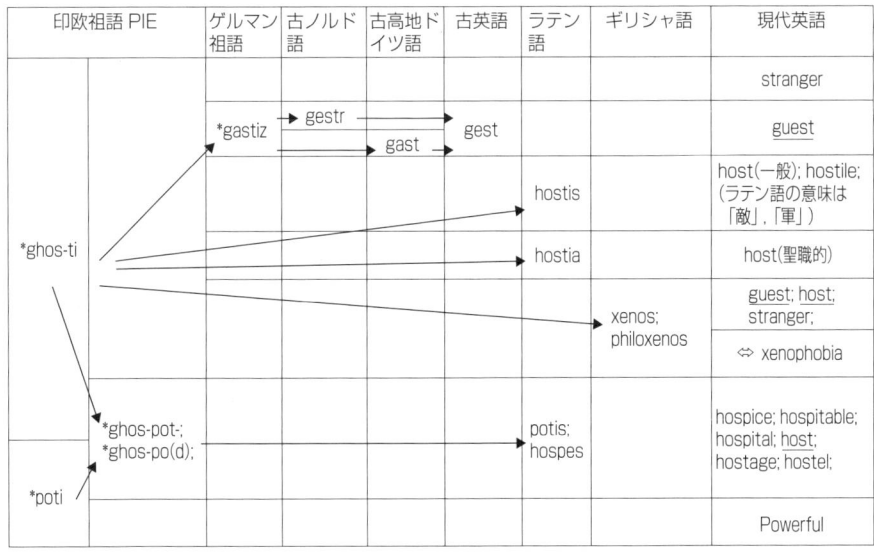

出典：佐々木・徳江（2009）をもとに一部改変

本書は言語学が主軸ではないので、ここでの検討はこれまでとする。しかし、サービスの語源とホスピタリティの語源とをたどってみると、両者を対比させて論じる性格のものではないことが理解できよう。サービスは「プロセスの代行」という行為が現代語に引き継がれているのに対して、ホスピタリティはそこに関係する主体の役割や区別に重点が置かれている。つまり、関係的な側面が主軸となっているの

である。

　いずれにせよ、先行研究を参考にしてホスピタリティの成り立ちをまとめると、以下のような流れに収斂される。

■ *ghos-ti（印欧祖語 PIE）→ hostis（ラテン語）
　　　　：「客」、「旅人」、「異邦人」
　　　　　　　　　　　　　　　　　　（→ guest（現代英語））
　　　　　　　　　　　　↓
■ *ghos-ti ＋ *poti（印欧祖語 PIE）→ hospes（ラテン語）
　　　　：「客をもてなす主人」
　　　　　　　　　　　　　　　　　　（→ host（現代英語））
　　　　　　　　　　　　↓
■ hospitālis（ラテン語）
　　　　：「交通機関や宿泊施設が整備されていない時代に、危険と隣り合わせで巡礼する異邦人を歓待すること」
　　　　　　　　　　　　　　　　　　（→ hospitality）

　この流れから考えれば、もともとは巡礼を主とした旅を行う異邦人と、その異邦人に対しておもてなしをする存在との両方が、語源になっていると考えて差し支えないであろう。その根底には外国人（＝異邦人）を保護する考え方や、彼らとの接点における楽しみや喜び、そしてそうした旅をしてきた人々に対する宗教的観点、といった諸要素があると言える。
　そうした歴史からも、これらの言葉には、信仰、恐れ、同情・憐み、慎み、徳の涵養、正義や公平といった意味も内包されており、こうした要素は、新約聖書におけるhospitalityの用法である、「旅人をもてなす」にも表れている。

3．語源研究と派生的な弊害

　サービスやホスピタリティの先行研究についてのレビューを通して、語源とそこからの流れ、そしてそれぞれが持つ本質的な性格が理解できたであろう。ただ、語源についてのレビューにともなって、いくつかの問題点が垣間見えた。これらについて、若干の指摘をしておきたい。

1つは、過度の語源重視の問題である。特にサービスとの対比において、ホスピタリティの語源にある相互的な関係と、サービスの語源にある上下・主従関係に対する言及がしばしばなされ、そこから「これからはサービスではなくホスピタリティである」といった主張がなされる根拠にもなっている。

　しかしながら、先行研究における語源からのアプローチには、「ホスピタリティ絶対視」に近いような、いわば後述する「情緒的ホスピタリティ観」の根源になっているものが散見される。ホスピタリティの解釈にとって都合の良い部分のみを抜き出したり、後で述べるような要素羅列のための前提として利用されていたりするケースが存在することは、サービス研究の停滞を招き、ひいてはホスピタリティ研究の歪みにもつながりかねない。

　語源をあまりに重視しすぎると、例えば「くだらないもの」とは、かつて京都がわが国の政治的・文化的中心地であった時代に…というところから、わが国の政治的・文化的中心はやはり京都なのである、と主張することも可となるだろう。また、「適当に」や「いい加減」という言葉の、語源的な意味と現代的な解釈との乖離に対する説明もつきにくくなってしまう。これらと同じように、本質的な要素が見落とされかねない危険性をはらんでいるのではないかと思われる。

　だがもちろん、語源を軽視すべきと言っているのではない。むしろ、他の視点からの解釈も、より幅広く考慮すべきではないかと考えるのである。繰り返すが、筆者らは、特にserviceの語源については、その前提となっていた当事者間の関係よりも、むしろプロセスの代行、財の機能が果たしうるプロセス、といった要素が強く現代的解釈に影響を及ぼしていると考える。また、hospitalityの語源についても、現在のhotelやhospitalとの関係を踏まえると、休息や治癒、あるいは回復に際しての主体間の関係性といった要素が強く影響していると思われる。すなわちサービスは行為的・機能的側面を、ホスピタリティは関係的側面を示しているとも考えられるのである。

　そしてもう1つは、前にも触れた「情緒的ホスピタリティ観」とでもいうべきもので、ホスピタリティが社会を幸福にする、ホスピタリティによって何もかもうまくいく、といった主張があてはまる。これは前述したサービスとの対比においては特に多く見受けられ、「ホスピタリティ絶対視」の根源ともなっている。もちろん究極的には人間関係のコアな要素にかかわる研究であるから、社会の幸福に対する好影響も多いのであろうが、他の学問分野の研究成果を大いに引用しつつも、ホス

ピタリティこそが絶対である、といった「ホスピタリティ原理主義」的主張も一部には存在している。

　ここまで極端ではないにせよ、恐らくはわが国において最も多く用いられるホスピタリティの訳語である「おもてなし」も、こういった情緒的ホスピタリティ観の影響が無視できないであろう。情緒性が強く出過ぎてしまうと、人間はかくあるべき、という前提が万能となってしまい、結果的に本質的な部分が覆い隠されてしまいかねない危険性をはらんでいる。

　語源研究から導かれる知見をまとめると、以下のとおりとなる。サービスについての関係的側面のみを抜き出すと、「サービス ＜ ホスピタリティ」というゆがんだ主張がなされ、結果としてサービス研究の沈滞が生じかねない危険性がある。さらには、この考え方から生じるホスピタリティについての行動規範的側面は、ホスピタリティが持つ本質的な関係的側面について、見落としかねない危険性がある。

図表1-5　サービスとホスピタリティの語源との関係

	サービス	ホスピタリティ
行為的・機能的側面	著者らの主張	語源重視の理想
関係的側面	語源重視の主張	著者らの主張

著者作成

　プロセスを着実に代行するというサービスの持つ本質的な性格についても目を向けることで、ホスピタリティがより一層の意味を持つ存在になることを忘れてはならない。

（飯嶋 好彦／徳江 順一郎）

参考文献

Lashley, C., P. Lynch & A. Morrison (Eds.) (2000), *In search of hospitality: Theoretical perspectives and debates*, Butterworth-Heinemann.
Lashley, C., P. Lynch & A. Morrison (Eds.) (2007), *Hospitality: a social lens*, Elsevier, -Advances in tourism research series.
Morrison, A., & K. O'Gorman (2006), "Hospitality studies; Liberating the power of the mind", *CAUTHE*, Merbourne.
佐々木茂・徳江順一郎 (2009),「ホスピタリティ研究の潮流と今後の課題」,『産業研究』第44巻第2号, 高崎経済大学附属産業研究所.
服部勝人 (1996),『ホスピタリティ・マネジメント』, 丸善ライブラリー.
塹江隆 (2003),『ホスピタリティと観光産業』, 文理閣.

第2章
サービス／ホスピタリティ研究の潮流

1 サービス研究の系譜

　本章においては、サービス研究の系譜とホスピタリティ研究の系譜とを、いずれも定義の視点から眺めてみる。その理由は、そもそもいずれの概念も、その対象とする概念そのものについての定義からして確立されているとは言いがたいからである。

　このような状況にあるため、本章では、厳格に定義づけをすることはせず、両者の定義をめぐる研究の系譜について読者に触れてもらうことで、それぞれの概念に対する考え方を構築してもらいたいと考える。

1. サービスの定義についての検討

　「サービス」という言葉は、多義的に使われている。例えば、店員がお客に対して、「サービスするから買ってほしい」という場合のサービスと、「サービス向上」を掲げている企業が言うサービスは意味が異なる。前者は「割引する」という意味に近く、後者は「顧客接遇」という意味に近い。そのため、サービスという言葉が有する意味内容が多様であり、かつ曖昧になってしまっている。

　サービスに関する研究は、まずサービスそのものを定義づけ、続いてモノとの比較においてサービスの特性を論じることが多い。そこで先行研究におけるサービスの定義をまとめておく。

　サービス関連研究の中でも、特にマーケティング関係諸論の体系化は、「モノ」としての形をもった「製品」を、メーカーが流通機構を通じて消費者に提供してゆくプロセスで、いかに円滑にコミュニケーションし合えるか、という前提の下でなされてきたと言える。こうした中で、「刺激・反応パラダイム」から「交換パラダイム」、そして「関係性パラダイム」へといったパラダイム転換がなされてきている。

　同様にサービス研究、サービス・マーケティング研究、サービス・マネジメント研究など、サービスの特性に着目したさまざまなサービス諸論研究においても、同様のパラダイム転換が生じている。以下、マーケティング研究における知見を軸としつつ、それぞれの流れに分けて眺めることとする。

2. 対比による把握

　マーケティング研究において、サービスの定義としてもっとも古典的と考えられるのが、有形の「モノ」との対比で考えるアプローチであろう。このアプローチは現在においてもしばしば用いられている。

　多くの研究者がサービス研究の嚆矢であると認めているものに、Rathmell（1974）が挙げられる。ここでは、サービスを「市場で売買される無形の生産物」と定義しているが、これがまさに有形のモノと対比してサービスを捉えた象徴的な表現であろう。他にも、販売を目的に提供され、モノの形態に物理的な変化をもたらすことなく、ベネフィットと満足を与える活動である、としている定義も存在する。

　しかしながら、物理的に変化がない、あるいは無形である：「形がない」という観点が、サービスそのものを定義づけうる積極的な要素である、とは考えにくいのではないだろうか。これはあくまで、「サービスの特性」の1つであるにすぎないと思われる。

　無形であるということ以外にも、（生産と消費の）不可分性、（品質の）変動性、消滅性、所有権の移転の有無といった、サービスにまつわる特性をもってサービスを定義づける方向性もよく見られる。しかし、これらもあくまでサービスの「持つ」特性であり、積極的に定義づけしうる要素と考えることには無理がある（これらの諸特性については、第3章で検討する）。

3. 活動・機能による把握

　上記のような考え方とは異なるアプローチが、サービスを活動や機能と捉える考え方である。米国の研究者には、このアプローチが多い。

　例えば、米国マーケティング協会では、「サービスとは、単独またはモノの販売に付帯して提供される活動（activities）であり、便益（benents）、または満足（satisfactions）である」と定めている。

　そして、Grönroos（1990）は、「サービスは、程度の差はあるものの、基本的には無形の活動、または一連の活動である。そして、必ずしもすべてというわけではないが、通常、顧客と提供者との間、または顧客と提供者が有する物質的資源やシステムなどとの間の相互作用により生起する」と定めている。同様に、Kotler

(1991)は、「サービスとは、取引関係にある一方が他方に与える何らかの活動、または便益であり、それは基本的に無形であって、なんらの所有権の変更をもたらさない。その生命は、物質的な商品と結合することもあるし、しない場合もある」としている。

わが国では、近藤（1995）が、サービスを「活動または機能」としており、まさにそのものずばりの定義づけをしている。しかしながら、例えば家庭のテレビ受像機を視聴者が見ている際、テレビ受像機の機能そのものも果たしてサービスと言えるのであろうか、といった疑問がある。

田中・野村（1996）は「諸資源が有用な機能を果たすその働き」としており、サービスとは主体が客体に働きかけるプロセスであるという視点を導入した。これは上原（1999）の「ある経済主体が、他の経済主体の欲求を充足させるために、市場取引を通じて、他の経済主体そのものの位相、ないしは、他の経済主体が使用・消費するモノの位相を変化させる活動（行為）そのもの」という定義にも通じる考え方である。だがいずれも実際の取引場面においては、「有用な機能」を発揮しなかったり「欲求を充足」できなかったりした場合でも、サービスを受けた場合には取引が行われたことになるという事実を説明し得ない面がある。

ただし、「欲求を充足」させるための「位相変化」の「プロセス」という考え方は一考に値する。モノの場合でもそうであるが、なぜ「位相」を変化させる必要があるかというと、当然に「ニーズを満たすため」であると考えられる。ある財がそのままでは満たせないニーズがある場合に、形態の変化や他の財との合成などといった位相変化を経て、より多くのニーズを満たしうるように変化させられる。これは小宮路監訳（2002）においても、サービスが「顧客にベネフィットを与える行為やパフォーマンス」であり、「サービスの受け手に対し－あるいは受け手に成り代わり－望ましい変化をもたらすことで実現される」という記述とも整合される。

4．限定による把握

一方、サービスをより狭い範囲で捉えた定義もある。Bessom（1973）は、「サービスとは、販売のために提供される何らかの活動であり、それにより価値ある便益、または満足を顧客に与えるものである。そしてその活動は、顧客が自分ではなし得ない、またはしたくないと思うようなものである」という。他にも、主体を人間に限定している定義もある。

実際の場面においては、何らかの人間的関与が大きいことは確かであるが、主体は必ずしも人間のみにとどまるとは限らないと考えられる。例えば、前記のテレビの例では、テレビの番組を見るという行為がサービスを受けているという意識でとらえられるであろうが、そのサービスを提供する主体は「人間単体」ではなく、番組制作の仕組みや放送のための設備、あるいは家庭側でのテレビ受像機の存在など、多岐にわたっており限定しにくい。

　また、他の活動や機能を支援する、という方向に限定している定義も見受けられる。しかし、支援することは確かに1つのサービスではあるだろうが、支援のみがサービスである、というわけではない。美容院での調髪のように、相互的なやり取りで成り立つサービスもあるし、教育には支援という表現がそぐわない面もある。

　そもそも限定することによってサービスをとらえようとする試みは、サービスの多様性に原因があると思われる。それぞれの研究者たちの頭の中には、さまざまなサービスに対するイメージが存在する。モノとしての製品であれば、客観的な把握も可能だが、サービスはそのような把握が難しいからである。しかしながら、サービスなのかどうかという境界領域に存在する対象に対しては、限定することである程度把握しやすくもなるが、一方で切り捨ててしまった要素についてはサービス定義から外されてしまうという面があることにも留意すべきである。

5．効用による把握

　Enis & Roering（1981）は、消費者が購買するものはベネフィットであるとし、モノとサービスとの結合されたベネフィットを強調している。これは有形・無形の財の組み合わせから生じるベネフィットによって、コア商品が分類され、そのコアのベネフィットの周囲に段階的に差別化要素、付加的効用のマーケティング・ミックス、その他の効用、といった形でトータルのベネフィットが決まる、という考え方である。

　ここでは有形の要素と無形の要素とを組み合わせて得られる効用について、新しい知見が提示されたわけであるが、それによって逆説的にサービスが何であるかがぼやけてしまいかねない危険性をはらんでいる。しかしながら、本質的には「ニーズを満たすベネフィット」による「効用」が、視点の軸になりうる可能性は見出せよう。

6．消費者ニーズの時間軸における変化への対応による把握

　このような定義を一瞥すると，さまざまな研究者がさまざまにサービスを定義しており，その結果，定義に関する統一的な見解が存在しないようにみえる。しかし，それぞれの定義を仔細に観察すれば，各研究者がほぼ共通して抱いていると思われる認識が浮かび上がる。つまり，その共通認識とは、「サービスは顧客ニーズに対応した活動を含むプロセス」であり、「無形性と顧客との相互作用性という基本的な性質により特徴づけられる」ということである。

　消費者がなぜ財を購入するかと言えば、何らかのニーズを満たしたいという想いが存在するからである。こうしたニーズを満たすために、さまざまなベネフィットを持つ多様な製品が開発され、市場に提供されてきた。そして、個人個人の嗜好の多様性に対応する形で、製品も差別化を志向することとなったのである。

　ところが、当たり前のことではあるが、こうした製品の差別化によっても、消費者のニーズに完璧に応えることは不可能である。新しい製品が出ることで、当該製品が陳腐化してしまったり、消費者自身の嗜好や置かれている内外の環境が変化して、当該製品ではニーズを満たせなくなったりすることがあるからである。

　こうした消費者の「変化」を、ある時点時点で輪切りにした「点」もしくは「面」でとらえるのではなく、そうした変化そのものを積分的に継続して把握することで、プロセスとして消費者に応えてゆくという方向性も生じてくる。これを「サービス」としてとらえる考え方が、消費者の時間軸変化への対応による把握となる。

　そもそもなぜこうした変化が生じるのかと言えば、自然界に存在するさまざまなモノは、そのままでは利用しにくいことが多かったり、より利用しやすいように変質させた方が、満たしうるニーズの束が大きくなったりするからである。

　また、あるベネフィットが得られたがために、他の別のニーズが生じるということも起こる。例えば、自動車を手に入れて移動というニーズが満たしやすくなったために、旅行という他の要素と組み合わせた新しいニーズが生じたりする。

　もちろん、当該カテゴリーにおける新製品の登場によって、当該製品が陳腐化するといった事態も生じうる。

　このように、「自動車がやがて満たしうる、購買した顧客のニーズ」に焦点を当てた場合に、「モノ」としての自動車の存在感は際立つ。一方で、「自動車が満たすニーズがあるとしたら、それをどのように満たせるか」に焦点を当てた場合に、「サー

ビス」として(「サービス提供ができる財」として)の自動車の存在感は際立つ。

すなわち、このようにニーズとベネフィットとの相互的な関係の中で、ある時点における輪切りにした視点からニーズやそれを満たしうるベネフィットに注目すると、モノを軸としたマーケティング活動となり、ある時点における輪切りの視点ではなく、継続的なプロセスで満たしうるニーズやベネフィットに注目すると、サービス的マーケティング活動(サービス・マーケティング)となる、と考えることができよう(図表2-1)。

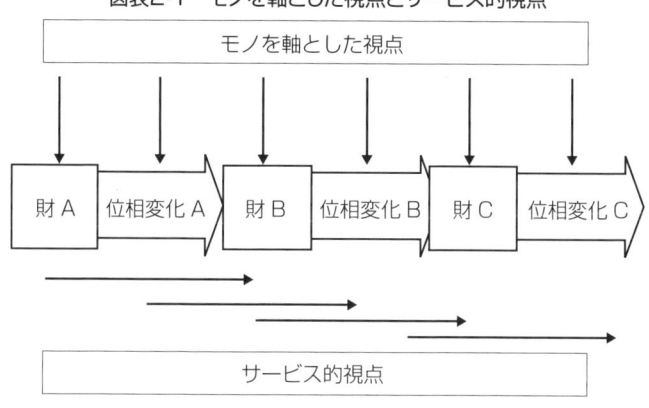

図表2-1　モノを軸とした視点とサービス的視点

```
            モノを軸とした視点
    ↓    ↓       ↓    ↓       ↓    ↓
  ┌───┐        ┌───┐        ┌───┐
  │財A│位相変化A│財B│位相変化B│財C│位相変化C
  └───┘        └───┘        └───┘
    ────────────→
          ────────────→
                ────────────→
            サービス的視点
```

出典:徳江(2009)

例として、再び自動車について考えたい。消費者の「移動」というニーズに対して自動車という乗り物が存在するが、発明された当初は一部の富裕層のみがこれを利用可能であった。それ以外のほとんどの人々は、手間や時間のかかる他の手段を利用して移動していた。やがて有名なフォードT型が開発され、自動車は一気に大衆化への道を歩み始めたのであるが、フォードがその後GMに抜かれてしまうのは、市場セグメントごとの対応が貧弱だったためである、というのは有名な話である。「移動したい」というニーズに応えるためにはT型で十分だったのだが、市場セグメントが細分化されるにつれ、新たなベネフィットがそこに付加されたということである。

ここで重要なことは、現代の自動車メーカーにおいても、こうした需要創造の努力が常に続けられているということである。その結果、自動車という製品が多くの

「ニーズの束」を満たしうる存在となっている。すなわち自動車メーカーは「移動を含む多様なニーズの束を満たしうる価値」を創造している存在である、とみなすことができるわけである。そしてそのニーズも、それに応えうるベネフィットも、時間軸で変化していくということがポイントとなる。

さて、こうして完成した自動車という製品は、あるものは自分で運転して移動するドライバーに、またあるものは財貨の取引を通じて他者を輸送するタクシー会社に、またあるものは所有することなく必要な時に借りたいというニーズを持つ消費者を抱えるレンタカー会社に、それぞれの購買主体のニーズの束を満たしうる価値を与えられて、販売される。場合によっては、手厚いアフターサービスによって、製品の劣化や使用プロセスにおける位相変化に対するメンテナンスを行い、あるいは望ましい位相変化をさらに加えたりすることとなるのである。

ある時点における消費者との「製品を通じた一時的な関係」に焦点を当てるのではなく、このように時間軸によって消費者を意識しながら、何らかの継続的なプロセス提供を行うのが「サービス」ということになる。

7．サービス研究のまとめ

サービスはモノと対比される存在として、その特性を把握することにまず研究の軸が置かれてきたが、一方でサービスの本質そのものを把握する試みとして、活動・機能やプロセスといった視点が導入され、サービス研究の範囲は広がった。しかし一方で、そうして広がった範囲を狭める方向での定義もなされるようになり、結局はマーケティングの根幹である「ニーズを満たす」という方向の視点に立ちかえる考え方が生じてきている、ということが言えよう。そして、マーケティング研究における関係性パラダイムの出現とともに、サービスにおいても関係性についての知見が無視できなくなっている、ということもうかがえる。

こうしたこれまでの研究の蓄積によって、サービスの特性や定義、それに応じた戦略構築のためのさまざまな手法が見出されている。だが、このような見地からのサービス諸論研究においては、サービスとはモノを軸としたマーケティングに付随する、または対立する存在となってしまっているという面のあることも否定できないのもまた事実である。

（徳江 順一郎）

2 ホスピタリティ研究の系譜

　ホスピタリティ研究の基軸は、大きく分けて以下の3つの流れがある。1つはホスピタリティの起源や語源について研究したり、ホスピタリティ概念そのものについて研究するもので、いわば「ホスピタリティ概論研究」と言えよう。もう1つはホスピタリティ産業と言われるビジネスに関する研究であり、いわば「ホスピタリティ産業研究」と言えるだろう。そしてもう1つが、ホスピタリティ概念を組織マネジメントや事業マネジメントに拡大し、さまざまな問題解決を図ろうとするもので、これは「ホスピタリティ・マネジメント研究」と言える。

　本節においては、こうした研究それぞれについて、その系譜についてまとめておく。

1．ホスピタリティ概論研究

　ホスピタリティ概論研究も、大きくは「ホスピタリティの起源や語源」に関する研究と、ホスピタリティ概念の定義を軸とした研究とに細分できる。ホスピタリティの起源や語源については第1章で述べたので、本節においてはホスピタリティ概念の定義についての研究をレビューする。

　先行研究からホスピタリティの定義に関する記述をまとめると、以下のとおりである。

　Brotherton（1999）は、ホスピタリティの定義を「同時に起こる人的交流であり、お互いに幸福な状態になり、さらに一層幸福な状態になろうとお互いが自発的に意図し、寝床、食事、飲み物のそれぞれ、またはいずれかを提供することである」とし、人的な相互作用と、「幸福」というキーワード、またやり取りに必要な「要素」（：寝床、食事、飲み物の提供）に関して規定している。

　Lovelock & Wright（1999）は、「顧客をゲストとして扱い、サービス組織とのインタラクションの間中、顧客のニーズに対応したきめ細かい行き届いた快適さを提供するものである」とし、サービスに価値を付加する補足的サービス要素の1つとみなし、「補足的」という要素を加味している。

　また Morrison & O'Gorman（2006）は、「異なる社会背景や文化を持つ客や初対面の人に対して、慈善的に、社会志向的に、またはビジネスとして、一時的に

食事をしたり宿泊したりするための場所を優しさと寛大さをもって提供する、主人の心のこもった饗応であり、歓迎であり、歓待である。ホスピタリティの提供が条件付きかそうでないかの度合いは、環境や状況によって異なる」とし、主客の関係性と、「社会志向」のみならず「ビジネス」としての行為でもある点に触れているのが興味深い。

わが国では、ホスピタリティを「ふれあい行動」であるとし、「行為」の側面を強調するものや、「社会倫理」であるという点に重きを置いている定義が多い。一方で、心や気持ちが軸となっている考え方や、好ましい接遇、といったシンプルな定義も散見される。しかし、これらは公約数的な表現であることは認めるが、ホスピタリティの「必要十分」な定義であるとは言い難い。

小澤（1999）においては、
① 客人と主人との間でのもてなし（歓待）のある良い関係
② 組織によって金銭と交換で客を楽しませるための宿泊施設にある様々な機能
③ 従来宿泊施設に存在した様々な機能が発達し、分割され独自発展を遂げている機能

のように大きく3つに分けることで、「関係」（＝状態）、そして宿泊とそれに付随した「機能」との整合性を図ることを意図している。しかし、この3つの要素を定義として並立させられうるのかは疑問である。

日本ホスピタリティ推進協会においては、「生あるもの、特に人間の尊厳と社会的公正をもって，互いに存在意義と価値を理解し、認めあい、信頼し、助け合う相互感謝の精神。伝統や習慣の違いをのり超え、時代の科学の進歩とともに新しい生きる喜びの共通意識としての価値を創造するものである」[1]としている。

吉原（2005）は、「アイデンティティの獲得を目指して自己を鍛え、自己を発信しながら、他者を受け容れ、他者に対して心を用いて働きかけ信頼関係づくりを行って、お互いに補完し合い何かを達成してゆく心と頭脳の働きである」としているが、一方でホスピタリティの本質と内包している意味について

■ 本質：相互性を帯びたシツュエーション（筆者注：原文ママ）の中で他者を受け入れるということ

---

1 日本ホスピタリティ推進協会HPより。2008年6月現在

■ 内包している意味：自律性、自発性、応答性、柔軟性、交流性、受容性、個別性、関係性、共感性、共鳴性、連帯性、学習性、信頼性、共働性、対等性、主体性、独自性、多様性、相互性、互酬性、補完性、共創性、成長性、

とも述べており、さらにホスピタリティ価値について、図表2-2のようにまとめている。

図表2-2　価値の分類

	顧客価値：顧客によって気付かれた（知覚された）サービスの体験の心理的結末
ホスピタリティ価値	未知価値
	願望価値
サービス価値	期待価値
	基本価値

出典：佐々木・徳江（2009）

　これは実際には知覚品質についての言及であり、受けた側がホスピタリティかサービスかを分類するものとも解釈しうる。

　他には、相手の「感動」に重点を置き、そこに至る心から行動へという流れについて言及しているものや、わが国固有の価値観を踏まえて、精神性とそこから生じる行為について強調しているもの、などが定義の代表的なものであろう。

　さて、さまざまな定義を並べたが、こうした定義に共通するホスピタリティに関連するキーワードとしては、倫理、精神、行為、行動、関係、機能、といったものが挙げられ、これらは

　　　　［内面（精神性）　⇔　行為］　これらを包含した「機能」
　　　　　［異なる社会性・価値観　⇔　相互的な関係］

というそれぞれの軸で捉えられていることが理解できよう。

　ここでいずれの定義にもあるのが、「相互性」、「相互作用」という要素であり、いわば「サービスの提供」という一方通行に対し、ホスピタリティは「対価の支払い」という一方通行をもって応えるわけではない、という点がポイントとなろう。

　内面に関してのみ言及している環境においては、本来的にはホスピタリティは「市場において価格でその価値を図ることが可能なもの同士の等価交換」ではない可能性がある。「相手のことを思いやる」といった「気持ち」（＝精神性）というものは、

市場で取引するのは難しい。市場での交換を目指すためには、「スペック」を事前に規定しなければならず、現場での調整をそこに加味することは困難である。そのために「行為」についても言及していると考えられる。

２．ホスピタリティ産業研究

（1）海外におけるホスピタリティ産業研究

ホスピタリティそのものについての研究は、意外なことであるが、海外では実はつい最近まであまりなされてこなかった[2]。ただし、いわゆるホスピタリティ概論研究以外のさまざまな学問分野の研究において、ホスピタリティに触れる形での研究は行われてきた。図表2-3に見られるように、神学、社会学、史学、人類学、哲学といった分野で、何らかの言及がなされてきている。

図表2-3　ホスピタリティに言及した研究

	70年代以前	80年代	90年代	00年代
神学		Koening(1985)	Pohl(1999)	
社会学	Goffman(1969) Douglas(1975)	Bourdieu(1984) Finkelstein(1989)	Featherstone(1991) Beardsworth& Keil(1997) Bell& Valentine(1997)	Ritzer(2004)
史学	White(1970)		Heal(1990)	Walton(2000) Strong(2002)
人類学				Selwyn(2000)
哲学			Telfer(1996)	Derrida(2002)

出典：Lashley,et.al.(2007). の記述をもとに著者がまとめた

だが、決してホスピタリティに関係した研究が盛んでなかった、ということではない。海外、特に米国においては「ホスピタリティ産業」に関する研究が主であり、hospitalityの意味するところも言語的に明確である面もあり、あえてこれを研究対象とはしてこなかったことがうかがえる。

ここで興味深い記述として、近藤（1995）を取り上げたい。同書において、「わが国でサービスを扱った経営書や専門書でしばしば取り上げられるが、欧米ではほ

---

2 Lashley, et. al.(2007)

とんど登場しないのが『ホスピタリティ』という言葉である」と述べられており、また、「欧米のサービス・マネジメントの分野で、このホスピタリティそのものが研究対象として取り上げられたことはほとんどない」という。また、日本とアメリカとのホスピタリティ概念の差についても言及されており、日本では「ご馳走」に代表される「主人側の客に対する心のもち方・姿勢が大切」である一方、アメリカにおいては「選択の自由」が非常に重要であるとして、その相違点を抽出している。

また、「欧米では、ホスピタリティ・インダストリーとは、『飲む、食う、泊まる』を提供する飲食業とホテル業を意味し、ホスピタリティ・マネジメントとはそれらの産業の経営を意味するものとして定着している」とし、この分野を「ホスピタリティ」ではなく、「ホスピタリティ産業」として主たる把握がなされている点について述べられている。

欧米においては、ホテルとレストランだけでなく、家から離れた場所において、身を守る場や食物、あるいはその双方を提供する組織として、プライベート・クラブ、カジノ、リゾート、その他の観光施設なども含まれるという考え方が通説となっており、「ホスピタリティ」という言葉そのものが、こうした「組織」を指している。中には、旅行産業を主軸にしてマーケティング的なアプローチによってホスピタリティをとらえているものもある。

(2) わが国におけるホスピタリティ産業研究

次に、わが国におけるホスピタリティ産業研究について考察する。わが国ではホスピタリティそのものの定義がさまざまであるように、ホスピタリティ産業に関する定義もかなりバラエティに富んでいる。

ホスピタリティの実践研究会においては、まず「ホスピタリティ」を経済財（商品）とする産業を挙げ、一方で、これまでそのように認識されてこなかったものの、今後そのように考えることが消費者から要求されるであろう産業もそこに含まれる、としている。しかしながらホスピタリティが、精神性のように市場において価格でその価値を測ることが可能でない場合には、ホスピタリティを「経済財」とする、という定義には無理があると思われる。これはホスピタリティを行動の側面からとらえた場合に有効となろう。

また、福永・鈴木（1996）はホスピタリティ産業とは、「観光産業（旅行と旅行関連産業）、宿泊産業、飲食産業、余暇産業、その他5つの特徴（高い＜選択性、代替性＞、低い＜必需性、緊急性＞、感じの良し悪しが決め手）を有する産業）」

であると述べている。また並列して米国での定義としては、「観光産業（Tourism Industry： 旅行、宿泊、飲食、余暇関連）、健康産業（病院、フィットネスクラブ他）、教育産業」であるとしている。この定義は英語の hospitality の持つ根源的な意味である、「旅人を歓待する」という要素が強く出ているように感じられる。前述の欧米でのアプローチのように、泊・飲・食が基本となって、そこから派生した産業、ということになるのだろうか。

　西洋的な考え方ではこうした「行為」に関する要素が大きいために、こうした定義もあり得ようが、われわれ日本人には違和感を感ずる面があることも否定できない。東洋的な考え方では、「倫理」などの「精神性」も同様に重要であるととらえられるため、観光関連産業を中心とした定義では足りない可能性がある。

　こうしたいわば「米国的」定義は他にもあり、サービスの事業分野による分類として、「ホスピタリティ、旅行、観光サービス業、すなわちホテル、レストラン、航空会社、旅行代理店」と主張している論者もいる。

　ホスピタリティ産業の定義について興味深いのは山上（2005）で、その定義に幅を持たせ、「最狭義」が飲食・宿泊業、「狭義」が観光（旅行・交通・宿泊・料飲・余暇）産業・関連事業、「広義」が観光・教育・健康産業・関連事業、「最広義」が人的対応・取引するすべての産業とホスピタリティを媒介する産業、といったように4つに分けている。こちらはその範囲を操ることによって定義に幅を持たせているが、そうするのであればそもそもホスピタリティ産業、という定義に無理が生じてしまう面があるのも否定できない。ここでの最広義は、マーケティングで言うところの「顧客志向」そのものである。

　また、観光学の草分けである立教大学の観光研究所においては、ホスピタリティ産業を、ホテル、レストラン、インスティテューション（企業内給食、病院、学校の寮など）、フードサービス、クラブであるとしている。

3．ホスピタリティ・マネジメント研究

　この考え方は、前述したとおり、実はあまり海外では用いられていない概念であるが、わが国での研究にはしばしば登場する。繰り返しになるが、海外での、特に米国における「ホスピタリティ・マネジメント研究」は、すなわち「ホスピタリティ産業研究」であるので、注意が必要である。

　ホスピタリティ・マネジメントに関する定義は、わが国独自のホスピタリティ観

にもとづいて、社会倫理を組織マネジメントに導入するアプローチが主軸となっている。しかし、吉原（2005）においては、「ホスピタリティ価値の創造と提供を主な目的として、組織関係者を方向づけ、一体感を醸成して、プラスの相乗効果を生み出す取り組みである」として、「行為」（＝取り組み）の側面を強調して定義を広げた上で、「これまでの人間観とホスピタリティを具現化するマネジメント」と言い、より一層の普遍性を付与しようと試みている。

　この分野の研究は、いずれもホスピタリティ・マネジメントそのものを対象とする研究者たちによる研究が主である。自身の主張する「ホスピタリティ観」を軸として、組織をいかにマネジメントするかに関しての研究である。

　海外では、Lashley, et. al.（2007）において、ホスピタリティが展開される環境を"Social Lens"によって把握し、さまざまな環境において生じる同一の現象であるホストとゲストとの相互作用としてホスピタリティを把握した上で、いかにマネジメントするかという視点が提示されている。

　ホスピタリティ産業研究にせよホスピタリティ・マネジメント研究にせよ、いずれにおいても問題となるのは、ホスピタリティ・マネジメントとは、「ホスピタリティを扱う産業」なのか「ホスピタリティ（の精神）によって財の提供を行う産業」なのか、といった区別である。人間同士の接点においてホスピタリティが語られる以上、こうした接点が生じるどの場面において、何をマネジメントするか、がポイントとなる。

4．ホスピタリティ関連研究のまとめ

　研究の流れを概観すると、以下のようなことが見えてくる。すなわち、ホスピタリティに対しては、キリスト教的価値観のもとで、かつ語源に従う形で、欧米においては観光を中心とした産業に網をかけて研究が進んできた。その点は理解できるが、それをそのままわが国にあてはめるのには、やはりさまざまな無理が生じると言わざるを得ない。

　一方で、旅人との関係性がホスピタリティの根幹にあるのならば、その関係性はあくまで一時的なものであるが、教育産業や健康産業は「継続的」な「関係性」が築かれるために、ホスピタリティ産業からは外れてしまう可能性も生じてくる。また飲食業、宿泊業、旅行業、交通事業、といったサービス産業の中でも、マニュアル化やチェーン展開によって大規模化し、特に「コア・サービス」のみの提供に絞っ

た事業を展開する企業は、そこに「ホスピタリティ性」はあまりない（または必要ない）ということになってしまうのではないだろうか。

要は、サービス・エンカウンターにおいて、人的関係性が一時的にせよ築かれる場合に、ホスピタリティ精神をもって接することが可能な産業はすべて「ホスピタリティ産業」となってしまうと考えられる。つまり、ホスピタリティ産業をまず定義づけした上でのホスピタリティ研究は、当該産業以外への拡張性の点において、若干の弱さがあることを否定し得ない。

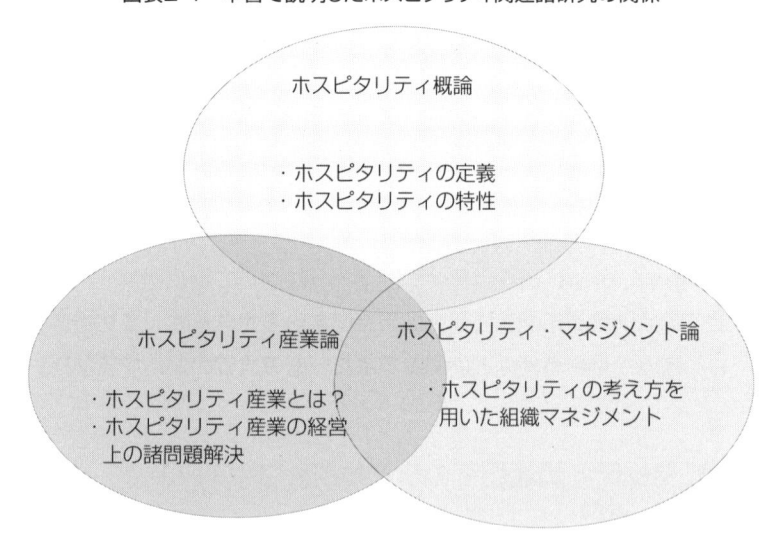

図表2-4　本書で説明したホスピタリティ関連諸研究の関係

ホスピタリティ概論
・ホスピタリティの定義
・ホスピタリティの特性

ホスピタリティ産業論
・ホスピタリティ産業とは？
・ホスピタリティ産業の経営上の諸問題解決

ホスピタリティ・マネジメント論
・ホスピタリティの考え方を用いた組織マネジメント

著者作成

そしてこれらのホスピタリティ関連諸研究の関連性は、図表2-4、図表2-5のようにまとめることもできよう。

最後に、ホスピタリティに関係した興味深い研究を紹介する。D'Annunzio-Green, et. al. (2007) はホスピタリティ産業（と旅行産業）における人的資源管理について研究している。ホスピタリティ産業にとっての人的資源とはどのようなものであるか、また人的資源の開発はどのように行うかについて述べた上で、従業員間の関係性が事業に与える影響に関しても言及している。わが国ではホスピタ

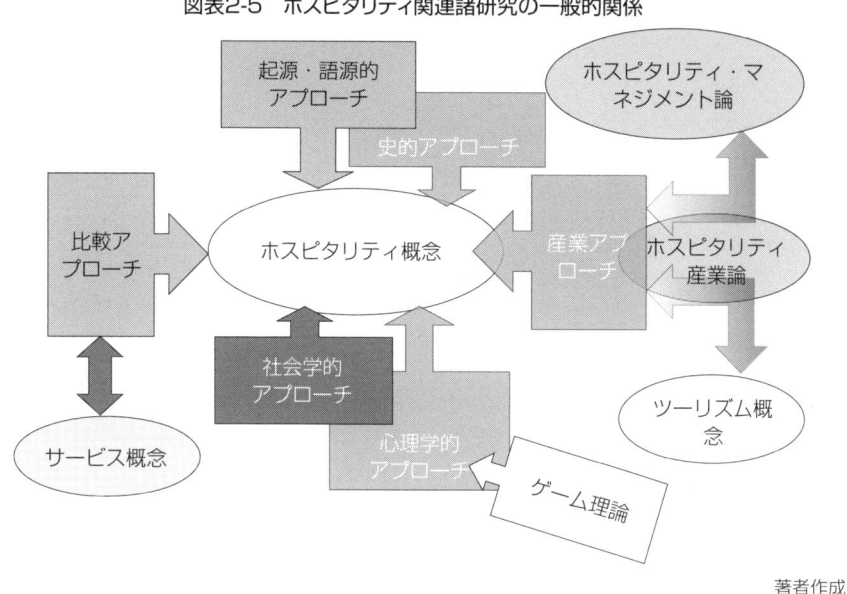

図表2-5　ホスピタリティ関連諸研究の一般的関係

著者作成

リティ産業での人的資源に関する研究はまだあまり多くなく[3]、この方向性の研究は今後、わが国での適用事例などに関してより一層の研究の深化が望まれよう。

　また、ホスピタリティ産業における「ハードとソフト」の関係に関して研究したBorsenik & Stutts（1987）も興味深い。ここではホスピタリティ産業におけるエネルギー関連の問題や、空調、温冷蔵、給排水、建物内での移動手段、騒音、その他のさまざまな設備に関する研究がなされている。

　次いで、社会関係資本（ソーシャル・キャピタル）におけるホスピタリティの意義についての研究としては、佐々木・徳江（2009）による社会志向マーケティングとの関係を論じたものが存在する。

　以上をまとめると、ホスピタリティそのものに対する関心は欧州やわが国の一部において強いと言える。その内容としては、宗教的・哲学的関心を背景として、複合的・学際的領域の問題として把握されている。一方で、米国とわが国での他の流

---

[3] 一部で言及している研究は存在するが、人的資源を主軸としている研究は、飯嶋(2001)、吉原(2005)、飯嶋(2007)、程度である。

派としては、ホスピタリティ産業に対する関心が強い。ここでは業界の線引きの問題を前提としつつ、経営に関する諸問題解決が目指されている。

(徳江 順一郎)

参考文献

Beardsworth, A. & T. Keil (1997), *Sociology on the menu*, Routledge.
Bell, D. & G. Valentine (1997), *Consuming Geographies*, Routledge.
Borsenik, F. D. & A. T. Stutts (1987), *The Management of Maintenance and Engineering Systems in the Hospitality Industry*, 2nd.ed., John Wiley & Sons – Wiley service management series.
Brotherton, B. (1999), 'Hospitality management research; Towards the future?', B. Brotherton (Ed.), *The handbook of contemporary hospitality management research*, John Wiley & Sons.
Bourdieu, P. (1984), *Distinction, a Social Critique on the Judgement of taste*, Routledge and Kegan Paul.
D'Annunzio-Green, N., G. A. Maxwell, & S. Watson (2002), *Human Resource Management – International Perspectives in Hospitality and Tourism*, Continuum.
Derrida, J. (2002), *Acts of Religion*, Routledge.
Douglas, M. (1975), *Deciphersing a Meal*, Routledge and Kegan Paul.
Enis, B. N. & K. J. Roering (1981), "Services Marketing: Different Products Similar Strategy", (J. H. Donnelly & W. R. George eds., *Marketing of Services*, AMA).
Featherstone, M. (1991), *Consumer Culture and Postmodernism*, Sage.
Finkelstein, J. (1989), *Dining out : Sociology of Modern Manners*, Polity Press.
Goffman, E. (1969), *The Presentation of Self in Everyday Life*, Anchor books.
Grönroos, C. (1990), *Service Management and Marketing*, Lexington Book.
Heal, F. (1990), *Hospitality in Early Modern England*, Oxford University Press.
Koenig, J. (1985), *New Testament Hospitality :Partnership with Strangers as Promise and Mission*, Fortress Press.
Kotler, P (1991), *Marketing Management : An Analysis, Planning, Implementation & Control*, 7th, eds., Prentice-Hall.
Lashley, C., P. Lynch & A. Morrison (Eds.) (2000), *In Search of Hospitality: Theoretical Perspectives and Debates*, Butterworth-Heinemann.
Lashley, C., P. Lynch & A. Morrison (Eds.) (2007), *Hospitality: a Social Lens*, Elsevier, -Advances in tourism research series.
Lovelock, C., & L. Wright (1999), *Principles of Service Marketing and Management*, Prentice-Hall(小宮路雅博監訳、高畑泰・藤井大拙訳 (2002), 『サービス・マーケティング原理』, 白桃書房).
Morrison, A., & K. O'Gorman (2006), "Hospitality Studies; Liberating the power of the mind", *CAUTHE 2006*, Melbourne.

Pohl, C. (1999), *Making Room : Recovering Hospitality as a Christian Tradition*, Eerdmans.
Rathmell, J. M. (1974), *Marketing in the Service Sector*, Winthrop Publishers Inc.
Ritzer, G. (2004), *The Mcdonaldization of Society Revised New Century Edition*, Pine Forge Press.
Selwyn, T. (2000), "An Anthropology of Hospitality" (Lashley, et.al. (2000)).
飯嶋好彦 (2001),『サービス・マネジメント研究』, 文眞堂.
飯嶋好彦 (2007),「わが国ホテル総支配人のキャリア・パス」,『ツーリズム学会誌 第7号』, ツーリズム学会.
上原征彦 (1999),『マーケティング戦略論』, 有斐閣.
小澤道紀 (1999),「ホスピタリティに関する一考察」,『立命館経営学 第221号 (第38巻第3号)』.
古閑博美 (2003),『ホスピタリティ概論』, 学文社.
近藤隆雄 (1995),『サービス・マネジメント入門』, 生産性出版.
佐々木茂・徳江順一郎 (2009),「ホスピタリティ研究の潮流と今後の課題」,『産業研究』第44巻第2号, 高崎経済大学附属産業研究所.
田中滋監修・野村清 (1996),『サービス産業の発想と戦略 ーモノからサービス経済へー (改訂版)』, 電通.
徳江順一郎 (2009),「「サービス」再考」,『高崎経済大学論集』第52巻第1号, 高崎経済大学経済学会.
福永昭・鈴木豊編 (1996),『ホスピタリティ産業論』, 中央経済社.
山上徹 (2005),『ホスピタリティ・マネジメント論』, 白桃書房.
吉原敬典 (2005),『ホスピタリティ・リーダーシップ』, 白桃書房.

第3章
関係性とサービス／
　　　ホスピタリティ概念

1 サービス／ホスピタリティ概念へのアプローチ

1．はじめに

　これまでになされてきた多くの先行研究において、サービスとホスピタリティに関して、多様な定義がなされていることを第2章で確認できた。こうした先行研究を通して、サービスやホスピタリティ概念に対するアプローチの相違点と共通点が明らかになってきている。例えば、わが国ではホスピタリティに対して「おもてなし」といった訳語があてられることが多いが、一方で米国を中心として、あくまで特定の産業・組織を指しているケースも存在するといった点である。

　本章においては、サービス／ホスピタリティ概念把握のために、以下のアプローチを採用する。サービスに対しては、古典的アプローチであるモノとの対比を援用しつつ、プロセス概念について考察する。つまり、サービスの特性から定義を導くのではなく、サービスそのものの本質に肉薄するのである。このサービス概念に基づいて、ホスピタリティに対しては、取引に伴う主体間の関係性アプローチについて論じる。つまり、ホスピタリティ概念に関しての先行研究における共通項から、主体間の関係性概念に関係する要素を浮き彫りにし、ホスピタリティ概念の把握に必須であると考えられる要素について提示する。

2．サービスとホスピタリティ

　本章での前提は、サービスとホスピタリティとは不可分の関係にある、ということである。そして、サービスよりもホスピタリティが素晴らしい概念であるとか、これからはホスピタリティが重要である、といった論調やその逆の立場をとるものではない。むしろ、サービスの語源から情緒性を排除して、同一の事象に対して行為的・機能的なアプローチをする場合にはサービスとしてとらえるものとし、関係的なアプローチをする場合にはホスピタリティととらえるものとする。

　ここでは、特に関係性についての社会心理学における知見を大いに引用する。つまり、なぜ関係が構築されるのか、関係が生じた際に、どのような信頼の構造が存在するのか、といった点について、社会心理学的観点からアプローチしたい。なぜならば、この信頼の下位構造が明らかとなったからこそ、サービスとホスピタリティ

との分類も可能となったと言えるからである。

　しばしば論じられてきたような、個人的な対人能力の向上のみにとらわれる方向性を脱し、結果につながるホスピタリティ・マネジメントを実現してゆくためには、この信頼に対する理解が必須となる。ただし、これはあくまで個々人の対人能力の向上があってのことであるのは当然なので、もとよりそれらの先行研究を否定するものではない。

（徳江　順一郎）

2 サービスの定義と特性

1．サービスの定義

　第2章において、サービスは時間軸的にニーズ変化に対応する方向性がうかがえると結論づけた。ここでは、サービスがなぜ「モノ」と対比されるものとしてとらえられるのか、つまり、モノとサービスとの「本質的」相違がどのようなものかについて明らかにする。そもそも、われわれはどのような時に「モノ」を買ったと感じ、どのような時に「サービス」を提供されたと感じるのだろうか。

　ある「プロセス」を経た「結果」を取引する場合、われわれはそれを「モノ」ととらえている。例えば、工場で作るというプロセスを経ることによって、製品という「結果」が完成し、それが流通というプロセスを経てわれわれのもとに届いたときに、モノとしての製品（商品）として認識する。

　一方、ある「プロセスそのもの」を取引した場合、われわれはそれを「サービス」と認識する。例えば、A地点からB地点までの移動というプロセスや、17時半から朝の8時までの客室の利用（権）というプロセスを、われわれはサービスとして認識する。

　ただし、通常はこれらの複合が消費者に提供される。例えば冷蔵庫の購入を例にとると、当然のことながらプロセスの「結果」としての冷蔵庫という「モノ」を購入するわけであるが、最近では自分が買った冷蔵庫を自分で家まで運ぶことはまずないであろう。われわれは配送や設置、そして配線といった付帯「サービス」も当然期待するのである。もちろん家まで運ばれてきて、設置されて、利用できるようになって、初めて本来的な「製品の持つ効用」を享受できるようになるため、家に設置されて使えるようになって初めて「製品」であると考えれば、付帯サービスをことさらにサービスとして強調することはないのかもしれない。だが、それにもかかわらず、われわれはこれをサービスとして認識していることも、また一方では確かである。

　結果としてのモノにはさまざまな「ニーズを満たすベネフィット」が付帯している。しかしながら、人間のニーズや欲求が多様化していくと、こうしたモノが満たしてくれるニーズだけでは、あくまで期待の範囲内であり、そうした期待の外にあ

るニーズや欲求を満たして欲しいといった状況も見受けられるようになってきている。いわば、こうした事態に経時的に対応することがサービスであるとも言えよう（図表3-1）。

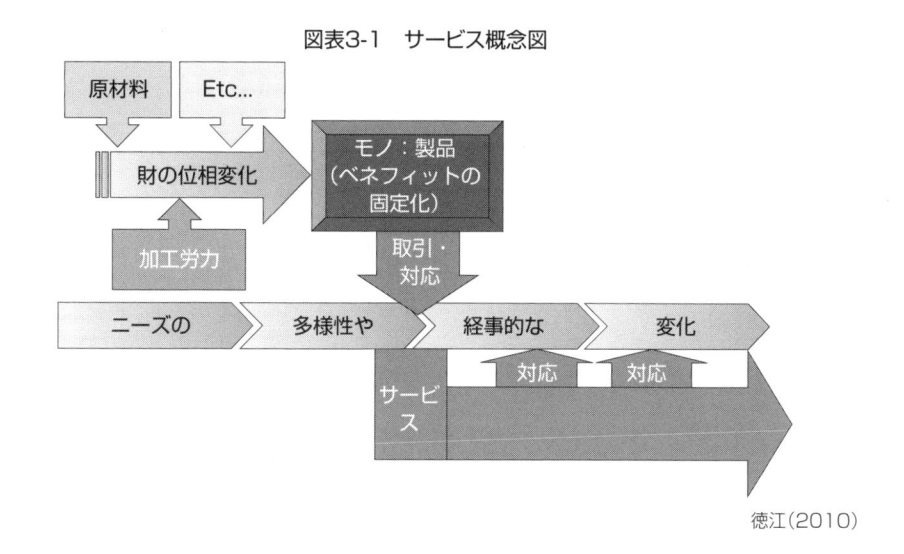

図表3-1 サービス概念図

徳江(2010)

2．サービスの特性

　サービスの提供には、「サービス主体」（提供側／企業側）と「サービス対象」（被提供側／消費者側）とが存在する必要がある。そして両者の間で「サービス」のやり取りが行われる。そして、このようにサービスを定義づけることで、サービスの特性についての整理が可能になる。
　サービスの1次特性、すなわちプロセスという点から即座に導かれる特性としては、
　[特性1-1] 無形：つまり形をなさないということ
　[特性1-2] 生産されつつ消費される
が挙げられる。この[特性1-2] 生産されつつ消費されるという特性は、さらに以下の下位特性を生じる。
　まず、2次の特性としては以下の要素が挙げられる。
　[特性2-1] 生産と消費が時間的・空間的に切り離せない

生産されつつ消費されるために、生産する場と消費する場とが同一である必要が生じる。もちろん、衣服のクリーニングのようにサービスの生産とそこから生じるベネフィットとが別の場所で生起する場合もあるが、これはサービスの対象が消費者の所有物などの場合であり、特に消費者そのものがサービスの対象となる場合には、ほとんど生産と消費とは切り離せないものとなる。

このことから、例えば物流概念の適用が困難となってしまう。サービスは輸送することができず、在庫をすることもできないのはこのためである。

[特性2-2] サービスをする主体（生産者）と受ける客体（消費者・消費者の所有物など）との協働関係が必要となる

前項とも関係するが、時空間的に切り離せない以上、サービスをする側の主体とサービスを受ける対象が同一の場所にいる（または「ある」）必要が生じる。サービス提供側が消費者のもとに行くか、あるいはその逆の行為が必要となってしまう。モノであれば、自宅で誰にも邪魔されずにベネフィットを享受することが可能であるが、サービスの場合には自分一人で享受できないことが多い。

また、サービス提供側と消費者側との意思疎通が円滑になされる必要が生じることもある。消費者が自分の望むサービスを的確に提供側に伝えることが必要だったり、提供側が消費者にプロセス提供中にベネフィットの状態について確認しなければならなかったりもする。

[特性3-1] 品質が変動しやすい／不安定である

そしてこうした特性から3次的に派生する特性として考えられるのが、この品質の変動性であり、これはさらに2つの意味に分けることが可能となる。

(1) 客観的品質の変動性／不安定性

サービスそのものを商品として見た場合に何らかの尺度で評価した品質で、いわばサービスの「客観的品質」と捉えることができる。この客観的品質の不安定さは、

① スペックや定量的情報での把握が困難
　　…（サービス提供前の要素：事前）
② 提供側と被提供側との協働が必要
　　…（サービス提供中の要素：事中）
③ 製品出荷時の品質検査が事実上不可能
　　…（サービス提供後の要素：事後）

といった要因によって引き起こされる。

(2) 主観的品質の変動性／不安定性

　客観的品質の高低とは関係なく、消費者が実際に感じた品質であり、知覚品質とも言われる。これはいわば消費者の「主観的品質」と捉えることができる。この主観的品質の不安定さは、

① そもそも前提となる客観的品質が変動する／不安定である
② サービスそのものだけでなく、サービス提供者の身なりやサービス提供場所の設備、あるいはその日の気候など、周辺環境によって品質が変化する
③ 提供側と被提供側との関係によってサービスそのものが変化、すなわち両者の関係の良し悪しが、サービスの評価に大きく影響する

といった要因によって引き起こされる。

　すなわち、サービスにおいては品質の変動性が存在するが、この品質変動に際しては、

「客観的な品質」の不安定さ

＋

提供側と被提供側との関係の状態による被提供側の

「主観的な品質」の不安定さ

に対する対応がポイントになってくるということがわかる（図表 3-2）。

図表3-2　サービスの特性と対応

定義	サービスの特性		対応
プロセス	無形性		商品の情報伝達の工夫
	生産されつつ消費	（生産と消費の）不可分性	需要の時間的・区間的偏在への対応（在庫ができない）
		（品質）変動性	客観的品質の安定化 または 主観的品質への対策
		（主体と客体の）協働	アクセスしやすさ または 意思疎通の円滑化

出典：徳江（2009），を一部改変

3．サービスの特性に対する対応

　客観的品質の安定化を図るために、これまでサービス関連諸産業ではさまざまな努力がなされてきた。例えば「マニュアル化」で、サービスが提供されるプロセスを時間軸や行動単位で細かく切って、プロセスごとに規定するものであり、いわば「プロセスのパッケージ化」と考えられる。これによって多くの消費者に対して、安定的な品質で（ただし「客観的品質」のみ）、同様のサービス提供が可能になっている（図表3-3）。

　また、消費者の多様性に対しては、多メニュー化によって対応してきた。つまりプロセス・パッケージを増やすことで、多様なサービス提供を可能としている。

図表3-3　サービス・パッケージ

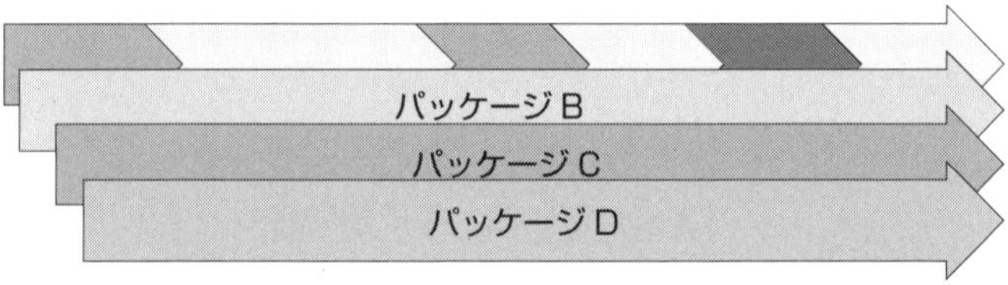

パッケージB
パッケージC
パッケージD

著者作成

　ただし、客観的品質の安定化による問題点として、消費者の「未知の価値観・尺度」にあるプロセスへのアプローチの困難さや、主観的品質の不安定さが結局は解消され得ないという点が指摘できる。サービスの場合には、消費者にとって未知の状況や環境が多いが、あくまで企業側の価値観での多メニュー化対応のため、そうした状況や環境がいかに素晴らしいものであったとしても、消費者にとって未経験のプロセスの場合には、なかなか消費者には理解してもらいにくいという問題が残ってしまう。モノであれば、ある程度はスペックや定量的情報の提供によってこの点は解消することが可能である。

　また、協働作業が必要であることから、提供側と消費者側の関係によって、サービスそのものが大きく変化・変質してしまうことも問題である。つまり、両者の関係には「社会的不確実性」が存在するため、取引にリスクが存在するうえ、関係の良し悪しもサービスの評価に影響を及ぼしている（社会的不確実性については第3

節で詳述する)。サービス提供側と消費者側の関係が良好であれば、サービスの「品質が高い」と消費者側が感じる可能性は高いが、関係が悪化してしまうと、仮に完璧にプロセスを全うできたとしても、享受したサービスが「品質が低い」ものへと一気に変化してしまうことが避けられないのである。特に、国際線の航空機内サービスのように、両者の接点が長ければ、そういう事態が起きる可能性はより高まると考えられる。

こうしたことをまとめると、以下のとおりとなる。

サービスは品質が「不安定」であるが、それは「客観的品質の不安定さ」と「主観的品質(知覚品質)の不安定さ」とに分けられる。これまではプロセスを時間軸で細かく切って、プロセスごとに規定し、さらにそのプロセスを複数用意することによって、客観的品質の安定化と消費者の多様性への対応とを実現してきた。具体的にはマニュアル化、スペック化、多メニュー化などである。いわば、サービスのパッケージ化とパッケージの複数化である。

しかしながら、それでも主観的品質の不安定さは解消されないため、財の不安定さを逆に利用できないか、という視点が生じてくる。すなわち、定型的な決まったサービスではなく、その場の状況変化に応じた応用的サービスの提供や、関係における社会的不確実性を「むしろ」利用して「良好な」関係を構築することで、主観的品質を向上させるといった方向性が志向されてくることになる。そして、これが成功した場合に、われわれはホスピタリティを感じているのである(図表3-4)。

こうした主観的品質への直接的アプローチを行うには、良好な関係構築と応用的サービス提供とが必須条件となるが、良好な関係が構築されることによって、応用的なサービス提供による消費者満足の可能性がいっそう高くなることも指摘できる。ただし、そのためには応用的サービス提供ができる応用力や判断力を現場が持っていること、前提としてもちろん良好な関係が構築できる現場であること、そしてそのような応用的対応が可能な程度にプロセスの不確実性が高いことが必須となる。プロセスの不確実性を高めるためには、プロセスを細かく切って規定をしないことや、場合によっては、「あえて」不確実にすることも求められるかもしれない。これはプロセスの「流動化」ととらえられよう。

こうした方策の結果、消費者との新たな「価値創出」も可能になる。つまりサービス提供側、消費者側ともにこれまで単独では保持していなかった情報や価値観のやり取りが行われたり、単独では不可能であったプロセスの創造が行われたりする

図表3-4　不安定さへの対応

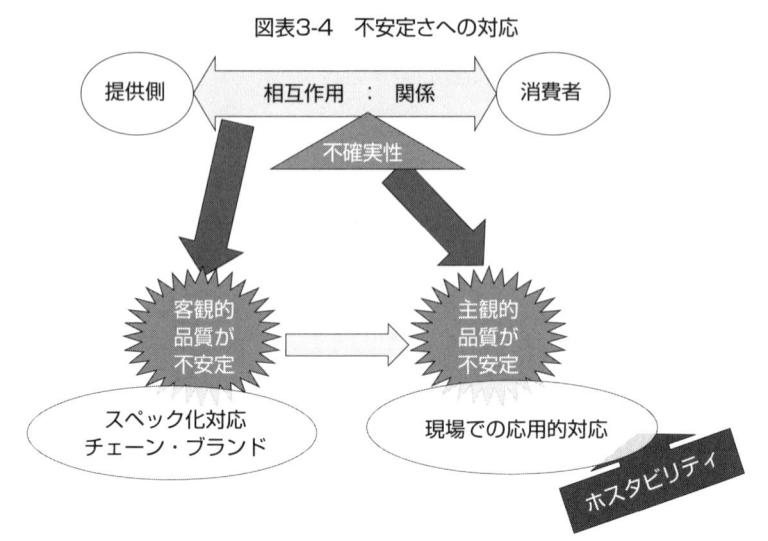

（図：提供側 ⇔ 相互作用：関係 ⇔ 消費者／不確実性／客観的品質が不安定 → 主観的品質が不安定／スペック化対応 チェーン・ブランド／現場での応用的対応／ホスピタリティ）

著者作成

可能性が生じるのである。

　われわれはこのような「不確実性の高い環境における主観的品質へのアプローチ」がなされ、それが「良い結果につながった」と消費者が感じた際に、ホスピタリティを感じているのである。そこで、以下では実際のホスピタリティ実現プロセスを細かく見てゆくこととする。

（徳江 順一郎）

3 関係性概念の系譜と信頼の構造－ホスピタリティ概念把握の前提

1．前提としての関係性概念と信頼概念

　ホスピタリティは必ずと言っていいほど人間同士の関係、あるいは人間以外の主体と人間との関係が生じる場面で語られている。モノの取引ではこのようなキーワードが出てくることはあまりない。洗濯機や冷蔵庫のような「白モノ家電」の取引では、あまりホスピタリティが話題となることはない（しかしながら、近年では藤井（2009）のように、電器製品にまつわるホスピタリティについての研究も見受けられるが、まだ少数である）。大根や白菜の取引でも同様である。

　そうなると、米国を中心とした海外でのホスピタリティ把握の流れも踏まえると、ホスピタリティに関する話題が生じるのは、サービスが持つ特性によるものであると想定することができる。そこで、これまでのサービスに関する議論を踏まえて、ホスピタリティ概念の把握を試みたい。

　前述のように、サービスの持つさまざまな特性が観察されるが、ここで、ホスピタリティに関係すると考えられる要素として、「取引の対象の持つベネフィットが不安定である」という前提が抽出される。この「不安定さ」、すなわち「ベネフィットの不確実性」に対して、両者の関係が非常に大きな意味を持つことになる。例えば関係が良好であれば、サービスそのものに多少問題があったとしても、そのサービスが「良い品質」であったと認識されることとなる。そこで、ホスピタリティ概念を把握する前提として、関係性概念について考察したい。

　マーケティングを中心とした関係性に対する先行研究を眺めてみると、大きく3つの潮流に分かれている。すなわち
　① 関係の強化
　② 協働による新しい価値創出といったメリット
　③ パラダイムとしての関係性
である。いずれの潮流にも共通しているのは、
　■ 関係の強化／緊密化
　■ 関係の深度化／相乗効果
　■ その背景にある「信頼」

という概念である。

関係の強化／緊密化は、既存顧客との関係を強化したり緊密にしたりすることによって、その顧客からのより一層の売上げを期待するものである。メンバーズ・カードの発行やポイント制度によって、顧客の囲い込みを図るのはこの考え方による。

関係の深度化／相乗効果は、関係が構築されることによって売り手側と買い手側双方が持っているお互いの情報がスムーズにやり取りされるなどして、単独では実現し得ない価値創出を図るものである。B to Bではむしろこちらのメリットが中心となるし、B to Cでは消費者とのワークショップ開催などによる新製品開発が代表的である。

このように関係を強化したり深度化したりするためには、お互いが関係によるメリットを感じていて、それを継続しようとする意志を持っていることが前提となる。このような関係を「コミットメント関係」と呼ぶことがある。そして、関係が強化されたり深度化されたりするにつれ、いわば「お互いの手の内を明かす」ということになるので、裏切られたりした場合にはその影響は非常に大きなものとなってしまう。そこでお互いに信頼し合って裏切らないようにする必要性が生じ、こうした関係性についての背景として、「信頼」が位置づけられることになるのである。

実はこの「信頼」というキーワードは、ホスピタリティの理解に大きな意味がある。そこで以下、この信頼についてさらに考察する。

２．信頼の下位構造とサービス／ホスピタリティ

昨今の心理学を中心とした信頼に関する研究により、われわれが普段考えている信頼が、実際には非常に複雑なものであるということが明らかにされてきている[1]。そこには一般の考え方からすると、逆説的とも思えるさまざまな事実が含まれており、このことが信頼という概念を理解する上で混乱をもたらし、さらにはホスピタリティの理解に対する混乱にもつながっていると考えられる。

われわれが他の主体との継続的な関係を維持したり、他の主体を信頼したりする根源的な理由の一つに「社会的不確実性」がある。新しく関係を構築して何らかの取引を開始する際には、さまざまな取引コストがかかる。そのような場合に、特に相手に関する情報が不足しているなど、相手についての判断が困難であるような状

---

1 このことは山岸(1998), pp.9-29に詳しい。

況を「社会的不確実性が高い」というが、こういう状況では特定の相手との何らかの協力的関係や継続的関係が生じることを想定することは容易であろう。

その際、われわれはまさに相手を「信頼」しているという状態になるのだが、この信頼には実際にはいくつかの下部構造がある。そこで、信頼の定義の系譜についておさらいをしておこう。

信頼の定義の古典的なものに、「自然的秩序」と「道徳的社会秩序」との存在に対する「期待」、つまり世界に存在する何らかの秩序を信じることで、判断を含む情報処理の削減や行動の自由が可能となり、安心して生活することができる、という方向性がある。「期待しうる信じ込み」によって「信頼」できるということである。

しかしながら、ここでの「自然的秩序」に対して、われわれ日本人はあまり「信頼」しているとは言わないだろう。太陽が東から上り西に沈むことに対して、太陽や何かを「信頼」している、とは感じていないはずだ。これはいわば、単一神の世界観での用法であって、われわれ日本人の感覚からすると「確信」している、ということになろう。

すると、「道徳的社会秩序」の存在によって期待を裏切られないことが、信頼の前提となる。だが、ここでさらにもう1歩踏み込んで考えると、「意図に対する期待」と「能力に対する期待」とに分けて考えることができる。この能力に対する期待とは、山岸（1998）の例に従えば、ふぐの料理人がふぐ調理師免許を保持しているならば（＝免許を受けることができる知識と技術、すなわち「能力」を持っているならば）、自分たちに提供されるふぐから毒を排除することが可能で、自分たちは毒にあたって死ぬことはないだろうという推測である。その能力がなさそうであれば、そもそも信頼はされない。そこで、これは信頼の前提要素の1つとなってくる。

一方で、「意図に対する期待」については、さらなる考察が必要となる。相手との関係において、相手が自分を裏切ることができないだろうと判断できる場合は、必ずしも「信頼」とは言えない。例えばヤクザの親分が子分を「信頼」しているのは、実際には子分が自分を裏切ったならば、手痛い報復があることを子分が認識しているためであり、必ずしも子分が率先して親分の期待を裏切らないような意図を持っているわけではない。この場合には、子分の意図についてはある程度把握可能であると想定できるため、実は社会的不確実性は高いとは言えず、社会的情報に依存している環境であると言える。つまり、何らかの保障によって安心できているだけである。これは、ただの「安心保障関係」であって、信頼ではない点に注意が必要で

ある。

　本質的な「信頼」とは、社会的情報が少ないような社会的不確実性が存在している状況でありながら、相手が自分に対して裏切るような行動をしないという意図に対する期待、ということになる。その際、相手についての直接的・間接的な情報をもとに、相手の意図、引いては人間性に対して判断していくことになろう。つまり、相手の意図や感情についての情報に対して信頼の判断をするということになる。そして、この意図や感情に対する情報には幅がある。例えば人間であれば誰でも…という、人間一般に対する期待レベル、相手の社会的地位や役割といった社会的カテゴリーにもとづく期待レベル、さらには相手個人から直接取得した情報や相手の評判といった間接的情報にもとづく期待レベルである。

　いずれにせよ、主体間の関係性については、社会的不確実性を低めることが可能な関係が築けた場合における「安心保障関係」と、お互いが能力はもちろんのこと、社会的不確実性が高いままでありながら、意図も含めた信頼を置いている「相互信頼関係」とが存在するのである。

　当然、この社会的不確実性が存在する状況は、そのままベネフィットの不確実性が存在する状況にも当てはまるだろう。例えば、経験財は探索財よりも不確実性が高いため、協力的関係や継続的関係が構築されやすいことになる。

　その過程において、継続的取引がお互いの裏切りがないための関係強化のみにとどまるならば、それは「安心保障関係」であると言えよう。ここでは不確実性の低減に主眼が置かれているからである。一方で、相乗効果を目指し新しい価値の創出に向かうならば、「相互信頼関係」を存在させる必要が生じよう。なぜなら不確実性をより積極的に活用する意図が存在するからである。ただし、これはどちらが優越的という問題ではなく、その財の特性や、そこから導かれる相乗効果の創出しやすさが影響する（図表3-5）。

　継続的関係が、財の特性に、より大きなメリットをサービスにもたらすことは多くの先行研究により強調されている[2]。しかしながら一方で、継続的関係が場合によっては大きな機会コストが発生させ、それによる損失も実際には無視できないという点については、あまり触れられていない。

　実は、細分化された信頼構造を眺めることによって、サービス提供側からすれば、

---

2 例えばWoolf(1996)など。

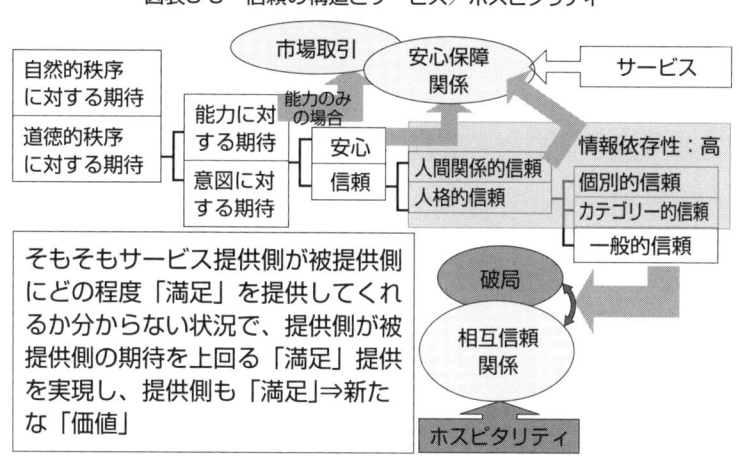

第3章　関係性とサービス／ホスピタリティ概念

図表3-5　信頼の構造とサービス／ホスピタリティ

出典：山岸(1998)を参考に著者作成

ターゲットが他の継続的関係を超えて、自らとの新しい継続的関係に至るポイントが見えてくる。また、消費者側からすれば、自身の機会をより一層広げてくれる可能性も生じることにもなる。

（徳江　順一郎）

4 ホスピタリティの定義とサービスとの関係

1．サービス提供プロセスにおける信頼構造とホスピタリティの定義

　財の提供時に価格が均衡しているとすると、そこから価格が変化したならば、いずれかが得をし、いずれかが損をしている可能性が生じる。言い換えると、当事者間で片方がより多くの利益を望むならば、もう片方から搾取せざるを得なくなる。すると、財の提供側が、場合によってはある消費者と対等な関係が結べても、異なる消費者とはそうでなくなる可能性が生じてくる。ベネフィットの不確実性が高い場合には、こうした可能性はより高くなるだろう。

　このような状況からいわゆる社会的ジレンマが発生することになるが、白瀬（2003）はこうした状況を、信頼の関係とそうでない関係との2層構造で捉えようと試みている。ここでは個人主義と集団主義、信頼社会とそうでない社会という視点から、主義の移行に伴う社会構造の変化に対し、「互恵性の原理」か「応報戦略」かのバランスによって解決しうる事例が提示されている[3]。

　そこで、この考え方をさらに1歩進めて、関係性を3層構造で捉えることによって、ホスピタリティの前提と思われる要素が浮き彫りにされてくる。

　すなわち、主体間の関係性には、相互的に信頼し合っている「相互信頼関係」とそうでない関係とが存在する一方で、その中間領域に「安心保障関係」という関係性が存在するのである。

　スペック化された定型的サービスが可能な場合には、探索属性的な購買意思決定へと方向づけ、それに対しての満足度を高めることで一定以上の関係構築が可能である。すなわち主体間の安心保障関係によって、継続的な関係が維持されることになる。

　だが、サービスの中にはそのような対応が難しいものも多い。こうしたサービスにおいて、応用的な対応が行われた場合に、かつその対応に対して受け手が大きな満足を感じた場合に、その主体を信頼することになり、またそこにわれわれはホス

3　この背景にあるゲーム理論における相互協力の前提については、Axelrod(1984)を参照のこと。

ピタリティを感じる。その際、消費者側の知らない新たな「価値」の提示も、企業側から行いやすくなり、これまでにない価値の創出へとつながりやすくなる。

　これは、消費者側の満足だけでなく、消費者の知らない価値を提供することができたということによって、サービス提供側のスタッフの満足にもつながることがある。相互信頼関係によって、新しい価値の創出が可能となり、通常の等価交換的喜びを超えるベネフィットが得られる可能性が生じることになる。

　つまり、ホスピタリティとは、

社会的不確実性の高い環境において、主体間の関係性マネジメントによって、不確実性をむしろ利用しつつお互いの主観にアプローチし、単独では不可能な新しい価値を創出しようとすること

であると言えよう。

　最後に、このような応用的サービス要素が、なぜ「異邦人の歓待」をその起源とするホスピタリティとつながりうるかと言えば、そこに存在する共通項が挙げられよう。すなわち、不確実性の高い環境において「信頼」する（される）ことによる、未知の価値観・体験へのバリア低減と、結果として実現する（可能性がある）単独では不可能な新しい価値の創出への期待とである。

　その際に留意すべき点が2つある。1つはホスピタリティの先行研究のいずれもが強調している点であるが、両者の関係に主従関係や上下関係が存在するなど、非対称なものになった場合、こうした関係性は成り立ち得ないということである。なぜなら、主従関係や上下関係においては社会的な不確実性はむしろ低いからである。この場合には、命令に対してどの程度応えるかがすべてとなり、継続的関係の解消か、安心保障関係の構築へと向かう。相互信頼関係には、あくまで情報や力関係の対称性によるベネフィットの不安定性を含む社会的不確実性がポイントとなる。

　もう1つは、信頼する以上、裏切られて、より大きな損失を被る可能性がどうしても否定できないということである。それにもかかわらず、安心保障関係から相互信頼関係へと向かう動機が存在する。これを解明するには、ゲーム理論の援用も必要になるが、このような信頼構造の中での遊泳は、いわば不確実性の中から意図に対して期待しうる対象を見分ける社会的スキルの向上ゲームであるともとらえられよう。

すなわち、相互信頼関係を構築するプロセスの経験を積むことによって、他者の信頼性判断のスキルも身につくということを忘れてはならないのである。いわゆる「サービス業」の人間に、人間関係の達人が多いと言われるのはそのせいかもしれない。

2．信頼の役割と関係消費

まとめると、以下のとおりとなる。

モノの取引と比較して、サービスの取引にはさまざまな不安定性がつきまとう。そのため、サービスが取引される前提として、主体間の信頼というものが重要となる。ここで、その信頼に焦点を当てた場合、主体のいずれかに人間が含まれる関係が生じた際に、これまでは信頼しあう関係と、そうでない関係という二元論的な把握が主流であった。この点がこれまでのホスピタリティ概念を把握する際の混乱の要素の1つであったと考えられる。

本章においては、近年の社会心理学における研究の成果を踏まえ、これまで「信頼関係」ととらえられていた関係を、「相互信頼関係」と「安心保障関係」とに細分化した。こうすることによって、不安定さの解消につながる関係についての特性が整理可能となったと言えよう。

安心保障関係では、例えばいわゆるマニュアル的な対応で客観的品質の不安定さを解消することができるが、そのような対応に対してホスピタリティを感じにくい理由も明らかとなる。そして相互信頼関係においては、ベネフィットがきわめて不安定で関係が不確実なものであったとしても、応用的なサービス提供がなされることにより、消費者側が期待を超える満足を感じる状況の説明も可能となる。さらには提供側の満足にもつながるのは、まさにその相互信頼が感じられる「関係」によることも明らかとなろう。

また、こうしたサービスの提供がホスピタリティと把握される要素には、異邦人とそれを迎え入れる主人との関係性にも通じる部分が存在する。いずれも社会的な不確実性が高い状況において、それでも相手と相互信頼関係を構築することによる、未知の価値観や体験を通じた未知のベネフィットへの到達と、お互いへの信頼に対する満足とである。

このように考えてゆくと、われわれはモノの消費からサービスの消費へと、多様なニーズを満たすように消費行動を変化させてきたが、ホスピタリティととらえら

れるような消費行動においては、まさに関係そのものを消費しているとも考えられる。場合によっては、あえて社会的不確実性の高い状況を創り出すことによって、お互いが相互信頼関係を構築し、その関係そのものを消費しているとさえ思われるのである。

(徳江 順一郎)

参考文献

Axelrod, R.（1984）, *The Evolution of Cooperation*, Basic Books.
Kollock, P.（1994）,"The Emergence of Exchange Structures", *American Journal of Sociology*, 100.
Woolf, B. P.（1996）, *Customer Specific Marketing : The New Power in Retailing*, Teal Books（中野雅司訳（1998）,『顧客識別マーケティング』, ダイヤモンド社）.
白瀬朋仙（2003）,「ホスピタリティ・マネジメントの心理学的アプローチ」,『学会誌HOSPITALITY』, 第10号, 日本ホスピタリティ・マネジメント学会.
徳江順一郎（2009）,「サービス研究におけるホスピタリティ概念の意義」,『高崎経済大学論集』第52巻第2号, 高崎経済大学経済学会.
徳江順一郎（2010）,「料飲サービス事業における関係性マネジメント」,『高崎経済大学論集』第53巻第2号, 高崎経済大学経済学会, pp.55-68.
藤井亨（2009）,「経済的創出価値とホスピタリティ概念との接合に関する一考察」,『学会誌HOSPITALITY』, 第16号, 日本ホスピタリティ・マネジメント学会.
山岸俊男（1998）,『信頼の構造』, 東京大学出版会.

第Ⅱ部

サービス／ホスピタリティ産業

第4章
旅行業／交通事業

1 旅行業

1．旅行業とは

　日本人は一部の支配階級だけでなく、庶民も中世から旅を楽しんでいた。鎌倉・室町時代、「蟻の熊野詣で」と言われるように多くの庶民が熊野三山を参詣した。江戸時代になるとお伊勢参り・おかげ参りと呼ばれる伊勢神宮への参詣が盛んに行われた。熊野詣ででは「先達」と呼ばれる諸国に散らばっている山伏が案内し[1]、お伊勢参りでは「講」という団体旅行で「御師（おんし）」と呼ばれる人たちが斡旋した。これらの「先達」「御師」が日本の旅行業のルーツであるとも言える。日本人はかくも古くから業としての旅行業が成立していた。

　現在、わが国の旅行業に関しては、平成8年に改正された旅行業法で定義されている。旅行業法第2条第1項で定義されている旅行業とは、

① 報酬を得て、
② 次に掲げる行為を、
③ 事業として、

行うものとされている。

　まず、「報酬を得て」とは、お客様からいただく企画料金、取扱料金、渡航手続代行料金、相談料金や、運送会社や宿泊会社から収受する販売手数料をビジネスにおける収入とすることである。すなわち、友人・知人のために無報酬で航空券を購入して届けるような行為は、金銭の収受はあるが上記の料金および手数料を収入として得ていないので、該当しない。

　「次に掲げる行為」とは、旅行業法の記述を要約すると、旅行者のために行う媒介、代理契約、取次と、運送・宿泊サービスを提供する者のために行う媒介、代理契約である。つまり旅行会社は旅行者とサービス提供者との間に入って、双方の付加価値を高める役割を持つものである。

　「事業として行う」とは1回限りではなく、業（なりわい）として継続して行う

---

1 先達は宿坊に連れて行くと見返りとしてキックバックももらっていたようである。まさに現在の旅行業者とビジネスモデルは変わらない。

という意味である。すなわち、大学祭での模擬店やイベント等は事業ではない。

2．旅行会社の機能

　旅行業界では、取り扱う商品、すなわち素材のことを「アゴ」「アシ」「マクラ」と呼ぶ。すなわち、アゴは食事、アシは交通手段、マクラは宿泊を意味する。この食事、交通、宿泊を「旅行の主要三要素」と呼ぶ。最近では、体験や目的といった「シーン」や、カリスマ添乗員や有名ガイドに会えるツアーに参加したい、といった「ヒト」の要素も注目されてきている。よって、旅行商品はこれらの要素をいかにお客様に対してベストミックスを考えて提供できるかということが重要になっている。

　これらの旅行素材は、インターネットの普及によって以前と比べて格段に旅行者自身で情報収集と手配がしやすくなってきた。そのような環境になった現在、旅行を商品として魅力的なものにするためには、内容をより楽しいものにし、料金や条件をよりお客様にとって有利なものにしなければならない。すなわち、旅行会社は以前にも増して付加価値を高めなくてはならないのである。旅行会社に求められる付加価値は以下のようにまとめられる。

(1) 便宜性
① 対旅行者
　あまたある観光地の中からどこがふさわしいのか、またその中で複数あるホテルのどこが自分の希望に近いのか、また本当においしい食事を提供してくれるところはどこなのかを一つ一つ調べていくのは実に大変な労力がかかる。海外の場合は言葉だけでなく、慣習も違い、また直接手配した場合は約款などが日本とは大きく異なることも多い。そのような中で、お客様の希望に添った商品を紹介し、予約、手配まですべてしてもらえ、もし希望するものが取れなかった時にはキャンセル待ちをして適宜プッシュ（キャンセル待ちが取れているかどうか確認して、再度取れるように依頼すること）してもらえるのは、大きな負担の軽減である。

② 対サプライヤー
　旅行会社を利用することで、マーケットにおいて認知が広がり、需要増が見込める。

(2) 費用の低減
① 対旅行者
　旅行会社はサプライヤーから大量仕入れができるため、そのスケールメリットで安い価格設定ができるようになる。かつては、旅行商品用に航空運賃それ自体が表に出ないことが条件で、格安の航空券（IT運賃）が流通されていたが、最近は消費者に直接販売できる正規運賃の割引航空券（PEX運賃）もかなり割引率が下がり、IT運賃利用のメリットは薄れてきた。

② 対サプライヤー
　消費者に対して自社の情報を提供するには莫大な広告費がかかるが、旅行会社が商品化すれば、広告費なしで消費者にその存在を認知してもらえる。

（3）保証
① 対旅行者
　旅行会社を通して契約すると、後で詳しく解説するが、企画旅行の場合は旅程保証と特別補償という手厚いリスク対応がある。また万一の事故や日程変更などにも対応してもらえる。

② 対サプライヤー
　宿泊施設や食堂は利用後の支払いが原則なので、突然のキャンセルやサービス提供後の未払いなどで悩まされることが多い。特に海外となると未収金の対応にもコストが大きくかかるので、リスクが大きい。しかし旅行会社を通すと基本的に旅行会社は事前徴収なので、リスクを軽減することができる。

3．旅行商品の種類

　観光庁が定める標準旅行業約款では、旅行商品を「企画旅行契約」、「手配旅行契約」、「渡航手続代行契約」、「旅行相談契約」の4つに分けて規定し、さらに、企画旅行契約を「募集型企画旅行」と「受注型企画旅行」とに分けて規定している。

（1）募集型企画旅行
　標準旅行業約款では、募集型企画旅行を「旅行会社が旅行者の募集のためにあらかじめ、旅行の目的地及び日程、旅行者が提供を受けることができる運送又は宿泊のサービスの内容並びに旅行者が当社に支払うべき旅行代金の額を定めた旅行に関する計画を作成し、これにより実施する旅行」と定めている。すなわち、町の旅行会社の店頭に並んであるパンフレットや新聞の全面広告で掲載されている、いわゆ

る「パッケージツアー」のことである。これの大きな特徴は、旅程が変更になった時に変更保証金が支払われる「旅程保証」と、旅行会社の過失がなくても、旅行中に生命、身体、手荷物に被った損害に対して旅行会社から一定の補償金を支払う規定である「特別補償」が適用される点である。

(2) 受注型企画旅行

標準旅行業約款では、受注型企画旅行を「旅行会社が、旅行者からの依頼により、旅行の目的地及び日程、旅行者が提供を受けることができる運送又は宿泊のサービスの内容並びに旅行者が当社に支払うべき旅行代金の額を定めた旅行に関する計画を作成し、これにより実施する旅行」と定めている。すなわち修学旅行、企業を対象とした社員旅行・慰安旅行を想起するとわかりやすい。スーツ販売店で例えるならば、募集型企画旅行は「吊るし」の量販店で、受注型企画旅行はオーダーメイドの仕立て屋さんである。受注型企画旅行においても、募集型企画旅行と同様に旅程保証と特別補償は適用となる。

(3) 手配旅行

標準旅行業約款では、手配旅行契約を「旅行会社が旅行者の委託により、旅行者のために代理、媒介又は取次をすること等により旅行者が運送・宿泊機関等の提供する運送、宿泊その他の旅行に関するサービスの提供を受けることができるように、手配することを引き受ける契約」としている。すなわち、消費者サイドで行わなければならない旅行素材のパーツの予約・手配を旅行会社が代行して行うことを指し、そのため旅程保証や特別補償の適用はない。手配旅行では交通にかかる運賃、宿泊費等の実費と取扱料金を分けて明示することが求められている。

(4) 渡航手続代行

旅券（パスポート）や査証（ビザ）、出入国書類、証明書等の書類の作成、申請、受領の手続きを代行するサービスをいう。

(5) 旅行相談

旅行計画に必要な助言、日程作成、見積り、現地情報の提供等の一連の相談業務をいうが、相談料の収受は実際のところは行われていない場合が多い。

4．旅行会社の種類

(1) 旅行業法上の分類

旅行業法では、旅行会社を取扱商品の範囲によって、第1種、第2種、第3種の3つに分類している。（その他に、旅行業者代理業という区分があるが、省略する）

図表4-1　旅行会社の分類

	第1種旅行業	第2種旅行業	第3種旅行業
【海外】募集型企画旅行の企画、実施	○	×	×
【国内】募集型企画旅行の企画、実施	○	○	△
受注型企画旅行の企画、実施	○	○	○
手配旅行	○	○	○
旅行相談	○	○	○
渡航手続代行	○	○	○
他社実施の募集型企画旅行の受託販売	○	○	○
基準資産額	3000万円	700万円	300万円
営業保証金基礎額	7000万円	1100万円	300万円
登録行政庁	観光庁長官	都道府県知事	都道府県知事
登録の有効期間	5年	5年	5年

出典：旅行業法より

注）△：募集型企画旅行の催行区域が、当該募集型企画旅行毎に当該事業者の営業所のある市町村およびこれに隣接する市町村および国土交通大臣の定める区域の区域内に設定されること、また当該旅行代金（20％以内で設定される申込金を除く）については旅行開始日より前の収受は行わないこと。

　注目点は、海外の募集型企画旅行は第1種旅行業にしか認められておらず、そのため、基準資産額や営業保証金基礎額が他よりも高く設定されているところである。

(2) 業態上の分類

　日本旅行業協会（JATA）が業務内容で分類をしているが、それをさらにわかりやすくすると以下のとおりとなる。

① 大手総合旅行業

　パッケージツアーの旅行企画・販売・実施から、他社パッケージツアーの販売、個人やビジネス需要の乗車券・航空券・宿泊券等旅行素材の手配・販売、受注型企画旅行の営業・販売・実施等、旅行業務のすべての領域を網羅している。全国に支店網を持ち、店舗販売と営業要員による販売活動を行っている。

② ホールセラー

パッケージツアーを企画・実施する旅行会社であり、自社で販売店舗はもたず、小売を行う旅行会社に対して卸売りをする。従来は自社店舗がなかったので、直販は少なかったが、最近ではインターネットの普及で直販の比率も上がっている。

③ リテーラー

ホールセラーが企画したパッケージツアーの受託販売や、受注型企画旅行や手配旅行の販売を行う旅行会社である。ここでは地域密着の小規模店舗や、ディスカウンターと呼ばれる格安航空券販売を中心とする会社、特定の分野やデスティネーションに特化した会社、店舗をもたず、インターネット上だけで展開しているオンライン販売店、大手企業の出張手配を目的として設立された旅行会社であるインハウス、など顧客のニーズに応じて多様な展開がされている。

④ ディストリビューター

ホールセラーと同じく自社で販売店舗をもたず、小売を行う旅行会社に対して卸売りをする会社。ホールセラーはパッケージツアーという既製品を卸すが、ディストリビューターは旅行素材をそのまま卸したり、航空券と宿泊をセットにして（ユニットと呼ぶ）卸す。そのときも、企画主体は小売店が担当することになる。

⑤ ツアーオペレーター（ランドオペレーター）

海外旅行および沖縄等一部の国内旅行における地上手配業務を専門とする会社。一般の旅行者と契約時に直接取引しないので、旅行業の登録を必要とせず、JATAにも分類されていないが、旅行企画・実施場面において大きな位置を占める業態である。送り出し側の旅行会社から依頼を受けて、目的地における送迎、ガイド、食事、宿泊の手配と実施を請け負う。最近では外国人観光客誘致が盛んになってきたことから、このツアーオペレーターが、逆に日本への旅行者を送り出す側になっている事例も見られるようになってきた。

⑥ その他

ツアーに同行する添乗員の派遣会社、海外のホテルが日本での営業活動のために設置したホテルレップ、世界中の航空座席をはじめとする旅行素材の予約発券をするシステムを展開するGDS（グローバル・ディストリビューション・システム）会社、各国・地域の観光マーケティング・宣伝・PR活動を行う観光局等、旅行業ではないので登録の必要はないものの、旅行商品が成立する上で欠かせない企業も多く存在するのが旅行業界の特徴である。

5．旅行業を取り巻く環境と今後の展開

　西垣通は著書『IT革命　ネット社会のゆくえ』で、そもそも人間は共同体なくしては生きられないという前提に立ち、IT革命によって市場経済一辺倒だった社会から、贈与・互酬経済のウェイトが高まるような社会へ変化していくと主張している。すなわち、サービスの受益者と提供者とがネットを介してより直接コンタクトをとる環境が整うことで、中間者が不要となり、価格もより実質的なサービスに近いものとなる。そのため、より直接に心のやりとりができるようになる。心の通わない中間者は消えゆくのみである。

　航空会社とホテルの直販化は止められない。コミッションとは、サプライヤーがマーケットに直接アクセスできないから払うものであって、ネットを介してアクセスできる現在では払う必要がないのは自明である。ネット社会においては中間者が入ると直販よりも安くは絶対にできない。

　では、旅行会社には道がないかというと、そうではない。中にはデバイスでいちいち検索するのが面倒な人もいる。世の中は面倒くさがりが意外に多い。その人たちに対して直接はたらきかけるのである。すなわち、逆説的ではあるがヒトが介するシーンの強化である。営業とは、取引先を回るだけではなく、一般人に対する空中戦も含む。一般的な旅行会社は街にパンフをおくことで終わっているが、HISがさすがなのは、早朝通勤途中のビジネスマンに選挙の立候補者の朝立ちさながらチラシを配っている。既存大手の旅行会社では、そこまでの働きかけができていない。

　フリーミアムが増え、無料のサービスの恩恵を被ることができるのだが、以前にも増して、なんでも広告がくっついてくるようになってきた。右を見ても左を見ても広告。これだけネット広告が増えてきたら、視界に入ってくるだけのものは無視する傾向が出てきた。直接、人から手渡されなければ、認知されない世の中になってきた。だからこそ、中間者の存在意義は、ネットでは絶対に感じることができない直接、接する「人のぬくもり」にこそあるといえる。

　マーケットのコスト意識に敏感で、しかもそれぞれの層に対して適切な旅の楽しみ方をアドバイスできるのは、私が今まで出会った関係者の中では、分業が進んでしまった大手旅行会社社員ではなく、メディア関係者でもなく、一社員が企画、手配、添乗をすべてこなす中小の旅行会社社員である。こうした会社は、かつて海外旅行が高嶺の花だった頃から徹底的に日本人にとって快適な旅行をすることにこだわ

り、その旧来型のビジネスモデルを今まで頑なに守り続けることで、コアなファンを永年かけてリアルに築いてきた。メディアに露出する旅の達人と称する人などよりもずっとよく知っている人が身近にいて、気軽に話すことができる。もちろん相談は無料。ツアープライスは安くはないが、その分、実際の旅行で失敗するということがない。

　価格だけで競争する旅行会社はもはや生き残れない。また顧客が満足する情報も提供できないのに、今まで無料だった手数料をサプライヤーからもらえなくなったからと言って、今までとサービス内容が全く変わらないのに安直に顧客から収受しようとする旅行会社はさらに生き残れない。

　「人はすでに知っているものしか、新たに知ることはできない。」これはギリシャ時代に言われた知のパラドクスという命題である。すなわち、新たな知識を獲得することは独力では困難を極めるため、適切な先達から教えてもらうことこそが新たな知識を得る近道である。市民の旅への飽くなき探求から、個人手配中心の旅行にはすでに飽きが来ているのではなかろうか。若者が旅をしなくなっているのは、自分の知識の範囲内をなぞる行動に、わざわざ苦労して金を払っていくことに重きを置かなくなってきたからではないかと思う。

　その意味で、個人では決して手配できないような驚きの体験を提供できる、かつての旅が一部の憧れだった時のビジネスモデルを忠実に今に伝えるアナログな旅行会社こそが、IT化時代に生き残る会社であるように思えてならない。

（島川　崇）

コラム 4-1．女性に絞ったターゲット戦略　　　　　　　　　　（島川 崇）

■ HIS の QUALITA 店舗展開

　HIS は 2010 年（平成 22 年）5 月に新ブランド「QUALITA（クオリタ）」を立ち上げ、銀座、表参道、新宿の 3 店舗をオープンした。これは、従来の HIS の主要客層であった学生・若者から、女性、特にアラサー・アラフォーと呼ばれる 30 代・40 代で上質な旅を志向する層に特化して提案していくというものである。今まで HIS と言えば安いというイメージがあまりにも強烈についているために、すべての店舗が HIS 色を払拭し、アジアン・リゾートをイメージしたラグジュアリーな店舗空間を演出している。イメージキャラクターとして当該ターゲットから憧れられている台湾人タレント林志玲（リン・チーリン）を起用、CM ソングも浜崎あゆみの「crossroad」を採用して、落ち着いた旅を想起させている。商品ラインナップもアジアのラグジュアリーリゾートを手がけるバンヤンツリーやフォーシーズンズとのコラボレーション等、上質の旅にこだわっている。エコノミークラスでもビジネスクラスのカウンターでの優先チェックインや、ホテルまでの専用車、客室やラウンジでのホテルチェックインなど、ワンランク上のサービスが利用できるコースも用意した。滞在中には顧客専用のコンシェルジュが要望を伺ったり、24 時間日本語で対応したりするサービスも実施している。

　当初は HIS が全く表に出ないプロモーション戦略を展開していた。しかし、実際は、HIS の子会社で飲食事業を担っていたパスポルテを第 3 種旅行業で登録して対応していた。だが、パスポルテという社名は全く認知されていなかったため、それがよけいに不安感、不信感を抱かれることとなった。そこで、現在では社名を株式会社クオリタと変更して第 1 種旅行業を取得し、HIS 色も出しつつ展開することになった。看板にも HIS のロゴを露出させ、店内には HIS 社長平林氏のメッセージも掲示されている。

　オープンして半年が経過し（取材時：2010（平成 22）年 11 月）、実際の主たる客層は当初想定したアラサー・アラフォー女子よりも圧倒的にハネムーナーという結果になっているようである。そして、今まで HIS を利用していた人の中で、既存の HIS の商品に飽き足らなくなった層が移ってきたのではなく、全く新たな、正真正銘の富裕層が主たる客層になっている。その意味では、新たな需要を創出できたと言える。今後はクオリタ店舗を爆発的には増やさず、3 店舗でノウハウを蓄積して、他社にはまねができない上質のサービスやホスピタリティとは何かを追求し

ていく戦略を採るそうだ。次の一手としてどのようなものをマーケットに提案してくるか、今後の展開が注目される。

【インタビュー：クオリタ銀座営業所　田中晴絵所長】

写真4-1　クオリタ銀座店の前景　いまはHISのロゴも

写真4-2　店内にはフォーシーズンズの客室のモックアップ

著者撮影

2 鉄道事業

1．日本の鉄道事業の歴史：国鉄からJRへ

　日本の鉄道事業は、1872（明治5）年に、新橋（汐留）～横浜（桜木町）間が開設されたことから始まる。その後、全国で鉄道開設が相次いだが、日清・日露戦争で鉄道の軍事的な必要性や国家の一元管理の要請を受けて1906（明治39）年に「鉄道国有法」が公布され、全国の幹線鉄道の国有化が一気に進められた。以降、日本の鉄道事業は国鉄主導で推進していくことになる。

　1964（昭和39）年は国鉄にとって画期的な年となる。1つはいわずもがなの東海道新幹線の開業である。東京オリンピックにあわせて世界的な超高速列車をお披露目できたことは、戦後復興を世界にアピールする明るいニュースとなった。さらに高度経済成長期が続いたことに伴って、新幹線だけでなく、在来線も全国的に大規模な路線拡充が進められた。特別急行列車や寝台列車が全国に走り始め、日本の鉄道技術は大きな発展を見ることになる。

　この年のもう1つの大きな出来事は、国鉄が初の赤字を計上したことである。かつて国鉄は貨物と旅客の利益は拮抗していた。しかし、道路網の整備によりトラック輸送が盛んになったことで、まず貨物事業が不振を極めるようになった。さらに自家用車が一般家庭にも普及したことで、旅客鉄道も客が離れていくことになる。インフレの防止などを狙って政府が運賃の値上げを抑制していたこともあり、この年から始まった赤字は以降も増大し続けた。1970年代に入ると労使関係が悪化してストライキが続発するようになり、一方で田中角栄首相の日本列島改造論に代表されるように、地方でのローカル線の建設要求は強く、採算の見込めないローカル線の建設は依然として続けられた。新幹線の建設にも巨額の費用が投じられ、これはそのまま国鉄の債務として積み上がっていった。

　それらの悪循環を抜本的に改革するため、1987（昭和62）年に分割し、民営化による負債の清算および自由化が行われることになった。新生JR各社は「国鉄法」の縛りがなくなり、鉄道事業以外にも事業を多角的に拡大していった。そして、各社で経営改善を競うようになり、まずJR東日本が1993（平成5）年に株式上場を果たして完全民営化を達成した。その後、JR西日本は1996（平成8）年、

JR東海が1997(平成9)年に相次いで株式上場を果たしている。

2．民鉄(私鉄)

　日本では鉄道黎明期から、国鉄と私鉄(私設鉄道)と称されてきたため、私鉄の呼び名に慣れている人が多いが、民鉄(民営鉄道)という呼び方が正しい。大手民鉄は、東武、西武、京成、京王、小田急、東急、京急、東京メトロ、相鉄、名鉄、近鉄、南海、京阪、阪急、阪神、西鉄の16社を指す。JR6社と比較すると、営業キロはJRが19,998キロであるのに対し、大手民鉄は2,932キロと6分の1以下となっている。しかし、輸送人員数を見るとJRが88億人であるのに対し、大手民鉄は92億と上回っている。このことからもわかるように、大手民鉄は大都市周辺の通勤通学輸送が主な役割となっている。しかし、東武(日光)、京成(成田山)、小田急(箱根、江の島)、近鉄(伊勢神宮)、南海(高野山)等、観光でも寺社参詣目的のルーツをもつ大手民鉄が多いことが特徴的である。このような民鉄は、東武のスペーシア、小田急のロマンスカー、近鉄のアーバンライナー、ビスタカー等の有料特急がお値打ちな値段で乗れるとあって、幅広い層に人気が高い。

　この16社以外は、主に地方都市、山間部を走る列車が多く、地域住民の貴重な足となっているが、過疎化、モータリゼーションのさらなる進行により、慢性的な乗客減に悩まされており、苦しい経営を強いられている場合が多い。しかし、最近では、地域住民の足を守るために、さまざまな工夫をして外部からの観光客にアピールして鉄道に乗ってもらうことで需要を創発している取り組みも見られるようになってきた。ハードの工夫としては、SL、トロッコ列車、ラッピング列車、ラグジュアリーな内装や、お座敷、外の景色が見やすいシート配置を施した列車等である。ソフトの工夫としては、車掌がハーモニカを吹いて乗客と一緒に合唱をする列車、動物の駅長、オリジナルグッズの販売、車内果物狩り、イベント列車等、ユニークな試みが全国各地でなされるようになった。

3．割引乗車券

　割引乗車券の歴史は古く、大正時代の「遊覧券」にそのルーツを見ることができる。この制度は国鉄の「周遊券」として引き継がれており、「周遊指定地」に登録された観光地を2カ所以上経由し、あらかじめ指定したコースを辿れば、往復の国鉄の乗車券と、目的地の私鉄、バス運賃が1割引になるというものである。周遊券制度

は日本の観光地のプロモーションに大きな役割を演じた。

　1980年代からはより年代層に特化した割引乗車券が発売されるようになった。夫婦の合計年齢が88歳以上だと利用できる「フルムーン夫婦グリーンパス（フルムーンパス）」、30歳以上の女性2人以上で利用できる「ナイスミディパス」、全路線の普通・快速列車に乗り放題の「青春18きっぷ」（名称に惑わされるが年齢制限はない）等の割引乗車券が好評を博し、さらに「大人の休日倶楽部ジパング」等の会員組織形成にも繋がった。その後の航空業界の規制緩和で運賃競争が激化したことから、JRは航空機との対抗上、業務旅行者向けにも割引乗車券を拡充した。また、JR九州が運航する福岡〜釜山を結ぶ高速艇ビートルの往復券と韓国の鉄道パスをセットにした「コリアレール＆ビートルパス」といった国際的な割引乗車券も発売されている。

4．ICカード事業

　日本の鉄道分野では、2000年代に入ってJRや私鉄などでICカードの導入が進んだ。JR東日本の「Suica」（スイカ）が2001（平成13）年に導入されてから、全国のJR、私鉄に急速に浸透した。

　また、各社、各地域で乱立したICカードの相互利用化の動きも進み、2004（平成16）年4月には「Suica」「ICOCA」「PiTaPa」の相互利用化計画が発表され、このうち「ICOCA」と「PiTaPa」については2006（平成18）年1月から相互利用が開始された。関東では私鉄や交通局、バス会社が展開する「パスネット」・「バス共通カード」と「Suica」の共通利用を可能にする方針が2003（平成15）年に発表され、「PASMO（パスモ）」の愛称で2007（平成19）年3月以降、順次パスネット・バス共通カード導入事業者に導入されている。

　交通ICカードがこれだけ急速に全国に伝播した要因は、ICが磁気に比べて記録できる情報量が多いのはいうまでもないが、非接触式（無線式）であるため、自動改札機などの可動部分を減らすことができ、メンテナンスの頻度を減らす効果が絶大だったことによる。

5．駅ビル、エキナカビジネス

　大勢の人が集まる駅には大きなビジネスチャンスがあることは論を待たない。国鉄時代は国鉄法の縛りもあって、関連事業に手を出しづらかった面も否めないが、

民営化して自社のもつ経営資源を有効活用する際、駅の活用は当然の流れであったと言える。

　駅ビル開発で最も成功を収めたのは、JR東海の名古屋駅ビル開発であろう。「JRセントラルタワーズ」は延べ床面積41万㎡、高さ245mの巨大なツインタワーである。それまで名古屋の中心繁華街は栄地区であったものが、このJRセントラルタワーズの完成によって、名古屋駅周辺へと人の流れが移動した。百貨店は高島屋と共同出資で「ジェイアール名古屋タカシマヤ」が、ホテルはマリオットとともに「名古屋マリオットアソシアホテル」が開業し、毎日にぎわっている。

　同様にJR西日本は京都駅で、JR北海道は札幌駅で百貨店やホテルも備えた大規模駅ビル開発を展開しているが、JR東日本はこのような大規模駅ビル開発は行っていない。その代わり、「エキナカビジネス」と呼ばれる改札内での小売業の展開で一歩リードしている。大宮駅、品川駅で展開している「エキュート」はわざわざ入場券を買ってまで来訪する買い物客も続出するなど、小売業界の注目を集めている。大手民鉄も、大手コンビニエンス・ストアとタイアップした売店を展開するなど、今後もエキナカビジネスの展開には目が離せない。

（島川 崇）

コラム 4-2. 単なる「輸送」にとどまらない「旅」の演出者　　（崎本武志）

■箱根特急「小田急ロマンスカー」におけるホスピタリティ

　小田急ロマンスカーは、1950年以来、首都圏の奥座敷として名高い箱根方面への観光列車として長年活躍し続けている、小田急電鉄における優等列車用車両の総称である。それらの車両では「走る喫茶室」と呼ばれる喫茶設備とスチュワーデスによるホスピタリティが提供されてきた。

　1950年代には高度経済成長が始まり、急速な工業化のシンボルとして高速列車が社会全体から望まれていた。そうした中、1957年に小田急はSE（Super Express）車を登場させ、当時の狭軌注鉄道における速度の世界記録（145km/h）を出した。この車両の開発は、後の新幹線誕生の礎ともなっている。

　1960年代からは一般市民が余暇を利用してハイキングなどのレジャーを楽しむ余裕ができ、そうした当時の時流に合わせて1963年にNSE（New Super Express）車が登場した。この車両は展望車付きであり、幅広い年代層、特に子供からは大変な人気を博した。

　その後もこのコンセプトは受け継がれたが、バブルが崩壊した1990年代にはサービス面での削減を余儀なくされた他、個人化の進行や個人モラルの著しい低下による通勤ラッシュに対する嫌悪の念が進行した時代背景に対応し、1996年にEXE（Excellent Express）車両を導入した。しかし、この車両は展望車も「走る喫茶室」も外されたため、観光客から不人気を託つことになり、観光特急としての性格を持った車両の復活が待たれた。

　そこで小田急は、ホスピタリティ面を充実させたVSE（Vault Super Express）車を開発、2005年3月に導入した。

　この車両は、パリのポンピドゥーセンターや関西国際空港旅客ターミナルを手掛けた世界的な建築家の岡部憲明氏をデザイン担当に抜擢して製作された。豪華客船のようなデザインと内装、Vaultが意味するとおりドーム型の天井で上下方向に広い空間が確保され、全く新しい形で展望車両が復活した。他にも、サルーン席という名のコンパートメント（個室）が新たに設備された。

　ホスピタリティ面でも「走る喫茶室」が「ロマンスカフェ」として、スチュワー

　注　狭軌：1,067mmの線路幅を持ち、JR在来線など日本の鉄道の多くはこの線路幅である。世界標準は標準軌と呼ばれる1,435mmで、新幹線もそうである。

デスも「ロマンスカーアテンダント」として復活、軽食・飲み物サービス、土産品などを販売している。ロマンスカーアテンダントからは箱根観光や沿線情報案内を受けることができ、箱根の天候や観光情報を表示した情報パネルも設置されている。

　ユニバーサルデザインの促進もこの車両の大きな特長である。車両扉や通路は車椅子が通行可能なスペースを確保し、段差・転落防止の設備を施した。バリアフリー対応のトイレには手すりに点字を付け、オストメイトを備えている。現在鉄道車両に備えられているユニバーサルデザイン的設備は、VSE車両において初めて導入されたものが数多い。2008年に登場した地下鉄対応用特急車両のMSE（Metro Super Express）車には鉄道車両で初めてAED（自動体外式除細動機）も導入されており、小田急のユニバーサルデザインに対する意識の高さを窺うことができる。

　このように、小田急VSE車は、ホスピタリティの粋を尽くした金字塔的な鉄道車両と言えるであろう。

3 航空事業

1. 航空業界の歴史

　1903（明治36）年に、世界で最初に動力付の飛行機で大空を飛んだのは米国のライト兄弟であることは有名だが、その10年も前に、日本でも二宮忠八が動力付飛行機の設計を果たしたのだが、資金面での協力が得られずに断念したという事実はほとんど知られていない。二宮忠八が設計した「玉虫型飛行器」は設計図をもとにその後モデルが作られて、実際に飛行できることが証明された。日本は第二次世界大戦後、航空機の製造も航空会社の設立もGHQによって禁止されていたため、航空面では世界でも遅れているように思われがちだが、戦前は技術面、運営面でも、航空先進国であったことはもっと日本人も知るべきであろう。

　GHQはサンフランシスコ条約の発効にともない、「航空法」が施行された結果、日本の民間航空の歴史が再スタートした。1953（昭和28）年に特殊法人として日本航空が設立され、その後多くの民間航空会社が誕生した。しかし、小さな航空会社が乱立して、安全運航を確保するために国主導で合併が促された。そこで、日本航空、全日空、東亜国内航空の3社に収斂することになった。ここで、1970（昭和45）年の閣議了承および1972（昭和47）年の運輸省通達により、3社の事業領域が明確化された。日本航空は国際線と国内幹線、全日空は国内幹線、ローカル線と近距離国際チャーター、東亜国内航空はローカル線というように明確な線引きを行って、共存共栄をはかる政策がとられた。これがいわゆる「45・47体制」と呼ばれるものである。この体制は厳格に守られたことから、航空憲法とも呼ばれた。

　しかし、1978（昭和53）年、米国から始まった規制緩和の世界的な潮流は日本へも押し寄せ、海外の航空会社の日本就航に圧力がかかってきた。また、力を付けてきた全日空や東亜国内航空が国際線に進出する強い希望を抱いてきたことから、1985（昭和60）年の閣議で45・47体制の廃止が決まり、国内線参入規制の緩和、国際線運航会社の複数化、日本航空完全民営化が実現することになった。

　規制緩和はさらに加速し、1997（平成9）年には利用者数による参入基準の撤廃が決まったことで、スカイマーク、エアドゥ、スカイネットアジア航空等の新規

航空会社が誕生することとなった。運賃も各社がこぞってお客様のニーズに合った運賃を次々に導入していった。

しかし、その後も航空業界を取り巻く環境は逆風が吹いた。2001（平成13）年には米国同時多発テロが起こり、航空需要が一気に冷え込んだ。その後もイラク戦争やSARSで需要は伸び悩み、2008（平成20）年に突然起こったリーマンショックで、今まで上級クラスを利用していた層が一気に業務渡航を手控えることとなった。さらに2009（平成21）年には新型インフルエンザ騒動が起こり、当時の燃油費の高止まりも相まって、日本航空は2010（平成22）年1月19日に会社更生法の適用を申請することとなった。実質の経営破綻である。

しかし、羽田空港の拡張等明るい話題もないわけではない。アジアの経済発展は域内での人の移動をさらに活発化させるはずである。周囲を海で囲まれた日本はどうしても国際移動は航空機に頼らざるを得ない。国土交通省の省益と地元エゴに振り回され、何の国家戦略も持ち合わせていなかったかつての航空行政の失敗をここでいったん総括し、新たなスタートを切る必要がある。

2．FFP（フリークエント・フライヤーズ・プログラム）

プログラムに参加している会員を対象にして、搭乗距離に応じて無料航空券やアップグレード等の特典を提供するサービスを、「フリークエント・フライヤーズ・プログラム（FFP）」という。米国で1978年以降始まった航空規制緩和の流れを受けて、アメリカン航空がビジネスマンを中心とした利用頻度の高い顧客の囲い込みのために1981（昭和56）年に始めたこのプログラムは、顧客情報の獲得も可能となることから瞬く間に世界中の大手航空会社に広がった。

現在では、特典の範囲も広がってきただけでなく、クレジット機能や電子マネーとのタイアップで、空の旅だけではなく日常生活により密着して、さらに経営戦略上の重要性が高まってきていると言える。

3．コードシェア

他の航空会社がオペレーションを行う便に、ある航空会社が自社の便名をつけて自社便として座席を販売することをコードシェア（共同運航）と呼ぶ。これも米国の規制緩和以降、米国国内線から広がってきた。これは旅客数の少ない路線で有効な方策であり、拠点空港間を大型機で運び、その拠点空港で乗継いでそれぞれの小

さな目的地の空港へネットワークを広げる方法を「ハブ・アンド・スポーク」といが、このハブ空港からのネットワークを広げるためにコードシェア便が多用されてきた。

4．グローバル・アライアンス

前述のコードシェアは2者間（バイラテラル）での交渉となるが、これを3者以上の企業連合（マルチラテラル）で行おうとする試みがアライアンスである。規制緩和以降、国際線を運航する航空会社は激烈な競争環境にさらされることとなり、他産業に見られるような国際的な企業買収・合併（M&A）は、各国の国籍条項に抵触することとなり不可能を極めた。そこで、世界でグループを形成して、ネットワークの拡充をはじめ、FFPの共有化、チェックインカウンターやラウンジの共同使用、燃油等の共同仕入れ等で連合を組むことが推進された。

まず、1997（平成9）年に、米国のユナイテッド航空とドイツのルフトハンザが中心となったスターアライアンスが形成された。現在では27社が加盟する世界最大のグローバル・アライアンスである。他にも、全日空、シンガポール航空、タイ国際航空、アシアナ航空、トルコ航空等が加盟している。

一方、アメリカン航空、英国航空が1999（平成11）年にワンワールドを設立した。日本航空はアメリカン航空、英国航空とも良好な関係ではあったものの、スターアライアンスメンバーのタイ国際航空やスカイチームメンバーのエールフランス、大韓航空等とコードシェアを行ってきたことから、バイラテラルの機動力も捨てがたく、なかなか加盟はしなかったのだが、2007（平成19）年に正式加盟に至った。現在ではキャセイパシフィック、カンタス、フィンエアーなど11社が加盟している。

さらに、2000（平成12）年にエールフランス、デルタ航空、大韓航空により設立されたのがスカイチームである。当初、ノースウエストやKLMオランダ航空が設立したウイングスというアライアンスもあったが、エールフランスとKLMが経営統合した結果、ウイングスのメンバーはそのままスカイチームに加盟した。ノースウエストはデルタと合併して、現在では業界2位のアライアンスとなっている。

5．GDS・CRS

航空機などの座席を予約するためのコンピュータシステムを　CRS（Computer

(ized) Reservation System）という。最近では航空券だけではなく、ホテル、レンタカー等の旅行素材や観光関連情報の提供を世界的な規模で行っているという意味から GDS（Global Distribution System）という名前も定着してきた。

　予約業務の効率化と収入管理の強化を目指して、1963（昭和38）年にアメリカン航空が IBM のコンピュータシステムを利用してセイバーを立ち上げたのが CRS の発端である。続いてユナイテッド航空が 1971（昭和46）年にアポロを立ち上げて、各社が追随した。これを航空会社が独占していたものを 1976（昭和51）年に旅行会社へと開放し、1978（昭和53）年の米国航空規制緩和によって運賃が自由化されると、利便性を求める旅行会社に急速に普及した。

　しかし、CRS を持つ航空会社が自社便を優先表示させる（ディスプレー・バイアス）という自由競争を妨げる行為が相次いだ。そのため 1984（昭和59）年、米国運輸省は、CRS を分離させ、別会社とする CRS 規制法を施行した。航空会社から分離した CRS は航空会社からの予約手数料だけでなく旅行会社からの端末使用料を得ていたが、他の CRS との競争上、旅行会社からの端末使用料を下げ、航空会社からの予約手数料を値上げした。

　しかし、2001（平成13）年の9・11テロ以降、高い予約手数料を嫌った航空会社は CRS を通さないインターネット販売へと傾倒していき、新しいビジネスモデルでマーケットでの地位を高めてきた LCC（次項で説明）も CRS には依存せず、自社のインターネットウェブサイトで予約を取るようにしている。

　現在、3大 CRS は、セイバー、アマデウス、トラベルポート（ガリレオとワールドスパン）と言われている。日本では JAL 系のアクセスが高いシェアを占めている。

6．LCCのビジネスモデル

　世界の航空会社が会社更生法の適用を申請して再生を図ったり、国境を越えた合併したりして苦戦を強いられている中、LCC と呼ばれる格安航空会社が実績を伸ばして注目されている。米国のサウスウエスト航空を皮切りに、欧州ではアイルランドのライアンエアー、英国のイージージェット、アジアでもエアアジア、タイガー、セブパシフィックなどといった航空会社が着実に実績を伸ばしている。

　これらの航空会社は徹底的なコスト削減を行い、大手航空会社とは異なる戦略を展開している。まず、機内食、座席指定、上級クラス、オーディオ／ビデオ、機内誌、

他社便接続、ラウンジといったサービスをすべて廃止し、飲み物も有料としている。これらの航空会社が「ノーフリルエアライン」とも呼ばれている所以である。機内清掃も簡素化して、高頻度の折り返し運航が可能となっている。これに関連して、大手航空会社はハブ空港を大型機で結び、そこから目的地へ小型機で向かうというハブ・アンド・スポークでネットワークを広げているが、LCC は基本的に目的地までの直航便である。これは他社便接続を全く想定していないためである。

　次に、LCC はメイン空港ではなく郊外の二次空港を利用することで、着陸料等の経費削減を行っている。

　さらに、大手航空会社は国策で多くの種類の航空機を保有しているが、これはパイロットや整備士など特定の機材しか扱えないことが多く非効率なため、LCC では、機材をボーイング 737 やエアバス A320 クラスの中・小型機で統一している。また、インターネットの技術により、顧客に直接ネットまたは電話予約で直販し、販売手数料が必要となる旅行会社を経由しない。もちろん GDS(CRS)も使わない。

　日本でも新規航空会社が数社参入したが、LCC のビジネスモデルとは異なっている。今後は、LCC 就航を念頭に置いて開港した茨城空港や、羽田の国際化で競争力に劣る成田空港、そして需要も十分にないのに 2 本目の滑走路が完成してしまった関西空港、せっかく新空港を作ったのに結局名古屋空港時代よりも就航路線が減ってしまった中部空港等、世界、特にアジアの LCC の参入する余地は大きい。全日空も LCC を子会社として立ち上げる構想を発表している。今後も LCC が注目されていくのは間違いないだろうが、注目される LCC の裏には、いつの間にか運航停止して静かにマーケットから退場している多数の LCC があることも決して忘れてはならない。

（島川　崇）

コラム 4-3. JAL のクラス J と ANA のスーパーシート　　　（島川　崇）

　日本の国内線は、合併前の日本エアシステムが一部路線で 3 クラス制を導入していた時期があったものの、基本的には普通席とスーパーシートという 2 クラス制が長く続いていた。

　1998（平成 10）年以降、新規参入の航空会社が軒並み格安運賃を展開してきたことや、2000（平成 12）年の航空法の改正により、航空運賃が認可制から事前届出制に移行したことで、多種多様な運賃が導入されるようになり、それにより大手航空会社も実質の値下げ合戦が繰り広げられるようになった。運賃を値下げしたら、その分搭乗率（ロードファクター：L/F）を上げなければ採算が合わなくなってしまうので、航空会社は以前にも増して L/F を上げる努力をするようになった。

　その際、普通席はすぐ満席になるのに、スーパーシートは 5,000 円～ 6,000 円程度高いので、なかなか満席にならないことが多く、日本航空はスーパーシートを廃止し、クラス J としてリニューアルすることを決断した。このクラス J は普通運賃に追加料金 1,000 円とかなり低廉な設定で、ほとんどの割引運賃とも組み合わせて予約が可能になっている。もとのスーパーシートよりもシートピッチも狭く、座席のゆったり感は劣るようになったが、手の届く金額で普通席の窮屈な座席から開放されるということで、多くの顧客からの支持を得て、L/F も好調に推移した。当時日経 MJ 誌の 2004（平成 16）年ヒット商品番付にも選ばれたほどである。

　しかし、スーパーシートの特権であった専用カウンター、優先搭乗、豪華な機内食、優先手荷物引き渡し、ラウンジ等のサービスが打ち切られたことや、今までは一部のエグゼクティブのための静寂な空間だったのに、クラス J になったことで、家族連れや若者も利用するようになり、雰囲気も普通席と変わらなくなってしまったため、会社社長等のエグゼクティブたちはこぞって全日空のスーパーシートに流れていってしまった。

　そのような状況ではあったものの、日本航空としては好調に推移するクラス J が顧客の裾野を広げたとの認識から、エグゼクティブ層が全日空に流れていることに対して、特に対策を講じようとはしなかった。

　しばらくして、その影響が甚大であることが少しずつ判明してきた。クラス J 化によって逃したエグゼクティブ層は、国際線もよく利用し、しかも国際線搭乗時はファーストクラスに乗る層だということがわかってきたのである。彼らはいったん全日空に流れてしまうと、マイレージの利便性等からも国内／国際すべて同じ航空

会社で統一する傾向がある。そのため、クラスJになったことで、日本航空は国際線のファーストクラスのお客様を逃すことになってしまったのである。全日空はこれを機に日本航空から流れてきたエグゼクティブ層のニーズをさらに満たすために、スーパーシートをより高級化し、料金も多少値上げし、スーパーシートプレミアムとしてさらにサービスを充実させた。（2008（平成20）年4月よりプレミアムクラスと改称）

　あわてた日本航空は、取り急ぎ羽田＝伊丹便にファーストクラスを導入することを発表した。8,000円の追加料金で全日空のスーパーシートプレミアムと競合できるサービスを取り入れた。しかし、どうしても3クラスというのは効率が悪くなるので、あまり多くの路線に広げることはできない。現在も羽田＝伊丹、札幌、福岡の一部路線に限られている。さらに、このようなエグゼクティブ層は忙しいので、自分の乗りたい時間にあった便を探すことから、全日空のプレミアムクラスであればすべての便についているが、一部の便しか導入できていない日本航空のファーストクラスを好んで利用するかは疑わしい。このような中で、日本航空はどのように全日空に流れたエグゼクティブ層を取り戻す戦略をさらに展開するのかが注目される。

写真4-3　日本航空のファーストクラス専用カウンター（羽田空港）

著者撮影

4 その他の交通事業について

1．船舶事業

　有史以来、人は舟で長距離の移動を行っていた。大航海時代も帆船で世界の海を渡っていた。18世紀に入って蒸気船が登場してから、旅客船が一般的になってきた。

（1）定期客船

　一定の航路を、あらかじめ定められたスケジュールで、人の運送をする旅客船を定期客船という。特に、旅客とともに自動車も運送する船舶をカーフェリーと呼ぶ。

　日本では海上運送法により、13人以上の旅客定員を有する船舶を旅客船と定められている。離島航路をはじめ、瀬戸内海を中心に都市間を結ぶ航路が多く見られるが、韓国、中国、台湾、ロシア各国との間に国際航路も存在する。

（2）遊覧船

　観光地の海、湖、河川で観光客に見物してもらうために巡る船を遊覧船と呼ぶ。単に船上からの景色を楽しむものだけでなく、食事やワイン・カクテルを楽しむことができるレストランシップが気楽にクルーズ気分を味わえるということで人気を博したことから、従来から船上で日本式の宴会を楽しむ形態として長い歴史を誇る屋形船にも人気が押し寄せることになった。他にも海中の景色が楽しめる水中展望船等、多様な遊覧船の形態が見られる。

（3）クルーズ

　交通機関であると同時に船内での生活を楽しむことを主眼に置いた大型客船をクルーズと呼ぶ。長期間にわたっての航海にも楽しめるよう、船内には各種娯楽施設やアトラクションが充実しており、浮かぶリゾートとも呼ばれている。世界ではカリブ海、地中海、シンガポール周辺、バルト海等、河川でもライン川、ドナウ川、ナイル川、ミシシッピ川などで見られる。世界のクルーズ人口は約1600万人とも言われているが、日本ではまだ18万人に過ぎない。これは、日本人の休暇に長期休暇の制度が整っていないこと、せっかちな国民性、日本近海の海しょう条件の悪さ等が原因とされている。

　また、旅行開始から終了までをすべてクルーズで行うのではなく、居住地からクルーズ上下船地間を航空機で移動するパッケージ旅行商品のことを「フライアンド

クルーズ」と呼んでいる。

2．バス事業

バスとは、道路運送法の旅客自動車運送事業として行われ、国土交通省自動車交通局の管轄に属するものを指す。道路運送法においてバスは、乗合バスと貸切バスに大別される。

(1) 貸切バス

貸切バスとは、道路運送法において、1個の契約により国土交通省令で定める乗車定員以上の自動車を貸切って旅客を運送する一般旅客自動車運送事業を指す。「観光バス」と言われることが多いが、観光目的以外にも、送迎等で幅広く利用されている。大きさもマイクロから50名を越える大型まで取り揃えられており、一般的に冷暖房、マイク放送設備、テレビ、ビデオ／DVDが装備され、車両によってはトイレ、カラオケ、冷蔵庫、湯沸かし器なども装備されているものがある。

通常は、運転士1名とバスガイド1名の構成で運行されるが、最近では運転士1名のみでの運行も少なくない。

また、丸の内や日本橋で行われているように、地域の企業や商店会が資金を出し合ってバスを貸し切り、一般利用客に無料で乗ってもらえるようにしている例や、赤字路線バスが廃止されたために、自治体が代替措置として貸切バスをあたかも乗合バスのように運行する例、また旅行会社が手配旅行として長距離高速バスを貸し切って、乗合の高速バスのように運行する例も見られるようになり、貸切バスの用途の多様化が見られる。

(2) 乗合バス

乗合バスはあらかじめ定められた経路を定期的に運行するバスを指す。乗合バスには一般的な路線バスの他に、空港や港湾と市内を直結するリムジンバス、高速バス、深夜バスだけでなく、「はとバス」等の遊覧バスや定期観光バスもほぼ毎日同じ経路を運行するので、乗合バスのカテゴリーに含まれる。

現在、路線バスは、地方を中心に、過疎化とモータリゼーションの進行により経営状況は厳しく、縮小傾向が著しいが、名古屋市のように、基幹バス（バス専用レーンと停留所の設置で定時性を確保したバスシステム）やガイドウェイバス（バス専用軌道と一般道路の両用で運行しているバス）を導入し、積極的にバスを公共交通として利活用している自治体もある。また武蔵野市の「ムーバス」のようなコミュ

ニティバス、100円バスのような新たな取り組みも功を奏して、全国にその流れが広がっている。さらに、高齢化の進行に呼応して、バリアフリー対応も進んできており、リフトバスやノンステップバスの導入も増加している。

(3) 高速バス

　高速バスとは、一般的に乗合バスの中でも特に高速道路を利用して都市間輸送を行うバスを言う。1960年代の後半から東名・名神自動車道の開通により日本の高速バスの歴史は始まったが、1980年頃から全国の新幹線網の整備や航空運賃の割引運賃の拡充でいったん冬の時代を迎えた。しかし、最近は長引く不況でその廉価性からまたその価値を見直され、また全国的な高速道路網の整備により、路線は着実に増加している。

　高速バスはもともと経済的にゆとりのない学生やバックパッカーが主たる客層であったが、最近では、航空機のビジネスクラスを彷彿とするラグジュアリーな3列シートのバスの導入や、道中もパソコンで仕事を片付けることができるようになってきたことから、ビジネスマンの利用も増加してきた。また高速化した新幹線よりもゆったりと車窓の風景を楽しめるということで熟年層にも支持の広がりが見られる。地方のバス会社も路線バスの不振から需要のある都市間輸送にシフトする傾向も顕著である。しかし、高速道路休日1000円の施策によって、中・長距離の都市間の移動を自家用車にシフトさせて顧客が奪われたことや、高速道路の渋滞に巻き込まれて定時性が確保できなくなることが多くなりつつあることなど、地方バス会社は危機感をつのらせている。

3．レンタカー

　レンタカーとは、自動車を有料で貸し出す事業であり、道路運送法では自家用自動車有償貸渡業と称されている。レジャー、ビジネス、引越等広範に利用されており、顧客のニーズにより、乗用車、マイクロバス、ワゴン車、福祉車両、貨物車、キャンピングカー、ダンプカー、クレーン車、保冷車など多種多様の車が貸出可能となっている。乗用車の場合は現在ではほとんどがオートマチック車でカーナビが標準装備されていると考えてよい。

　レンタカーと航空機／列車とを同時に予約すると、運賃／料金の割引等が受けられる場合がある。また最近では航空会社のマイレージと連携するレンタカー会社も増えてきた。レンタカー業界はここ数年で新規の会社が格安の料金を謳って参入し

てきたため料金の割引が進んだ。また、従来からの懸案事項であった乗り捨て時の割高感が、広域連携で乗り捨て料金を割引くシステムを導入した地域が増えたことで解消されたこともあり、観光シーンでもますます利用が高まっている。ちなみにレンタカーはナンバープレートが「わ」または「れ」であることで、判別がつくようになっている。

4．タクシー

　タクシーとは、旅客が指定した目的地まで旅客を輸送する営業用自動車である。タクシーを利用するには、まず駅や空港、港、市街地、上級ホテル、観光地等に設置されたタクシー乗り場から乗車する場合と、道路を走行している空車を呼び止めて乗車する場合と、電話で指定した時間／場所に呼び出して乗車する場合とに分けられる。日本のタクシーの料金徴収システムは基本的にメーター制で、車内に料金計算・表示用のメーターを設置し、走行距離と時間に応じた運賃を計算、収受するシステムを採用している。最近では空港あるいは特定観光地と市内を結ぶ場合などに定額制をとる事業者も見られるようになってきた。過疎地では赤字バス路線が相次いで廃止されており、タクシーのシステムも今後は地域の実情に対応した多様なあり方が求められてくるのではないかと思われる。

(島川 崇)

コラム 4-4．ネット時代の旅行業　　　　　　　　　　　　　　（島川 崇）
■楽天トラベル　包み隠さないリアルなユーザー評価

　楽天トラベルの前身は日立造船の運営する「旅の窓口」である。旅の窓口は、予め会員登録したユーザーがウェブ上で空室を検索して予約を入れ、支払いは現地で直接宿泊施設に行うというものである。手軽さと料金の安さが顧客に受け入れられ、会員数を一気に伸ばし、楽天に吸収された後は、既存の楽天会員との相乗効果でさらに会員数を増加させた。

　当初、必ず事前に料金を収受していた既存大手旅行会社は、「旅の窓口」が採用した現地での直接支払いというシステムは、ノーショーが多くなるのではないかとの見解を示して事態を静観していた。しかし、実際は電話予約よりもノーショー率は低く、信頼性が高いシステムであることが判明し、宿泊施設が逆に既存大手旅行会社離れを起こし始めた。

　楽天トラベルの秀逸だった点は、宿泊後の評価をユーザーに書き込んでもらい、それを取捨選択することなくすべて公開したことにある。またそれに対する宿泊施設側のコメントも公開されているので、もしクレームになったとしても、それに真摯に対応しているのか、それともおざなりに対応しているのかが、ユーザー側からも一目瞭然に理解できる。

■旅の口コミの総合サイト：「4トラベル」

　ネット上での口コミをさらに進化させたサイトを運営しているのが、カカクコムグループの「4トラベル」である。カカクコムは、もともと秋葉原のパソコン価格の比較を行うサイトからスタートして、あらゆる商品に関して単純に価格比較をし、その参加店舗に対する口コミを掲載するサイトの運営会社である。4トラベルは自社が商品を企画する旅行会社ではなく、旅行会社と、旅のデスティネーション双方の口コミを体系化し、顧客が旅行会社とデスティネーションを選ぶときの選択基準を表し、その両者を結び付ける、いわばプラットフォームである。

■ネット時代の旅行会社の道：市民を信じ、託すことの重要性

　楽天トラベルの成功で、既存大手旅行会社も似たような宿泊予約サイトを立ち上げた。しかし、楽天トラベルの独走は揺るがず、日本旅行のように早々と撤退するところも現れた。なぜ、大手旅行会社は楽天トラベルの独走を止めることができなかったのか。これは、大手旅行会社が、いつまでも自分たちで評判をコントロールしようとするイニシアチブを手放さなかったところにある。

JTBは古くから経営指導やホスピタリティ指導も絡めながら温泉旅館を束ねてきた。そのような経緯もあるので、評価はお客様がするものではなく、より専門知識を持った自分たちがするものだという意識がある。またゴルフや接待もあったりしてお世話になっているところに対して悪い評価は出せないこともあり、ユーザーが評価を記入しても、それが即評価に反映するシステムにはしなかった。ここにIT革命でマーケットが変容していることに気付いていない大手旅行会社のマインドの限界がある。

　楽天トラベルや4トラベルのビジネスモデルがマーケットに絶大なる支持を得たのは、まさに彼らが一般人に評価の結果を託したところにある。今までの古い付き合いがない、しがらみがないからこそできたことである。

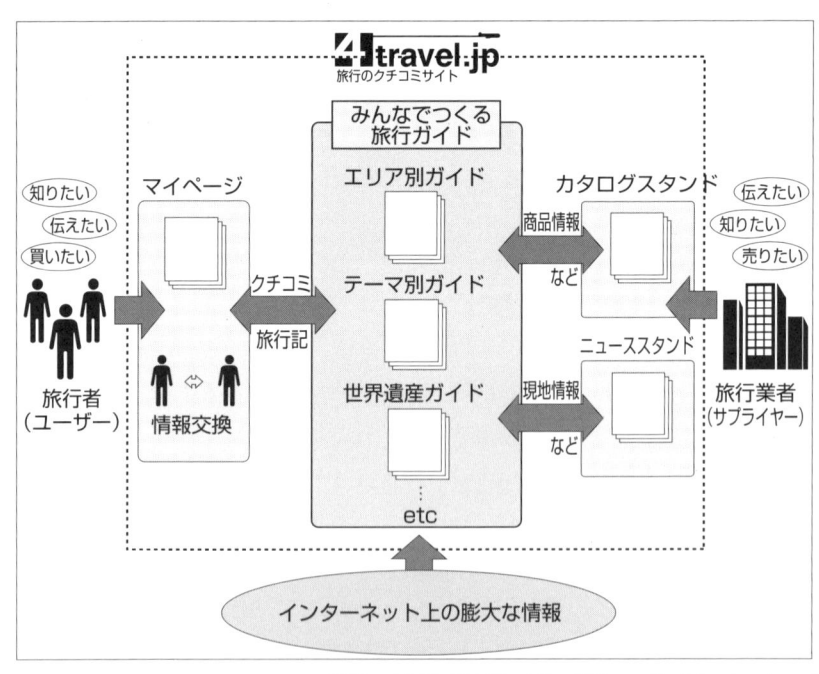

図表4-2　4トラベルのビジネスモデル概念図

出典：4トラベルHP　http://4travel.jp/aboutus/service/

第5章
宿泊産業

1 宿泊産業の概略

1．はじめに

　本章では宿泊産業を扱う。宿泊産業には多くの種類が存在するが、その境界があいまいであると考えられるため、本章すべてをこれにあてて、詳しく説明してゆくこととする。

　宿泊施設の境界があいまいであるという点は、以下の例で説明できよう。「ホテル」という言葉は、日常的には多様な使われ方がなされ、その使用基準があいまいである。例えば、畳敷きの客室しかもたない宿泊施設、本来であれば「旅館」と呼称すべき施設が、「観光ホテル」や「温泉ホテル」などのように、その名称に「ホテル」を付加したりしていることも多い。さらには簡易宿泊所が「カプセルホテル」、ペットの短期預かり所が「ペットホテル」と称していたりもする。

　また、一概にホテルといっても、実際にはさまざまな業態が存在する。例えば、海浜や高原、温泉地などの都市圏から離れたリゾートに立地する「リゾートホテル」と、都市部に立地するホテルでは、付帯する施設の内容（例えば、後者は前者に比べレストランや宴会場が多い）や利用客（例えば、前者は観光旅行者が多い反面、後者ではビジネス客が多い）などが異なっている。

　そして、都市に立地していても、もっぱらビジネス客の宿泊ニーズのみに焦点を当てた運営を行ういわゆる「ビジネスホテル」と、宿泊機能に加えてレストランや宴会などの料飲機能を充実させたいわゆる「都市ホテル（シティ・ホテル）」では、客室構成（例えば、前者はシングルルームが中心になり、後者はツインルームが中心になる）や客室料金、または従業員数などが著しく相違する。

　そこで、本節では議論の前提として、わが国における宿泊産業の歴史と分類法についてまとめ、以下の節での議論のための土俵を用意する。

2．法律による宿泊施設の種類とホテルの定義（第11章も参照）

　旅館業法は、旅館業の健全な発達を図るとともに、その利用者の需要の高度化および多様化に対応したサービスの提供を促進し、公衆衛生および国民生活の向上に寄与することを目的として1948（昭和23）年に制定された。なお、この場合の

「旅館業」とは、日常的な意味での「旅館」のことではなく、宿泊業と同義である。

同法第2条は宿泊施設を、①ホテル、②旅館、③簡易宿泊所、および④下宿の4つに区分している。このうちの簡易宿泊所とは、宿泊する場所が主として多人数で共用され、宿泊または宿泊と食事を利用客に提供する施設である。具体的には、山小屋、ベッドハウスやカプセルホテルなどがこれに属する。また、下宿とは主として長期間（通常は月を単位とする）、食事付きで宿泊を提供する、または寝具を提供して宿泊させる施設を指す。いわゆる「下宿屋」がこれに該当する。ただし、住宅および住宅の一部を賃貸するアパートや貸家、貸間は、不動産業の物品賃貸に相当し、下宿に含めない。

これに対して、ホテルと旅館はともに、主として短期間（通常は日を単位とする）、宿泊または宿泊と食事を利用客に提供する施設である。しかし、前者は、「洋式の構造および設備」を主とし、後者は、「和式の構造および設備」を主とする宿泊施設と定められており、施設のハード面がホテルと旅館では異なっている。

洋式の構造および設備を主とする施設とは、客室内の調度および寝具設備（つまり、ソファーやベッドなど）が洋式であるだけでなく、宿泊の態様が洋風であるような構造および設備を主とする施設を指す。そのため、例えば客室以外のロビーや食堂の設備などを具有することが洋式と認定されるための要件になる。また、和式の構造および設備による客室とは、客室間や客室と廊下の間が、ふすま、板戸、その他これらに類するものを用いて区画されている客室を指す（いずれも「昭和32年8月3日付 衛発第649号 厚生省公衆衛生局長通知」による）。

この施設面に関して、旅館業法施行令第1条は、ホテルであるためには客室が10室以上あり、1室の床面積が9㎡以上でなければならないと規定している。同条では、その他の基準として、①洋式の寝具、②出入り口の施錠、③適当な数の洋式浴室またはシャワー、④水洗かつ座便式のトイレ、⑤洗面施設、⑥玄関帳場（フロント、ロビー）などの備え付けや設備を求めている。

次に「国際観光ホテル整備法」とは、外国人客に対する接遇を充実し、国際観光の振興に寄与することを目的として、1949（昭和24）年に制定された法律である。同法では、施設の内容に加え、宿泊者に洋朝食が提供できること、外国語（主に英語）による館内案内表記があること、外国語（主に英語）が話せる従業員を雇用することなどを求めている。

一方、「国際観光ホテル整備法施行規則」では、ホテルであるための基準として、

シングルルームであれば床面積が9㎡以上、その他のタイプの客室では13㎡以上の面積をもち、①浴室またはシャワー室およびトイレ、②適当な採光ができる開口部、③冷水または温水が出る洗面設備、④出入り口の施錠、⑤電話などを備えた基準客室が最低でも15室以上あり、かつ、この基準客室が客室総数の2分の1以上なければならないと定めている（図表5-1参照）。

図表5-1　法律が定めるホテルの施設・設備基準の例

法的基準	旅館業法施行令	国際観光ホテル整備法施行規則
施設構造設置基準	洋式の構造および設備を主とする	洋式の構造および設備をもって造られていること
客室数	10室以上	基準客室が15室以上あり、かつ客室総数の2分の1以上あること
客室面積	9㎡以上	客室とそれに付属する浴室、便所などを含む床面積がシングルルームで9㎡以上、その他は13㎡以上あること

筆者作成

　一方、旅館であるためには、①客室が5室以上あること、②1室の面積が7㎡以上あること、③宿泊しようとする者との面接に適する玄関帳場やそれに類する設備を有すること、④適当な換気、採光、照明、防湿および排水の設備を有すること、⑤近隣に公衆浴場がある場合を除き、適当な規模の入浴施設を有することなどが必要になる。

3．国際的なホテルの分類手法

　しかし、旅館業法などが定める施設・設備基準にしたがう施設であったとしても、旅館には観光旅館、都市旅館、割烹旅館、民宿などのさまざまな形態が存在する[1]。また、ホテルも同様である。そこで通常、ホテルは立地、利用目的、滞在期間、価格などによって分類・整理されることが多い。

　この分類・整理を行うとき、米英などの国々ではホテルを、①宿泊機能に加え、

1　観光旅館とは、温泉地や観光地に立地する旅館を意味し、都市旅館とは都市部に立地し、ビジネスマン向けに宿を提供する旅館である。また、割烹旅館はやはり都市部に立地しながら、料理に重点をおいた旅館を指す。旅館の規模としては、観光旅館は大規模なものが多く、都市旅館は中小規模、割烹旅館は小規模のものが多い。

レストランや宴会場を付帯し、料飲機能を充実させた「フル・サービス型ホテル (full-service hotel)」と、②料飲機能をほとんどもたず、宿泊機能に特化した「リミテッド・サービス型ホテル (limited-service hotel)」にしばしば大別する。

そして、提供されるサービスのグレードと宿泊料金の昇順により、①バジェット (budget)、②エコノミー (economy)、③ミッドプライス (midprice)、④アップスケール (upscale)、⑤ラグジュアリー (luxury) の5つにホテルを分類することが一般的である（以下，この5タイプによるホテルの分類を「国際的なホテル分類」という）。

このうちのバジェットとエコノミーは、リミテッド・サービス型のホテルであり、アップスケールとラグジュアリーはフル・サービス型のホテルである。ただし、ミッドプライスは、リミテッド・サービス型であることも、またフル・サービス型であることもあり、中間的な存在として位置づけられている。

また、世界のホテル産業では、1つから5つの星やダイヤモンド、または国花（韓国のムクゲ，台湾の梅）などのシンボルを使用し、サービス・グレードや価格の違いを明示することがある。その場合の星やダイヤモンドなどの個数は、上述したサービス・グレードと宿泊料金に基づくホテル分類におおむね対応しており、両者の関係を示すと図表5-2のようになる。

この国際的なホテル分類手法に対して、わが国では、一般社会、マスコミ、そして業界がそれぞれイメージした、社会通念上の分類がなされている。そのため、必ずしも定説的な分類手法があるわけではない。また、わが国には米国や英国などの国々でみる星級制度のようなホテルのグレードを示す客観的な指標は一般的に存在しない。

しかし、従前はホテルを、その立地に基づき「都市型ホテル」と「リゾートホテル」に大別し、さらに前者をフル・サービス型の都市ホテルと、リミテッド・サービス型のビジネスホテルに2分する分類法がしばしば用いられてきた。なお、この場合、リゾートホテルは、客室以外に宴会場、複数の料飲施設や売店などを有することが多いため、フル・サービス型ホテルに位置づけられる。だが、近年わが国において、特にビジネスホテルと都市ホテルの形態が多様化しており、従前の分類手法では、齟齬が生じるようになってきた。

図表5-2　世界のホテル分類と星級グレードとの関係

機能による分類	← リミテッド・サービス型			フル・サービス型 →	
価格帯による分類	バジェット Budget	エコノミー Economy	ミッドプライス Midprice	アップスケール Upscale	ラグジュアリー Luxury
平均価格帯 US $	35-49	49-69	69-125	125-225	150-450
星数	1星	2星	3星	4星	5星
代表的ホテル	Sleep Inns Thrift Lodge Sixpence Inn	Holiday Inn Express Ramada Limited Comfort Inn Best Western Hampton Inn	Holiday Inn Courtyard Inn Days Inn Ramada Inn Travelodge Hotels Four Points	Marriott Omni Ramada Sheraton Hyatt Hilton Westin	Crown Plaza Renaissance Sheraton Grande Hyatt Regency Westin Hilton Tower Riz-Carlton

出典：Walker（2007），を利用して著者作成

4．わが国におけるホテル業の発展過程

　わが国の伝統的な宿泊施設である旅籠や旅館は、人々の社会生活上の必要性から自然発生し、発展してきた。これに対してホテルは、江戸時代末期の1868（慶応4）年に竣工した「（築地）ホテル館」がその嚆矢といわれているように、開国にともない来訪しはじめた外国人の接遇を目的に建設され、西洋化のための人為的な産物として創出された。そのため、国内の人々のあいだには一部の富裕層を除くと、ほとんどホテル需要がなかった。

　また、外国人を対象にした宿泊施設であったため、その立地は彼らの来訪が多い首都東京と、貿易港を擁する横浜や神戸などの大都市、および日本文化・歴史遺産を観光するために訪れる奈良や京都など、または避暑・避寒のために訪れる鎌倉、箱根、軽井沢、日光などの海浜や高原のリゾート地に限定されていた。その結果、わが国のホテルは、都市ホテルとリゾートホテルというふたつの形態により創始されたことになる。

　初期のわが国のホテルは、もっぱら外国人のための宿泊施設であった。そして、このようなホテルの性格は1950年代末まで続く。しかし、1960年代以降に開催された東京オリンピック、大阪万国博覧会、札幌冬季オリンピックや沖縄海洋博覧会を契機に、国内の各地でホテル建設ブームが起こった。

　そして、1960年代以降になると、東海道新幹線の開通、高速道路網の整備やジャ

ンボジェット機の導入などにより、旅行が安価に、かつ効率的に実施できるようになった。そして、ホテル施設数の急増と旅行の効率化、および衣食住の洋風化が、国民のホテル利用を促すとともに、同時に生起した高度経済成長が企業活動を活発にさせ、ビジネスでの出張機会を増大させた。

　さらに、1960年代後半になると、このビジネス客の出張需要に対応し、必要最低限の機能を具備したシングルルームが主たる客室となり、かつ、彼らの出張手当で賄えるように、1泊5,000円から10,000円程度の廉価な価格で宿泊機能を販売するビジネスホテルという新たな形態が生まれた。ワシントンホテル、サンルートホテルや東急インなどが先駆的ビジネスホテルである。

　なお、このビジネスホテルは、レストランを複数もつことが少なく、また宴会場を付帯しないため、宿泊機能が主体になったリミテッド・サービス型のホテルであると言える。また、ビジネスホテルは、その客室料金をみるかぎり、国際的なホテル分類のエコノミー・タイプのホテルと解することができる。

　加えて、1980年代に入ると、わが国の経済が最盛期を迎えるなか、法人による宴会や取引先の接待、または個人による婚礼需要が旺盛になる。そしてビジネスホテルの中から、この需要に対応すべく、基本はビジネスホテルでありながら、多種多様な客室タイプをもつだけでなく、複数のレストラン施設や宴会場を併設したホテル、つまり、「コミュニティホテル」へと転換するものが現れた。

　このコミュニティホテルは、宿泊料金はビジネスホテルと同水準の低額であるが、付帯施設や提供されるサービス内容が都市ホテルに類似していることから、フル・サービス型ホテルに近い性格も有している。そのため、国際的なホテル分類の「ミッドプライス」ホテルに近似した存在になっている。

　加えて1990年代になると、もっぱらビジネス客を顧客対象にしながら、徹底的に省力化を図り、付帯施設をより一層簡素化したホテルが誕生しはじめる。東横イン、ルートイン、スーパーホテルやR＆Bなどがその典型例である。

　このタイプのホテルでは、シングルルームを1泊5,000円前後で販売しており、また営業収入の9割以上が室料収入である。そのため、宿泊機能のみに特化したビジネスホテル、つまり、「宿泊特化型ビジネスホテル」と呼称できる。そして、その客室料金をみると、国際的なホテル分類のバジェット・タイプに類似していることがわかる。

　他方、都市ホテルにおいても変化がみられる。確かに従前のわが国の都市ホテル

とリゾートホテルは、宿泊料金や提供されるサービスのグレード、施設内容などから判断して、アップスケール以上のホテルに比肩できることが多かった。

しかし、2002（平成14）年頃から、フォーシーズンズ・ホテル、コンラッド、マンダリン・オリエンタルやリッツ・カールトンなどの外資系超高級ホテルが東京に進出してきたことにより、国際的なホテル分類のラグジュアリーに相当する形態が確立するようになった。そして、この形態に属するホテルは、通常の都市ホテルに比べて客室が相対的に少ないものの、平均客室単価が4万円から5万円と高額になっている。そのため、「ラグジュアリー型都市ホテル」と呼ぶことができる。

また、この形態のホテルは、通常の都市ホテルに比べて、顧客に対する人的なサービスが濃密である反面、レストランや宴会場などの料飲関連施設が絞り込まれており、逆に宿泊機能を強化した施設づくりを行っている。それゆえラグジュアリー型都市ホテルは、都市ホテルでありながら、リミテッド・サービス型とフル・サービス型の中間に位置づけることができる。

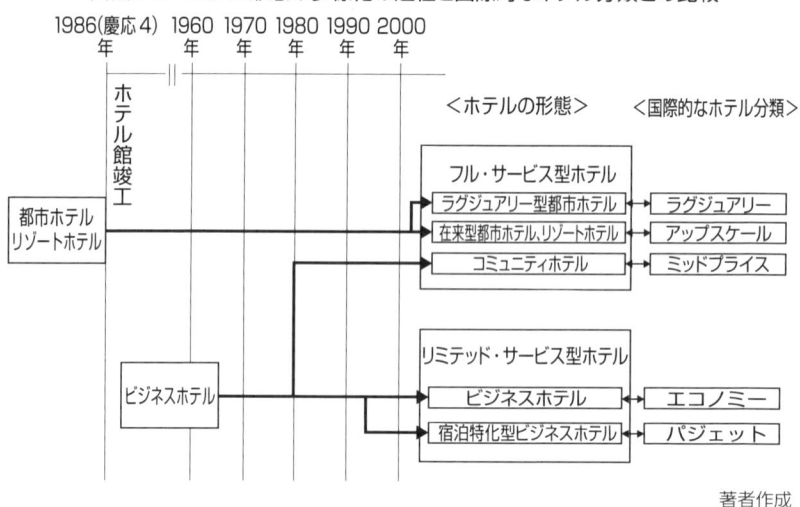

図表5-3 ホテル形態の多様化の過程と国際的なホテル分類との比較

著者作成

5．まとめ

以上、近年のわが国で生起したホテル形態の多様化を概説した。この多様化により、わが国においても、在来の都市ホテルとリゾートホテルにビジネスホテルなど

が加わったことで、国際的なホテル分類と同様に、5つのグレードにホテルを分類することができるようになってきた。そして、この多様化の過程とグレード別の形態を図示すると図表 5-3 のようになる。

(飯嶋 好彦)

2 都市型立地の宿泊産業

1．都市型立地の宿泊産業の現状

　第1節でも解説したように、かつての都市型立地の宿泊産業は、いわゆる「シティ・ホテル」と言われた「都市ホテル」と、「ビジネスホテル」の2種類であったと言えよう。一部、都市型旅館も存在したが、市場規模としてはそれほど大きくはなかった。

　しかし最近では、前述したように都市型立地の宿泊産業でも多様化が進んでおり、これまでと同様の把握がしにくくなってきているのも事実である。これは、他の産業と同様に市場が細分化された結果であり、それに各企業が対応している事例であるととらえられる。実際、こうした細分化された市場に対応すべく、各社はさまざまな新しい業態を開発して市場投入をしている。

　一方で、一定のプレゼンスを持ってきたホテルが閉館に追い込まれている。「バブル時代の象徴」とも言われた、赤坂プリンスホテル新館（現：グランドプリンスホテル赤坂）の閉館のニュースや、品川駅前にそびえるホテルパシフィックの閉館は、超高層のホテルも簡単には生き残れなくなってきたという意味で、一つの時代を感じるものがある。

　実際、2009年（平成21）年における、東京都に所在する37ホテル15,573室の平均客室稼働率は73.8％と、前年の77.2％から3.4％も減少し、決して良い数字であるとは言えない。その中にあって、変化できない施設が撤退に追い込まれるのは仕方がない面もあるだろう。

　本節では、こうした市場の変化に対応した、都市型立地のホテルにおける近年の変化についてまとめる。

2．新しい業態の登場

(1) 阪急阪神第一ホテルグループの「remm」ブランド

　近年のわが国の都市型立地の宿泊産業においては、これまでのシティ・ホテルやビジネスホテルの枠にとらわれない施設が出現してきた。まずはこの新業態について考察したい。

阪急阪神第一ホテルグループ（株式会社阪急阪神ホテルズ）が展開するremmブランドは、「ホテルエントリーから翌朝の出発まで。レムの時間／空間は、お客様に五感を通じて『よい眠り』を実感していただけるよう、デザインされています。お客様が体験するレムステイの主な魅力を、"remm experience"としてご紹介します」[2]というコンセプトを掲げ、2007（平成19）年に「remm日比谷」が初めて登場した。

　ビジネスホテルとしては一般的な専有面積（15平方メートル）でありながら、バスルーム（というかバスタブはなくシャワーのみ設置）を窓側に配置するなどして、可能な限り広さを感じさせる造りとなっている。客室の広さはなくとも、ベッドは幅1,400mmを確保しており、枕は選択可能であり、高品質マットレスを採用している。全室にマッサージチェアも設置されている。シャワーブースは前述したとおり窓側にあり、レインシャワーとゆったりと過ごすための椅子を用意している。

　「五感を通じて」とあるように、アメニティもリラクゼーションのためのものを用意している。また、館内のデザインも独特であり、公共スペースでは鮮やかな色彩を多用しつつ、客室では落ち着いたデザインを軸としている。独特の仕様のため、どの程度の市場規模が対応するかは未知数であるが、実際に同程度の広さの他ホテルと比較すると、1～2割程度、販売価格は高めとなっているようである。

　阪急阪神第一ホテルグループには、「第一ホテル」、「第一イン」というビジネスホテルのブランドがあるが、こうした施設には、宴会場や飲食施設が付帯していることも多く、宿泊特化型のコスト構造よりも割高になる傾向が否定できない面があった。また、宿泊特化型の施設を「第一イン」ブランドなどで展開するとしても、既存ホテルがすでに作り上げたイメージによって、困難が伴うことが予想された。

　そこで、これまでとは全くコンセプトの異なる施設を展開することで、新たな競争のフィールドを獲得しようとする志向が読み取れる。

（2）東急ホテルズの「ビズフォート」ブランド

　株式会社東急ホテルズにおいても、「東急ビズフォート」という新しい業態を2009（平成21）年より展開し始めている。同社では、「東急イン」と「エクセルホテル東急」というビジネス系のブランドを持っていたが、これとは異なる方向

---

[2] 同社HP（http://www.remm.jp/concept/index.htm）より（2010年12月現在）

写真5-1　remm日比谷ロビー

出典：同社HP(http://www.remm.jp/concept/index.htm)より

写真5-2　客室(奥にシャワー)

写真5-3　シャワーと洗面台・トイレ

写真5-4　エレベーターホール

写真5-5　廊下

出典：いずれも著者撮影

性で、新しいブランドをスタートさせた。「ゆとりと機能が融合した空間」というコンセプトを掲げているが、東急インの「きどらないおもてなしと安心感」、エクセルホテル東急の「こだわりを満たす、心地よさとくつろぎ」といったコンセプトと比較すると、その違いが理解しやすいであろう。

例えば、「ビズフォート」と「エクセルホテル東急」がともに立地する博多で比較してみよう。

エクセルホテル東急は、JRの博多駅と西日本鉄道の西鉄福岡（天神）駅という2大中心街の間、地下鉄空港線中洲川端駅より徒歩1分という立地である。館内には宴会場もあり、飲食店舗も2つ抱えている。客室は20.4平方メートルで13,800円（ラックレート）のシングルAから、87.2平方メートルで180,000円（同）のエクセルスイートまで多数揃えている。いわば、かつてのシティ・ホテルにかなり近い業態であると言えよう。

一方、「ビズフォート」は、JRの博多駅から徒歩3分という立地で、朝食用のラウンジはあるが、その他の宴会場や飲食施設は一切ない。客室は18平方メートル12,000円のシングルから、27.6平方メートル25,000円のワイドツインまでで、全7タイプとなっている。

天神はやや繁華街の要素が強く、博多はややビジネス色が濃いという点も踏まえると、「ビズフォート」がよりビジネス色が強いように感じられるが、「エクセルホテル東急」もかなりの割合はビジネス客であると予想される。

かつてはグループ内に、「博多東急ホテル」というシティ・ホテル型の施設もあったが、2002（平成14）年に「東急イン」ブランドに転換したのち、2007（平成19）年に閉館している。これがシティ・ホテルとしての役割を担い、「エクセルホテル東急」がビジネスとなっていたのが、「エクセルホテル東急」がシティ・ホテル、「ビズフォート」がビジネスといった形で、新たな役割を与えられたと考えることができよう。

阪急阪神第一ホテルグループの「remm」ブランドほど先鋭的なデザインとは言えないが、それでもベッドやシャワーに対するこだわりは共通している。

「ビズフォート」は、2010年末現在においては、神戸、博多、那覇の3軒であるが、これも今後の展開を予定している。

3．リブランディング

　上記のような新ブランドによる新業態での展開とまではいかなくとも、ここ数年でホテル名が変更された施設が多いのに気付いた人も多いであろう。六本木と赤坂からほど近い、アークヒルズにそびえる「東京全日空ホテル」は2007（平成19）年に「ANAインターコンチネンタルホテル東京」に名称が変わった。また、新宿の新都心に立地する「ホテルセンチュリーハイアット」も2001年に「センチュリーハイアット東京」に名称が変更されたのち、再び2007年に「ハイアットリージェンシー東京」と名称が変更された。

　こうした名称変更は、さまざまな理由で行われることが多いが、大きく2つに分けられる。1つは、経営主体や運営主体の変更といった、オペレーション上の理由によるもの。もう1つは、対象とする市場セグメントの見直しによるものである。また、これらが複合してなされることもある。

　いずれにせよ、リブランディングには施設名が変更されることを伴う。

　前述した「ANAインターコンチネンタルホテル東京」の場合は、それまで全日空が所有していたが、全日空が経営資源を航空事業に集中させるべく、2006（平成18）年にインターコンチネンタル・ホテルズ・グループ（以下「IHG」という）との共同出資（IHG74％、ANA25％、その他1％）で、IHG・ANAホテルズグループ・ジャパン合同会社（以下、「IHG・ANA」という）が誕生した。それまでの全日空のすべての直営ホテルとMC（マネジメント・コントラクト）・FC（フランチャイズ・チェーン）ホテルの運営を引き継ぎ、同時に「ANAインターコンチネンタル」、「ANAクラウンプラザ」にリブランドすることとなった。

　その後、IHG・ANAは、2007（平成19）年に、直営ホテル13軒の土地・建物と直営ホテルの経営・運営会社とが売却された。入札には30社以上が参加したが、モルガン・スタンレーが2,813億円で落札した。しかし、ここではブランド名は変わっていない。それは、IHG・ANAによる運営には変化がないこととなったからである。モルガン・スタンレーは2005（平成17）年に株式会社パノラマ・ホスピタリティを設立し、「ラマダホテル大阪」などに投資して運営や経営を行っているが、旧全日空ホテルを買収した際は、IHG・ANAに運営を委託している。ただ、実際には地方都市のホテルを中心にセカンド・ブランドである「クラウンプラザ」に変更された際には、さまざまな抵抗もあったようである。

また、他にも全国すべてのホテルを「プリンスホテル」ブランドで統一してきたプリンスホテルも、やはり2007（平成19）年に「ザ・プリンス」、「グランド・プリンス」、「プリンス」にリブランドした。ザ・プリンスにはパークタワー東京、さくらタワー東京、箱根、軽井沢が、グランド・プリンスには、赤坂、高輪、新高輪、京都、広島の施設が含まれ、それ以外は従前どおり「○○プリンスホテル」の名称を用いている。

　同社はシティ・ホテルもビジネスホテルもリゾートホテルも経営していたため、都市型立地とリゾート型立地とでブランドを分けることはなく、あくまでグレードによって分けているのが特徴である。特に、東京都心に立地するホテルでも、東京、品川、新宿、サンシャインシティのように名称が変更されなかったものと変更されたものがあり、六本木のように他ホテルに売却され、ホテルヴィラフォンテーヌ六本木アネックスとなったものもある。

　他にも、前述したとおり、東急ホテルズでも、一部の「東急ホテル」ブランドを「エクセルホテル東急」ブランドに変更したり、「東急イン」ブランドに変更したりしている。

4．市場の変化と対応

　こうした新業態開発やリブランドの背景には、どのような理由があるのだろうか。

　都市型立地の宿泊産業は、つい最近まで右肩上がりの成長をしてきた。そうした状況においては、大きくシティ・ホテルとビジネスホテルという2つのカテゴリーでの対応で、そしてそれぞれのカテゴリー内での客室の細分化という形で十分に対応できたと言える。

　しかしながら競争が激しくなるにつれ、宿泊そのものについてはもちろんのこと、宿泊に付帯したさまざまな要素においても市場の細分化が進み、消費者がよりきめ細かくホテルの選択をするようになってきた。

　一例として、ビジネス客が、館内の飲食施設であまり食事をとることがなくなってきていることが挙げられる。彼らは、地方出張などでホテルに泊まる際にも、近隣の地元の店で食事をし、飲み、そしてその帰りにホテルの近くのコンビニで翌朝の食事を買ってしまうのである。つまり、ホテル内の料飲施設で食事をすることはない。ホテル内で食事をするとしても、せいぜい朝のみということがほとんどである。そのため、東横インやAPAホテルといった、いわゆる「宿泊特化型」の新し

いビジネスホテルが伸長し、既存のビジネスホテル業態のホテルは競争力を落とすことになってしまった。また、こうしたビジネスホテルは、先行して大規模にチェーン化していたところが多く、急には施設の変更やサービスのラインナップの変更も困難であった。そのために、新しいブランドを立ち上げて、消費者にアピールする必要があったり、既存のブランド内でもより消費者ニーズにマッチしていると思われるブランドに変更したりする必要が生じたのである。

また、その背景には、インターネットの発達による、予約の経路の変更が大きく影響を及ぼしている。インターネットを使えば、宿泊に関連したさまざまな要素をたやすく比較できるようになった。価格はもちろんのこと、客室の広さやベッドの大きさ、アメニティの有無、こうした要素を比較すると、少しの違いでも大きなリターンとなって跳ね返ってくることになってしまったのである。そのため、それまで以上にきめ細かく消費者のニーズを探ることが求められることとなった。

最後に、ラグジュアリー・クラス以上においても同様の変化が生じたことを指摘しておきたい。ラグジュアリーのカテゴリーにおいては、以前よりもより一層きめ細かい対応を求める客層が増加した。その背景には、これまでの日本にはなかった価格帯のホテルの登場が挙げられる。1990年代に、新御三家と言われた「パークハイアット東京」、「ウェスティン東京」、「フォーシーズンズ・ホテル椿山荘東京」が出現し、1泊の最低料金が4～5万円台となった。

さらに2000年代には、新・新御三家と言われた「ペニンシュラ東京」、「マンダリン・オリエンタル東京」、「リッツ・カールトン東京」、あるいは「シャングリラ東京」といった、1泊最低で6～7万円台のホテルまで出現するに至った。これらはいずれも小規模で、非常に個別性・応用性の高いサービスを提供している。そのため、第1節でも述べたように、これまでのホテルのブランディングでは対応しきれない面も出てきたということも大きいだろう。

(徳江 順一郎)

3 リゾート型立地の宿泊産業（旅館を含む）

1．はじめに

わが国における都市部ではない立地での宿泊産業の代表的な存在は、リゾートホテルと（観光）旅館である。いずれも、都市から離れた場所に立地しており、多くは近隣に観光資源を持ち、旅館の場合にはしばしば温泉が付帯している。

こうした施設は、いずれも余暇時間において利用されるという共通項がある。そこで、本節の中においては、「リゾート型立地の宿泊産業」というカテゴリーにまとめて論じることとする。

2．旅館におけるサービス提供と市場の変化

リゾート型宿泊産業の中でも、旅館の現状に対しては、これまでさまざまな問題点が指摘されてきた。ここで、それらの問題点について、サービス面、施設面、料理面のそれぞれから整理しておく。

サービス面では、過度に仲居に頼った接客が行われており、これに対しては客側での「距離感」に対する感覚の変化が大きな影響を及ぼしている。仲居のサービスに対するコミットの割合については高低さまざまな意見があるだろうが、チェックインからチェックアウトまで、到着時の出迎えと出立時のお勘定ならびに見送りを除けば、1組の客に対してただ1人の仲居のみで接客が行われることがきわめて多い。このようなサービス提供を行う業態は、他のサービス産業においては、特に長時間のサービス・エンカウンターが生じる場合、ほとんど見られない。

仲居のサービスに対する感覚は、一朝一夕に変わるものではないため、特に若い世代の客には、あたかも自分たちの占有空間に土足で上がりこんでこられるような感覚を持たれてしまう可能性がある。自分の親が勝手に自分の部屋に入ることにさえ抵抗感のある世代にとっては、全くの他人である仲居が自分たちの占有空間に不用意に入ってくることに対しては、抵抗感が大きいだろう。また、画一的・定型的なサービス提供に対する不満も存在する。後述するような食事の画一性についてもそうであるが、個別の客側の事情を無視したサービス提供も行われている。

例えば、群馬県内のO温泉にある某旅館では、チェックアウトを朝10時とし

ているにもかかわらず、９時にはメインのボイラーを止めてお湯の供給をストップしてしまう。そのために遅出の客は、チェックアウト直前にシャワーを浴びるといったことができない。その理由について、当該旅館では「ほとんどのお客様が９時にはチェックアウトするので…」というが、これこそまさに「旅館側の事情」に合わせた画一的・定型的サービス提供のいい例であろう。

次に施設面では、食事をする場所が食後に寝る場所にもなるという環境が、現代の感覚では受け入れられがたいものとなりつつある。このような客室の使い方のために、波及的な影響として、食事の時間も事前に決定しなければならないなど、前述の定型的サービス提供に伴う不満へとつながってしまう可能性も生じる。

かつての日本家屋では、卓袱台で家族揃って食事をしたあと、食事を片づけるとともに卓袱台も片づけ、そこに布団を敷いて皆で寝る、というライフスタイルが一般に存在していた。しかし現代の多くの家庭では、ダイニングに固定的なテーブルを置き、寝室は個別の部屋を持っているのが普通である。そのようなライフスタイルに対して、旅館が行っている施設利用法は、ノスタルジーこそ引き起こすかもしれないが、現実には消費者の欲求にマッチしにくいものとなってしまっている。

食事についても、地域性を感じられない画一性の高いメニューセレクトや、お仕着せの決まった料理が提供され、客側での選択ができない点も、現代の消費者にとっては受け入れがたいものになってきている。いまだに多くの旅館においては、海から遠い山の中に立地しているにもかかわらず、マグロ、甘エビ、烏賊の３点盛の刺身が供されたりする。確かにかつてはこうした刺身は「ハレ」（＝非日常）の食事に欠かせないもので、そういった雰囲気の演出のためには仕方のない面もあったのかもしれないが、全国で安価に刺身が食される環境が整った現代において、このメニューはむしろ競争力を持ち得ない。

本来であれば、その土地ならではの特産物を用いた料理を提供することによって競争力を向上させるべきだが、旅館側の方で地元客からクレームが来るといった理由を掲げ、こうした産品の提供を拒否しているケースが散見される。現代的な感覚で地元の食材を調理することによって、「ハレ」の演出はいくらでも可能である。

さらにまた、館内で行われる何らかのイベントによる「ハレ」の演出も、今では時代遅れの感が強い。毎年数十万人を集める「麻布十番祭り」のように、特に神輿や山車が出るわけでもなく、地元の商店の露店が出店するだけの祭りが大いに賑わう一方で、昔ながらのコミュニティで行われる祭りには地元の人さえ見向きもしな

いという状況は、特に都市部では祭りそのものへのニーズが大きく変化してきているということを示している。

また、アミューズメント要素で言えば、旅館内に「スナック」のような酒類提供施設を抱え、そこでカラオケに興じてもらうといった趣向も、日常の行為の延長に過ぎなくなってしまい、最近はあまり受け入れられないものとなってきている。

以上のことをまとめると、和室というわが国固有の伝統的な文化における生活、家父長制に則った求心力や凝集性の強い家族形態、海産物を頂点としてそこから派生する食事に対する見方、「祭り」に代表されるハレの機会との接点、こうしたかつては「当たり前」であった生活習慣や生活スタイルが、現代では、もはや一般的なものではなくなってきつつある。旅館が培ってきたサービス提供プロセスは時代遅れなものとなりつつあるのも仕方ないのかもしれない。特に温泉の「湯の質」がいいと言われる立地の施設ほど、かつての成功体験で確立されたサービスを再生産しているだけということが多い。

このように旅館が衰退してゆく一方で、最近開業した施設の中には常に満室状態が続き、なかなか予約が取れない施設も存在する。こうした状況がなぜ生じているかについてはさまざまな説明が可能であると考えられるが、これまでの「おもてなし」に代表される考え方とは異なるホスピタリティの考え方を踏まえたサービス提供プロセスの導入が、大きく影響していると考えられる。そこで、現代のリゾート型宿泊産業におけるホスピタリティを理解するために、まずは他国の事例も交えて考察したい。

3．リゾートにおけるホスピタリティ

近年、アジアの小規模リゾートの評価が世界的に高い。かつてリゾートと言えば、ハワイやグアム、フロリダといったマリン・リゾートか、スイスやカナダを中心としたスキー・リゾートが主流で、そういった場所にある施設は、ほとんどが大規模であった。アジアのリゾートはこれらと一線を画す方向性を志向しており、日本のリゾートホテルや旅館にも大きな影響を与えている。そこで、アジアのリゾートについてまとめておこう。

本来的に、"resort"とは「〜へしばしば行く、いつも行く（go often）」という意味であるが、実際には「ある一定期間の滞在が可能で、かつその場所に行くことそのものが目的となりうる、日常生活とは異なる環境にある施設」が「リゾート」

であると捉えられる。

　こうしたリゾートで近年注目されているのが、アジアのスモール・ラグジュアリー・リゾート（以下、「アジアン・リゾート」という）と言われる小規模で高品質なサービスを提供する施設である。これらはそれまでのリゾートが別棟（タワー棟などという別称がつくことが多い）で対応してきたような、高価格でも非常に細やかなサービスを欲する市場セグメントのみを1つの施設として対応している。

　「アマンリゾーツ」、「バンヤンツリー」、「シックス・センシズ」、「ワン・アンド・オンリー」、これらは最近のリゾートを代表するという意味で「4大リゾート」と言われ、それまでのリゾートとは一線を画した方向性を志向している[3]。近年、アジアを中心として展開されているリゾートは、ほとんどが同様の戦略を志向し、類似の市場セグメントをターゲットとしていると考えられる。

　いずれも、多くても100室以下の規模であるが、1室がきわめて広い専有面積を持っており、ほとんどの場合、専用のヴィラとなっている。広さは100平方メートル以上あり、専用のプールやジャグジーを供え、価格はUS＄500前後が最低ラインである。設備は最新鋭のものを備えている一方で、立地はきわめて不便な、いわば「辺境」とさえ感じられるような場所が多く、標高3,000メートル以上の高地や、道が一切なく専用の船か航空機でのみアクセス可能な場所にあったりする。

　プールや一部のスポーツ施設も付帯するが、ゴルフのように大がかりな設備を備えたアクティビティはほとんどなく、アクティビティ・メニューには近隣のトレッキングや自然の観察、あるいは地元の民族舞踊の見学といった素朴なものが並んでいる。建物は地元の伝統的な建築様式で建てられることが多く、あえて空調のない部屋を設けて、その土地の空気に触れることもできるようになっていたりする。また、環境に配慮した運営をしていることも多い。

　こうしたリゾートは東南アジア、それもインドネシア、マレーシア、ベトナムなどに多数見られるが、特に多く存在する場所としてインドネシアのバリ島が挙げられる。バリは1920年代から1930年代にかけてヨーロッパで注目されるようになったが、本格的に発展したのは1950年代以降のことである[4]。

　その中でも1988（昭和63）年にアマンプリを開業してから、バリ島を中心と

3　徳江(2008)、寺田(2006)を参照。
4　松園(2002)

したインドネシアを代表するリゾートとなったのがアマンリゾーツである。創業者のチェコ系インドネシア人のエイドリアン・ゼッカーは、バリの自然や民俗を非常に重視したリゾートを創った。そのため、それまでのリゾートには見られなかった、その土地の風土や自然環境との触れ合いが中心となるリゾートとなったのである[5]。

このような方向性は、他の3つのブランドのアジアン・リゾートにも共通してみられる。特にバンヤンツリーとシックス・センシズは、アマンと同様にその土地の風土や自然環境との触れ合いを非常に重視した方向性が見られる[6]。これらのリゾートにおいて、さまざまなホスピタリティあふれるサービスが展開され、こうしたホスピタリティがやがて日本の旅館にも影響を及ぼすこととなったのである。単なる「良い」サービスに留まらない、その土地ならではの経験を含めたものが、商品として、しかもかなりの高価格で提供されることを可能とした。

4.「和」リゾートに共通する要素

これらのアジアン・リゾートのテイストを取り入れた旅館が、最近のわが国でも増えてきた。こうした「和」リゾートにはいくつかの共通項が見いだせる。それらは、スモール・ラグジュアリー・リゾートとも共通しているものと、わが国独自のものとがある。これを整理しておきたい。

独自性としては、いずれも宿泊施設の名称にその施設の特性を示すテーマが込められている点が挙げられる。熊本県の天草にある「五足のくつ」には、草鞋や草履が主流だった時代における「くつ」の存在感と、それが象徴するキリシタン文化の香り漂う「天草」という地域特性が濃密に感じられる。「五足のくつ」という名称は、明治末期に天草を旅した北原白秋、吉井勇、木下杢太郎、与謝野寛、平野万里の5名の歌人が、キリシタン信仰に想いを馳せながら旅した旅の紀行文の題「五足の靴」から取られている。

実際、施設の窓にはステンドグラスが多用され、共有スペースにはグレゴリオ聖歌が流されるなど、キリシタン文化を背景に持つこの「土地の文脈」が随所に感じ

---

5 松園・前掲書
6 徳江・前掲書に両者の事例を紹介している。事例において、シックス・センシズはベトナムの、バンヤンツリーは中国少数民族の居住する地域の、それぞれ立地を活かした施設・サービス構成をとっている。

られる。もちろん、そこでの海・空・森という自然的要素がそれらの大きな舞台となっていることも、「五足の靴」の時代特性から借りてきているとも言えよう。

　例えば、五足のくつの近くにある崎津天主堂は、何の変哲もない日本の漁村の中にいきなり教会が出現する。この地では2世紀半もの長きにわたって、信者は隠れキリシタンとなって信仰を守ったという。こうした事実からも、人々の暮らしにキリスト教が根付いていることがうかがえ、それが名称に反映されているのである。

写真5-6　五足のくつ・ロビー棟「コレジオ」

著者撮影

　他にも、群馬県の川場温泉にある「悠湯里庵」には、「かやぶき」という古き良き日本の原風景に込められた里の風情への望郷の念と、源泉の価値を重点的に示しつつ、悠々と過ごしうる空間が象徴されている。ここは、1室最低でも100平方メートル以上あり、各客室にワインセラーが備えられていたりと、まさにアジアン・リゾートの「旅館版」といった趣である。

　いずれもその土地の文脈との関係における時間の過ごし方がポイントとなっているが、このように名称に意味を持たせるというのは、アジアン・リゾートにはあまり見られないポイントである。以下は、アジアン・リゾートとの共通項となる。

　共用スペースは、これまでの「コーヒーラウンジ」的な施設ではなく、その土地のことが書かれた本を中心にコレクションされたライブラリーや、音楽を聴きながら飲み物を楽しむスペースが中心である。

　そして、宿泊棟では寝るスペースと寛ぐスペースとを完全に分けており、さらに食事をとるための個室の別棟があり、時間軸をニーズで細分化してそれぞれの空間を細分化された時間で専有できるようになっている。かつての旅館は（いまでも大

写真5-7　悠湯里庵・客室棟全景

出典：同社HP(http://kawaba-yutorian.jp/about/index.html)より（2010年9月現在）

多数がそうだが）食事をする場で寛ぎ、さらに夜になるとそこに布団を敷いて寝る、というスタイルであった。こうした施設利用法の変化は、家での消費者のライフスタイルの変化を踏まえたものであると考えられる。

　シティ・ホテルにおいても、2つの客室の壁を取り壊して、新しく大きな客室を設定するということがしばしば行われている。しかし、こうした「和」リゾートのような客室の広さは、根本的に考え方が異なっていることに注意する必要がある。簡単に言えば、広い「ツインルーム」を用意するのではなく、居住空間と就寝空間とを分けた「スイートルーム」が基本ということである。そしてまた、そのようにする前提として、利用する前提としてのシチュエーションの相違が挙げられよう。

　客室内での細かい点では、内湯以外の専用露天風呂の存在や、洗面所のダブルシンクが特筆される。自分たち専用の設備に対するニーズと、女性のみならず、男性も鏡の前での占有時間が長くなる傾向にあるという状況に対応している。

　アジアン・リゾートにおける他の特性として、辺境とさえ言えるようなロケーションや、そこから派生的に生じる自然環境の重視、高額な料金と割引をしない価格政策、少ない客室数と多くのスタッフの存在、地元の人間の雇用、といった特徴が挙げられる[7]。「五足のくつ」は自然環境との調和を非常に重視しており、また、その立地からすると、かなり高額な料金設定となっている。

---

7 松園・前掲書にはアマンリゾーツを例に10の要素が挙げられており(p.75)、ここでは、その中で特に本章と関係が深いと思われる項目を抽出した。

「悠湯里庵」は広大な敷地にわずか8室のみの客室数で、Uターンを含めた地元からの雇用が中心となっている。「五足のくつ」も、ほとんどのスタッフは天草の人間である。こうしたそれぞれの要素から導かれることは、地元の魅力を最大限に理解している人間を通じて、その土地の持つ魅力を最大限にアピールし、感じてもらうことこそに、大いなる価値が置かれている点である。

5．リゾート型立地の宿泊産業におけるホスピタリティ

　これらの事例を通じて明らかとなるのは、定型的サービスを多数揃え、ありとあらゆるニーズに応えうる巨大リゾートとは異なる存在としてのリゾートの姿である。かつて主流であったリゾートの形態は、ジェットスキーやヨット、モーターボートなどのマリン・スポーツや、スライダーの設置やイルカも泳がせるなど、さまざまな趣向を凝らしたプールの存在によって、来客にとっての多様な観光ニーズをすべて満たす方向で資源展開がなされてきた。そのもっとも典型的な例は、ハワイを中心としたメガリゾートであり、こうした方向性とここで論じたリゾートの方向性は全く異なるものである。

　こうした巨大リゾートでは、ありとあらゆるアミューズメント関連の施設を取り揃え、どのようなニーズにも応えうる体制を構築している。巨大リゾートには巨額の資金が必要であり、地域の小規模な施設では競争にならない。しかしながら、たとえ小規模で応えられるニーズの幅が広くなくとも、その土地ならではの魅力をうまく演出することで、その土地に行くことにこそ価値を見いだす消費者も存在する。つまり、ニッチ市場の開拓に成功しているのである。

　特に、巨大リゾートがもっとも苦手とする全顧客に対する個別性の高い対応については、このような方向性はきわめて対応しやすいものである。特に、顧客の日常との乖離が大きければ大きいほど、ひとりひとりと土地の文脈との関係性は多様になるため、個別の人的対応によってその間隔を埋める必要が生じてこよう。

　巨大リゾートは、極端な言い方をすれば、立地がどこであるかは戦略にあまり影響がない。その土地の文脈や特産品に対する配慮は、それほど大きくなくても問題はない。むしろ、政治的環境や金融環境などのマクロ経済的な状況、あるいは交通などの他の観光資源・観光媒体・観光支援基盤の影響が大きい。例えば、第6章で述べるシンガポールのIR（統合リゾート）が開業したのは、シンガポール政府の政策転換がポイントとなっている。

ただし、勘違いしてはいけないのは、例えば食事について言えば、地元の特産品をただ出せばいい、というものではないという点である。地元の特産品を、現代の感覚にマッチする形でアレンジして提供してこそ、大きな価値が生じることになる。施設も現地の建物をそのまま使うのではなく、やはり現代の感覚にマッチするようにアレンジしなければならない。こうした「職人」の要素が垣間見られる部分については、思い切ってすべて任せてしまうということも重要である[8]。

　こうしたことを踏まえると、「和」リゾートにおいて目指されている方向性は、そこに来訪する顧客が、現地の自然、そしてその自然がはぐくんできた土地の文脈や特産品、その土地の人文遺産などの観光資源と、いかに良好な関係性を構築するかをマネジメントすることにあると考えられる。顧客の日常はほとんどの場合、その土地の文脈とは大きく異なる。

　また、顧客はそれぞれ、きわめて多様なセグメントで構成されていよう。このような状況において、リゾートの側は顧客と観光資源との不確実性の高い関係をうま

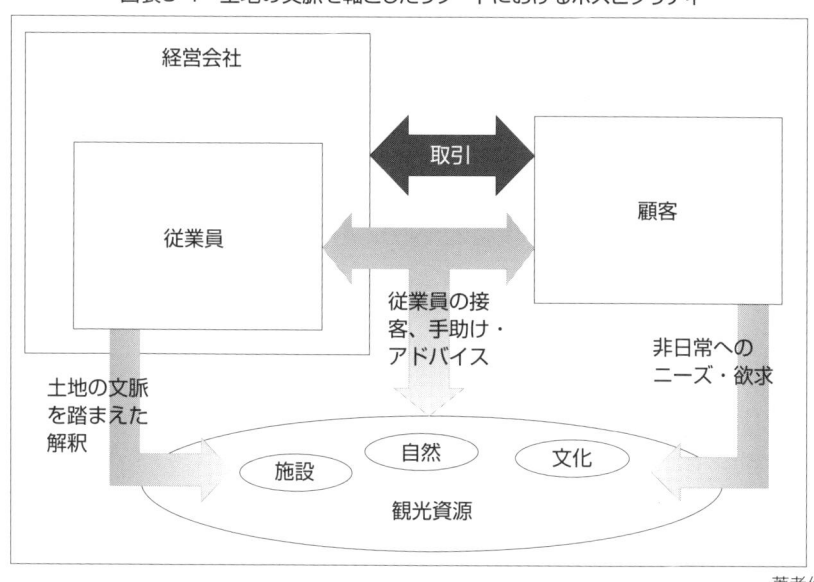

図表5-4　土地の文脈を軸としたリゾートにおけるホスピタリティ

著者作成

8　松園・前掲書, p.75にアマンの事例がある。

くマネジメントする必要が生じるのである。その意味においては、その土地の魅力をもっともよく知っている従業員、すなわち地元の人間がスタッフとして接客することが理想的であることは言うまでもない。こうしたスタッフは、土地の文脈を翻訳して顧客に伝えるメディアとしての役割を担っていることになる。そしてその背景として、彼らにはそういった共通認識が浸透している必要がある。

すなわち、非常に不確実性の高い可能性のある自然や土地の文脈と顧客との関係構築を、誰よりもそれらを知る現地出身者を中心とする従業員がサポートし、そこに新しい価値が創出されるのである。

6．おわりに

土地の文脈という曖昧な観光資源を、それをよく知る地元の人間が媒介となって、観光客が経験することそのものに意義があるという点が、これからのリゾート型立地の宿泊産業においては重要である。もともとは日本以外の国で実現されたモデルが、日本でも同様に実現されつつあるが、こうした方向性はリゾート型立地の宿泊産業において、事業再生の1つのヒントにはなるだろう。

すべてがこの方向に向くとは思えないが、このような思考によって戦略構築を目指すならば、インバウンド増大につながる可能性も高まり、国際的な意味での関係性マネジメントも可能となると考えられる。

（徳江　順一郎）

参考文献

Walker, J. R.（2007）, *Introduction to Hospitality Management*, Pearson Prentice Hall.
柏井壽（2003）,『「極み」の日本旅館 いま、どこに泊まるべきか』, 光文社.
桐山英紀（2008）,『旅館再生 －老舗復活にかける人々の物語』, 角川書店.
寺田直子（2006）,『ホテルブランド物語』, 角川書店.
徳江順一郎（2006）,「地方宿泊産業の潮流」,『経営行動研究年報』第15号, 経営行動研究学会.
徳江順一郎（2008）,「リゾートホテルの変遷」,『日本地域政策研究』第6号, 日本地域政策学会.
前田勇編著（1987）,『観光概論』, 学文社.
松園俊志（1991）,「フランス余暇政策の歴史過程と日本」,『東洋大学短期大学紀要』第23号.
松園俊志（2002）,「アマン・グループのスモール・ラグジャリー・ホテルが、バリ島のリゾート開発に果たした役割とHIS」,『観光学研究』第1号,
松田千恵子（2007）,『ファイナンスの理論と実務』, 金融財政事情研究会.
『CREA Due TRAVELLER 特集・アマンリゾーツ進化論』, 文藝春秋, 2003年.

コラム 5-1．コア・サービスだけではない満足の提供　　（徳江 順一郎）
■中萬学院グループにおける顧客満足にみる「関係性マネジメント」

　1954（昭和29）年に横浜市金沢区で、80名の生徒を対象として「中萬英学塾」として第一歩を記した同グループは、半世紀を超える歴史を重ねた現在では、神奈川県内を中心に140校のスクールを擁し、1万7千名の生徒を抱えるまでに至っている。小学生、中学生、高校生がそれぞれ希望の中学、高校、大学受験を目指し、日々研鑽に励んでいる。

　実は同グループは、進学実績での評価はもちろんだが、単なる進学指導に留まらず、トータルの「人づくり支援」を目指しているという。その証拠に、オリコン株式会社が実施した、「オリコン顧客満足度ランキングアワード」の「中学受験の塾」部門で、傘下の「CG啓明館」が2010年度、2011年度と2年連続で総合第1位を獲得している。2位以下は東進スクール、四谷大塚、サピックス、日能研といった塾が並ぶが、こうしたライバルを大きく離しての1位獲得である。特に2011年度のランキングにおいては、個別項目の「適切な人数・クラス」、「講師の質」、「カリキュラム」、「情報」、「設備」、「スタッフ」の6項目すべてにおいて1位となっている。こうした状況の背景について「ホスピタリティ」の観点から考察してみたい。

　中萬学院グループでは、「受験を通して未来を切り拓く『人を育てる』」という理念が基本となっている。同グループが創業以来、大切にしている「人づくりの支援」という言葉に込められていよう。ただし、一言で「人づくり」と言っても、当然のことながら生徒は1人1人個性があり、きわめて個別性の高い対応が必要とされるうえ、社会経済的環境も時々刻々と変化していることは言うまでもない。つまり、教育における伝統を大事にしつつも、常に「革新」し続けている結果の、「顧客満足度」における「2年連続総合1位」であると言えよう。

　そして、同グループにおいては、「学力の低下」という問題以前に、生徒たちの「学力意欲の低下」と、その背景となる社会全体における「学習の必然の低下」にも目を向けつつ、受験を「成長過程における試練」ととらえ、そこにいかに向き合うか、という命題を掲げているのである。

　こうしたことを実現するために、1クラスの人数は少人数を基本としている。さらに、スクールをきめ細かく展開することで、父母が気軽に来校できるようにして、生徒のみならず父母との交流についても積極的な姿勢がうかがえる。

　他にも、発展途上国での教育機会創出を推進する「公益財団法人 School Aid

Japan」に対する支援のような、社会との関係性構築を行ったり、ビーチクリーン活動、かながわ森林づくり、新江の島水族館との連携、といった活動を通じたりして、地域との関係性構築にも積極的である。

　これらの点を踏まえると、同グループは受験に向けた学習という「コア・サービス」を軸としつつも、受験を1つの機会ととらえて、人間力全般の向上を目指し、変化に対応しつつ、家庭と生徒との関係性をしっかりとマネジメントしているという方向性がうかがえるのである。

【インタビュー：中萬学院グループ 中萬隆信代表、写真：同社提供】

第6章
MICE／ゲーミング産業／IR

1 MICE／ゲーミング産業／IRの概略

1．はじめに

　MICEはMeeting, Incentive, Convention, Exhibitionの略であり、さまざまな人が集まるイベントのことである。ゲーミング産業とは、かつて「カジノ」と言われてきた事業、そしてIRとはIntegrated Resortの略であり、MICEやゲーミングを包含する多くの要素が渾然一体となった、新しいリゾート形態である。これらはいずれも、わが国ではまだ一般に馴染みがない。それは、その核となる要素であるカジノが、現時点においては合法化されていないからである。

　近年、わが国においてもカジノを中心としたゲーミング産業についての議論が盛んになってきている。地域起こしの起爆剤として、過疎地の復興のために、海外からの来客促進のためと、さまざまな理由が挙げられている。

　だが、こうした施策の中心と考えられるカジノが、わが国では公営以外は認められておらず、いわば「グレー」な存在として、パチンコがあるのみとなっている。そのために、こうした点においては他国に大きく水をあけられている。

　そもそも、MICE、ゲーミング産業、IRなどがなぜ同じ章の中で語られるのかさえ理解し得ない場合もあろう。確かに、本来であれば、MICE、ゲーミング産業、IRそれぞれについて、1章ごとに割くべき内容なのではあるが、本書はサービスとホスピタリティを主軸としてアプローチしているため、本章の中で一括して取り上げる。MICE、ゲーミング産業、IRは、それぞれが密接な関係を持って、国家レベルの戦略において、国際的なホスピタリティの実現のためになされるべきものなのである。

2．MICE／ゲーミング産業／IRとホスピタリティ

　これらがどのようにホスピタリティと関係するのか。もっともシンプルな答えは、こうした事業は国際交流を活発化させ、かつその結果として経済的なリターンをもたらすからである。そしてもちろん、こうした産業に関係する諸ビジネスが、旅行業、交通事業、宿泊産業、料飲事業といった、いわゆるホスピタリティ産業であり、そうした諸ビジネスの集大成として、MICEやゲーミングを軸としたIRという存

在へと至るからである。

　さまざまな文化的背景を持ち、さまざまな考え方を持つ多くの人が集い、かつ、そこで多くの人が働く場であるこれらの産業は、これからの国際観光において非常に大きな地位を占める可能性がある。また、こうした市場への来訪客は、一般の観光客よりも消費額が多いというデータもある。

　本章では、一般論として論じたいところであるが、いずれもわが国には存在しないものであるので、他国の事例を絡めつつ論じてゆく。そして、これらMICE、ゲーミング、IRの相互的な関係に主軸を置きつつ、一方で、関係性マネジメントというホスピタリティの前提を踏まえ、考察してゆく。

（佐々木 一彰）

2　MICE

1．はじめに

　すでに述べたように、MICEとはMeeting, Incentive, Convention, Exhibitionの頭文字をとったものであり、国際会議、報奨・研修旅行、国際展示、国際見本市のことである。これらは場合によっては、国家レベルかその直下の自治体のレベルにおいて招致活動が行われたりもする。A国がMICEを積極的に推進しようとすることはA国内において国際会議、報奨・研修旅行、国際展示、国際見本市を積極的に誘致、開催していこうとすることである。

　最近ではこのMICEに国を挙げて力を入れている事例が増えてきた。例えば、シンガポールがいい例である。わが国でも後述するように重視しつつあるようには見えるが、必ずしも実効力がある施策とは言い難い。特にシンガポールをはじめとする諸外国のMICE対策を見ると、その感がなおさら強くなると言わざるを得ない。

2．MICEに対するわが国の取り組み

　日本においては2006（平成18）年に観光立国推進基本法が成立して観光産業の育成に本格的に乗り出すこととなった。それを受け、より具体的な行動計画「観光立国推進基本計画」が2007（平成19）年6月29日に閣議決定された。その推進基本計画が閣議決定される前に、どのようにして「観光立国」を成立させるかについてさまざまな検討が行われた。そのうちの1つが「国際会議、国際文化・スポーツイベント等を通じた観光交流拡大のための検討会」が行った検討である。これはMICEのための検討会と言ってよいだろう。

　この検討会では、わが国において国際会議、国際文化・スポーツイベントなどを誘致、開催することについて検討し、その結果を報告書にまとめた。以下がその内容である。その報告書は第一に、わが国に国際会議等を誘致・開催する意義・効果について、次の4つを取り上げている[1]。

1　『国際会議、国際文化・スポーツイベント等を通じた観光交流拡大のための検討会報告書』「国土交通省HP」pp.3-6：http://www.mlit.go.jp/kankocho/siryou/archive/pdf/mice.pdf（2009年5月現在。以下、特記なしは同月）

第6章　MICE／ゲーミング産業／IR

1　国際貢献：わが国のソフトパワーを活用し、学術、経済、文化、スポーツ等の国際的な発展に貢献
2　地域の国際化・活性化：住民が国際的な知見・技芸に触れ、地域における国際交流を活発化するとともに、地域の知名度を向上させる機会を提供
3　訪日外国人旅行者の拡大：訪日客の20％以上を占めるビジネス需要を拡大し、リピーターを増やす有効な手段
4　経済効果：国際会議参加者の消費額は一般旅行者の8倍

また、同時に国際会議などを誘致、開催するにあたってのわが国の現状、および問題点にも触れており、わが国の国際会議等における国際的な地位の低下に警鐘を鳴らしている。そのような問題を解決するために、官・民あげての対策がとられるべきであるとしている。

その後、観光推進基本計画が閣議決定されたが、その計画期間は5年間であり、計画期間における目標としては、以下の5項目が数値目標として定められている[2]。

1　訪日外国人旅行者数を2010（平成22）年までに1000万人にすることを目標とし、将来的には、日本人の海外旅行者数と同程度にすることを目指す。
　【2006（平成18）年：733万人】
2　わが国における国際会議の開催件数を2011（平成23）年までに5割以上増やすことを目標とし、アジアにおける最大の開催国を目指す。
　【2005（平成17年）：168件】
3　日本人の国内観光旅行による1人当たりの宿泊数を2010（平成22）年度までにもう1泊増やし、年間4泊とすることを目標とする。
　【2006（平成18）年度：2.77泊】
4　日本人の海外旅行者数を2010（平成22）年までに2000万人にすることを目標とし、国際交流を拡大させる。
　【2006（平成18）年：1753万人】
5　旅行を促す環境整備や観光産業の生産性向上による多様なサービスの提供を通じた新たな需要の創出等を通じ、国内における観光旅行消費額を2010（平

2　観光についての総合政策「国土交通省HP」http://www.milt.go.jp/sogoseisaku/kanko/detail-vic.html

成22)年度までに30兆円にすることを目標とする。
【2005(平成17)年度：24.4兆円】
　前述のとおり、推進計画の数値目標の2項目目に国際会議の開催件数についての記述があり、国を挙げてのMICEの充実を図っていこうとする姿勢が見て取れよう。

3．シンガポールにおけるMICEに対する取り組み

　日本における取り組みは以上であるが、日本より早く、そして統一的にこのMICEについて取り組んでいる国としては、前述のシンガポールが存在する。
　シンガポール政府観光局の中にはビジネス・トラベル＆MICE局が存在する。この局は文字どおりシンガポールにおけるビジネス・トラベル及びMICEを強化する部局である。
　シンガポール政府観光局が2004(平成16)年に発行した年次報告書(*Stb Annual Report,03/04*)によれば、この局は産業界と協働し、より多くの国際会議、奨励旅行、展示会、見本市をシンガポールで開催しそれらへの集客を図ることを目的としている。2003(平成15)年の8月に展示会を監督する部署が政府観光局へ統合されたことにより、展示会産業(Exhibition Industry)のより一層の振興が図られるようになったとのことであり、このことによってインフラの整備を行い、人材の育成を行い、ビジネスとレジャーとの統合的な推進が政府観光局により行われることとなったとのことである。
　この結果、ビジネスとツーリズム、そしてレジャーの振興を統合的に行えるようになったとのことである。この局は以前よりMICE産業と歩調を合わせ、さまざまな活動を行ってきており、その結果としてUnion des Associations Internationalesにより、20年間にわたり、アジアにおけるNo.1のコンベンションシティに選ばれており、4年連続で世界において5番目のコンベンションシティに選ばれるに至っているという。また、Business Traveller Asia Pacific 2003によりベスト・ビジネスシティの称号も勝ち取っているとのことである(Stb,2004)。
　シンガポール政府観光局はその後、前述のとおり2005(平成17)年1月にMICE産業の強化をうたっており、メイク・イット・シンガポール(Make It Singapore)やメイク・イット・シンガポール・プラス(Make It Singapore Plus)のような、国際会議等の誘致等を行うためのさまざまな優遇措置を行って

きた。それに加え 2006（平成 18）年には Be in Singapore、または Business Events in Singapore のような、より積極的な措置を 2006（平成 18）年から 2010（平成 22）年まで 5 年間行うこととなっている。シンガポール政府観光局は総額 20 億 S ドルにおよぶツーリズムの発展のために費やす基金のうちから 1 億 7 千万 S ドルをこの振興策のために使用するとしている。この方策のターゲットは

① MICE イベントに対するインセンティブ
② チャネルの発展のためのインセンティブ
③ 国際組織へのインセンティブ

になっている[3]。

このようにシンガポールは、よりスピーディーに、より官民一体となった形で MICE の振興を図っており、その中心的な役割を果たしているのがシンガポール政府観光局であることがよく理解できる。ひるがえって、わが国、日本は 2006（平成 18）年に観光立国推進基本法が成立し、その具体的な行動計画が 2007（平成 19）年に閣議決定され、ようやく官民あげての MICE の開催・誘致が図られるようになったわけであるが、シンガポールのみならず、アジアの他の国と比較しても、MICE に関する取り組みは非常に遅れていると言わざるを得ない。図表 6-1 を見てもわかるように国際会議開催件数については 2004（平成 16）年においては日本、シンガポール、中国、韓国といったアジア諸国の中では中位に位置していたが、2005（平成 17）～2006（平成 18）年においてはこれら 4 国の中では最下位にとなってしまった。

一方、シンガポールはその開催件数を急激に伸ばしており、2006（平成 18）年においてはこれら 4 か国のうちで最上位に位置することとなった。2002（平成 14）年の時点では下位から 2 番目に開催件数が少なかったので、シンガポールにおける官民あげての MICE の誘致、開催の手法は日本にとり非常に参考になるものと思われる。そのシンガポールは近年、MICE という概念を包含したさらに有効な観光振興の概念を打ち出した。それは IR（Integrated Resort）という概念で

---

[3]「シンガポール政府観光局HP」http://app.stb.gov.sg/Data/news/1/9a3f54813bf27e648d1759c18d007165/Annex%20B%20(BE%20in%20Singapore)%20factsheet%20for%20EIBTM.doc（2009年5月現在）

図表6-1　国際会議開催件数

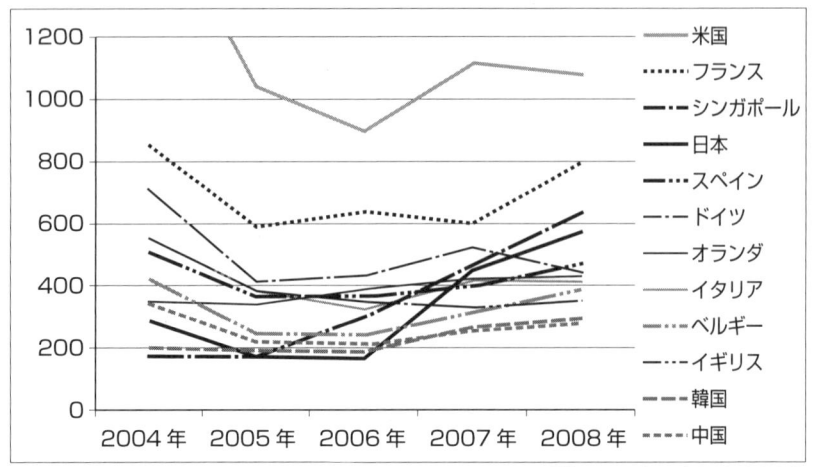

注）2004年の米国は1713件
出典：日本政府観光局（JNTO）「2008年国際会議統計」より著者作成

ある。これについては第4節で詳述する。

（佐々木　一彰）

3 ゲーミング産業

1．ゲーミングとは

　わが国においては「ゲーミング」という言葉はあまり馴染みがないだろう。欧米やアジアにおいては、このゲーミング産業のホスピタリティ産業内での地位が急速に高まってきている。ゲーミング産業とはすなわち、「ゲームをビジネスとして行う産業」ということになる。具体的には、カジノがその中心的存在となる。カジノの「負の側面」だけではなく、気晴らしや楽しみといった「陽の側面」を眺めて、近年ではこういう言い方が主流となってきたのである。

　確かに、カジノにおいては依存症の問題や、治安についての懸念といった、負の側面にこれまでスポットライトが当てられることが多かった。しかしながら、わが国にも競馬、競輪、競艇、オートレースといった「公営ギャンブル」は存在し、さらにはパチンコのような「実態ギャンブル」とでも言えるものも存在してきた。

　こうしたわが国独特の「カジノもどき」に対する対応ではなく、世界を見据えたカジノのとらえ方が、これからは必要とされる時代になってきている。その背景にあるのは、各国で成功したカジノの事例を、客観的に研究してきた成果の蓄積である。ホスピタリティ的観点からすれば、多くの国からの来訪者が見込まれるカジノの存在は、文化交流を促進する面も多々ある。もちろん、結果としての経済的効果は計り知れないものがある。そして、前述したような問題点については、非効率な公営ギャンブルとして行うのではなく、民間にも開放するが、国家がきちんと管理することで、むしろ対応しやすいものとすることが可能となってくるのである。

2．ゲーミングの理解

（1）ゲームの種類

　ゲーミングの前提として、ゲームについて考察する。Caillois（1967）は以下に述べる6つのゲームの特徴が、ゲームを現実から分離しているとした。すなわち、
① 「自由な活動」つまり始めたいときに始め、終えたいときに終えることができる。
② 「隔離された活動」つまり隔離、限定された空間、時間の中で活動する。

③ 「未確定の活動」つまりゲームの結果が初めからわかっていてはいけない。
④ 「非生産的活動」つまり、ゲームは何も生み出さない。ゲーミング活動における金銭のやりとりは所有権の移動に過ぎない。
⑤ 「規則のある活動」つまり、ゲームには規則がなければならない。ゲームを行うプレーヤーはゲームの規則に従わなければならない。
⑥ 「虚構の活動」つまり、ゲームは非日常的な活動である。明らかに現実ではないという意識を伴っているということである。

(Caillois（1967）)。

である。

　カジノは大きくはゲームの一種と分類される。カジノの顧客はゲームをプレイするためにカジノを訪れるのであり、上記のゲームの特徴が満たされなければ顧客を満足させることができない。これらのゲームの特徴は⑤に示したようにルール（規則）によって守られている。カジノの運営においてはそのルールに相当するものはさまざまな規制、法であろう。つまりカジノをめぐる政府というステークホルダーの要求に応えることが、カジノの存続に必要となるのである。また、③で示したようにゲームには不確実（未確定）な結果を伴わなければならないという特徴は、カジノが不正を行わないという「誠実さ」をもって顧客というステークホルダーに対する要求に応えることになる。そして①のゲームは自由になされ自由に参入し、退出することができるということと、②のゲームには限度がなされねばならないという特徴は、カジノを初めとするゲーミング企業にとって、最も解決を迫られる問題である「依存症」の問題と深く結びついている。つまりゲーミングの「依存症」の問題はプレーヤーが強迫的にプレイをせざるをえなくし、自身の意思ではゲームをやめることができなくなり、ゲームに費やす時間と金銭の際限を無くしてしまうことにつながる。したがって、ゲーミングの依存症患者にとっては、もはやゲーミングはゲームでなくなってしまう。

　Caillois はさらに、ゲームを4つの区分と2つの尺度によって分類し、考察を加えている。4つの区分とはアゴン〔Agôn〕、アレア〔Alea〕、ミミクリ〔Mimicry〕、イリンクス〔Ilinx〕である。それぞれは競争のゲーム、偶然のゲーム、模擬のゲーム、眩暈のゲームと言い換えることができる（Caillois・前掲書）。

　また、それぞれのゲームは2つの尺度によっても分類されるとした。1つの尺度は気晴らし、騒ぎ、即興、無邪気な発散といった共通の原理に支配されている。こ

の原理をパイディア〔Paidia〕とした。もう一つの尺度はそれとは反対の原理、つまり一層の努力、忍耐、技、器用さを求め、窮屈な規約に従い一層面倒な障害をクリアするという原理に支配されたルドゥス〔Ludus〕とした（Caillois・前掲書）。

スポーツもゲームであり、Caillois があげた前述の①～⑥の特徴を持っている。そのスポーツとゲーミングとを隔てているものは、勿論、金銭の所有権の移動の有無であるが、それに加えて、Caillois があげたゲームの区分および尺度で説明が可能である。図表6-2のように x 軸にルドゥス〔Ludus〕をとり、y 軸にアゴン〔Agôn〕をとり、z 軸にアレア〔Alea〕をとった場合に、x 軸であるルドゥス〔Ludus〕と y 軸であるアゴン〔Agôn〕からなる平面はスポーツであり、それが z 軸であるアレア〔Alea〕の尺度が上がるにつれゲーミング的な要素が強くなる。また、x 軸であるルドゥス〔Ludus〕と z 軸であるアレア〔Alea〕からなる平面はゲーミングであり、その平面が y 軸であるアゴン〔Agôn〕の尺度を増すにつれ、技術を要するゲーミングとなる。

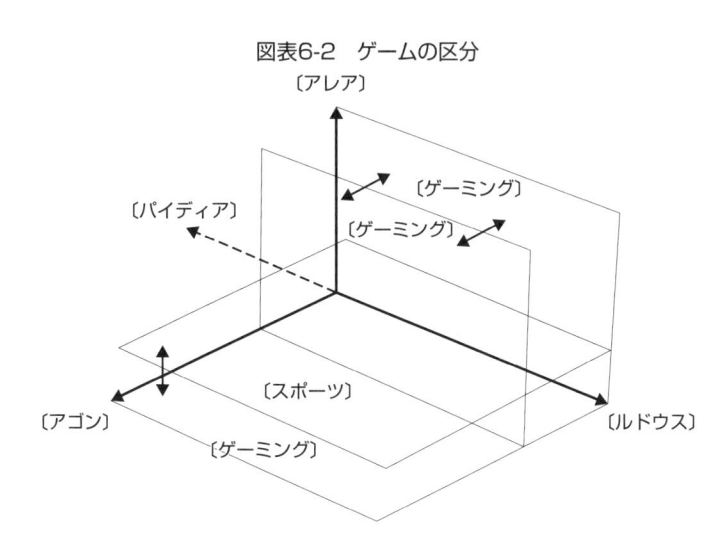

図表6-2　ゲームの区分

著者作成

カジノを初めとするゲーミングは Roger Caillois の分類した4つの区分に重なり合う形で存在するが、すべてのゲーミングには必ず偶然が作用することとなるので、アレア〔Alea〕に内包されると考えることができよう。

(2) ゲーミングの種類

一般にカジノは、テーブルゲーム（カードゲーム等）、マシンゲーム（スロット

マシーン等）キノ／ビンゴ、レース／スポーツブック、ポーカー／パンなどから構成される。よくテレビや映画などでカジノのシーンが出てくるが、そうしたシーンを思い浮かべていただきたい。上記のゲームはギャンブル（賭け事）である。つまり客の負け分がカジノの収益源になるわけである。

　ここで日本における公営ギャンブル（競馬、競艇、競輪、オートレース、宝くじ等）を思い浮かべるかもしれない。日本における公営ギャンブルはパリミューチュアル[4] 方式をとっており、あらかじめ顧客の賭けた金額のある一定割合を控除し、残りを顧客に払い戻す方式をとっている。カジノにおける上記のゲームはパリミューチュアル方式をとっている場合もあるが、ほとんどの場合、カジノ側も顧客に負ける可能性のあるギャンブルである。しかしながら、大数の法則（例えばサイコロを振った場合、そのサイコロを振った回数が多くなればなるほど、ある目の出る確率は限りなく6分の1に近づく）により、カジノは収益を上げることが可能となる。

　上記のうちで日本人が最もイメージしやすいのはルーレットやブラックジャックであろう。また、日本とは異なる形態のスロットマシーン、そして、特にアジア人に人気があると言われているバカラなどのゲームについて、簡単に説明しておく。

① **ルーレット**

　ルーレットは日本人の最も多くがカジノと聞いて連想するゲームであるかもしれない。ルーレットは端に数字が書かれている円盤を回転させ、それにディーラーが玉を投げ入れ、その円盤が止まったときに投げ入れた玉がどの数字に落ちるか（止まるか）を当てるゲームである。当然のことながら顧客は現金をチップに換え、そのチップを自分が予想した数字、色、数字のグループ等の場所に置き、自分の予想が当たった場合にはその当たった場所、掛け金に応じて払い戻しを受けるゲームである。ただし、円盤の数字には0や00が存在しこの数字の部分がカジノの取り分（控除率）となる。その控除率はHannun & Cabot(2001,p84)によれば、5.3%となっている。これは言い換えれば、顧客がルーレットをプレイすると、平均して

---

4 「パリミューチュアル」とは、「勝ち」を的中させた顧客に対して、顧客が賭けた金額からある手数料、税金等の一定の割合を控除した金額を払い戻すというシステムのことである。日本では競馬、競輪、競艇、オートレース等の公営ギャンブルがこのようなパリミューチュアル方式をとっている。

一回の勝負で賭け金の5.3%ずつ負けていくということである。

② **ブラックジャック**

さまざまなバリエーションがあるが、基本は顧客がディーラーから配られた札の数字の合計を21に近づけるゲームである。絵札は10と数え、エースは1または11どちらでも数えることができる。合計したカードの点数が22以上となった場合には、そこでゲームオーバーとなる。最近では、一組52枚のトランプ・カードを何組も混ぜてプレイすることが普通となっている。これは、カード・カウンティング対策として行われているものである。平たく言えば一組が52枚というトランプ・カードの性質上、ディーラーがカードを配った場合、その残りのカードは記憶力が良い顧客の場合、かなりの確率で予測可能であるので、常にカジノ側が損失を被らないようにするために、そのように何組かのカードを混ぜることになったのである。Hannun & Cabot（2001, p126）によれば、確率論的なカジノ側の控除率は、平均的なプレーヤーで2%くらいとなっている。

③ **スロットマシーン**

日本にも類似のものが存在するが、一般的にはボタンを押してリールを止めるタイプは海外では主流でない。しかし、基本的な構造は同じである。顧客がコイン等を投入しボタンを押し、リール（実際のリールであれ電子的なリールであれ）が回転し、幾とおりものラインに沿ってリール上に存在するシンボルが何らかの法則に沿った揃い方をした場合に、顧客にその揃い方、ラインの種類、賭け金に応じて払い戻されるゲーム機械である。Hannun & Cabot（2001, p58）によれば、控除率は場所により異なるが5%から8%である。

④ **バカラ**

このゲームはアジア人、特に中国系の人々には大変に人気のあるゲームである。ルールはシンプルであり、ディーラーがカードをバンカーとプレーヤーに分けて配り、そのバンカーとプレーヤーのどちらが勝つか、または引き分けるかについて、顧客がチップを賭けるゲームである。その勝ち負けについては、それぞれバンカー、プレーヤーともに配られた2枚もしくは3枚のカードの合計の1桁の数字が、9により近いほうが勝ちと判断する。このバンカーとプレーヤーという区分については特段の意味はない。ただ単に、ディーラーが先にカードを配るか、後に配るかの違いでしかない。このようにルール自体は単純ではあるが、単純なだけに奥が深いとも言え、このバカラの一回の勝負に莫大な金額を賭ける人々も多い。Hannun &

Cabot（2001, p101）によれば、控除率は平均すると約1.2%であり、カジノに存在するゲームのうちで最も低い部類である。

3．ゲーミングの魅力度

以上のようなさまざまなゲーミングと、ゲームの要素との関係は以下のとおりである。

アゴン〔Agôn〕的要素が強いゲームとしては、カジノ内にあるゲームでいうならば、比較的技術が必要なゲーム、例えば各種カードゲームが挙げられるだろう。実際、Caillois（1967）はカードゲームを、「ブリッジのような遊びでは、遊技者の知識と推理が自己防衛と配られたカードを最大限利用するのに役立つ。ポーカーのようなタイプの遊びでは、心理的洞察力や性格がそれに代わる働きをする。」と説明している（邦訳, 2004,）。

また、競馬もデータの分析、競走馬、騎手の技術、体力、精神力などが勝負のゆくえを左右するのでアゴン〔Agôn〕的要素を持つと言えよう。また、Cailloisも指摘しているがスロットマシーンはイリンクス〔Ilinx〕的な要素を持つ。さまざまな装飾、電飾、音そして画面を凝視する行為から催眠状態に近いものが生まれるという。

ミミクリ〔Mimicry〕的要素についてであるが、これは競馬もそうであるが、スポーツの賭けが最も当てはまるかもしれない。プレーヤーはプレーヤー自身とスポーツチーム、スポーツ選手を重ねあわせる。

図表6-3　ゲーミングの各要素

	社会機構の外縁にある文化的形成	社会生活に組み込まれている制度的形成	堕落
アゴン（競争）	スポーツ	企業間の競争、試験、コンクール	暴力、権力、意志、術策
アレア（偶然）	宝くじ、カジノ、競馬場、施設賭博	株式投資	迷信、占星術など
ミミクリ（模擬）	カーニバル演劇、映画、スター崇拝、	制服、礼儀作法、儀式、表現にたずさわる職業	狂気（疎外）、二重人格
イリンクス（眩暈）	登山、スキー、空中サーカス、スピードの陶酔	眩暈の統御を見せる職業	アルコール中毒、麻薬

出典：Caillois（1967）（多田・塚崎（2004））を一部改変

すべてのゲーミングはアレア〔Alea〕に内包される。そして図表6-3にあるように社会機構の外縁にある文化的形成として成立しているが、イリンクス〔Ilinx〕的な要素が強まり堕落すると「中毒」つまり「依存症」となる。ゲーミングは重層的に存在するので図表6-4のようにアゴン〔Agôn〕、アレア〔Alea〕、ミミクリ〔Mimicry〕、そして規則に従うことが必須なのでルドゥス〔Ludus〕からなる平面としても表すことができる。その場合、イリンクス〔Ilinx〕を高さとするとゲーミングはアゴン〔Agôn〕、アレア〔Alea〕、ミミクリ〔Mimicry〕、ルドゥス〔Ludus〕から構成される立方体として表すことができる。図表6-4で示したようにイリンクス〔Ilinx〕の高さが適度であれば「健全なゲーミング」と言えるが、イリンクス〔Ilinx〕の高さがある一定の高さを超えるとそれは「依存症」となるだろう。

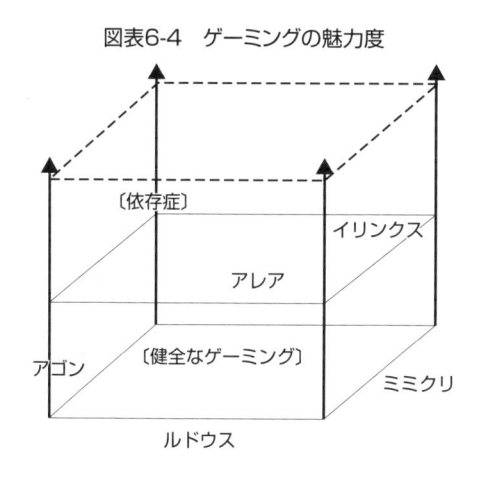

図表6-4　ゲーミングの魅力度

著者作成

　この図表6-4を踏まえると、ゲーミングが顧客に提供できる魅力度はイリンクス〔Ilinx〕を高さとし、アゴン〔Agôn〕、アレア〔Alea〕、ミミクリ〔Mimicry〕、ルドゥス〔Ludus〕からなる平面より構成される立方体の体積として表すことができよう。前述のようにさまざまな種類のゲーミングは、それぞれアゴン〔Agôn〕、アレア〔Alea〕、ミミクリ〔Mimicry〕、ルドゥス〔Ludus〕といった要素を包含する割合が異なる。アゴン〔Agôn〕的要素が強いゲーミングの場合、それは「技術がものをいう」ゲーミングである。アレア〔Alea〕的要素が強いゲーミングの場合それは「運がものをいう」ゲーミングである。したがって、それぞれのゲーミングが顧客に提供しうる魅力度は完全な正立方体にはならないことが多い。ある場

合は、アゴン〔Agôn〕の辺が長い平面（台形）と、あるイリンクス〔Ilinx〕の辺の長さを高さとする立方体としてゲーミングの提供しうる魅力度を示すことができる。また、ある場合は、アレア〔Alea〕の辺が長い平面（台形）と、あるイリンクス〔Ilinx〕の辺の長さを高さとする立方体としてゲーミングの提供しうる魅力度を示すことができる。つまり、さまざまなゲーミングがアゴン〔Agôn〕、アレア〔Alea〕、ミミクリ〔Mimicry〕、ルドゥス〔Ludus〕そして、イリンクス〔Ilinx〕という要素をどのような割合でゲーミング内に包含しているかによってゲーミングが持つ魅力度の形態は異なることになる。

　ゲーミングの持つ魅力度はこのように図表6-4で示される立方体で表すことが可能である。したがって、ゲーミングの持つ魅力を増大させるためにはこの立方体の体積を増加させればよいことになるが、それぞれの要素を増加させるにあたっては限界がある。例えば、イリンクス〔Ilinx〕の高さを高くすれば立方体の体積は増加するが、前述のとおりイリンクス〔Ilinx〕の高さが高くなりすぎた場合、それは顧客の「依存症」を招くことになるので、イリンクス〔Ilinx〕の高さを高めるのには限界がある。

4．社会的存在としてのゲーミング企業

(1) 合法化の意義

　日本人は「カジノ」という言葉から何を連想するであろうか。現在、少しずつ認識は変化しつつあると思われるが、依然として「後ろ暗く」、「闇の勢力が関与しており」、「イカサマが横行している」世界だという認識も根強いように思われる。しかしながら、このような世界観はカジノが「非合法」な国におけるカジノでのみ通用するものである。カジノを合法化し、法の網をかぶせ、厳しい規制を決め、その規制を守らせるシステム作りを厳密に行った国においては原則、当てはまらない。それどころか、地域の活性化、外国人観光客の誘致のためのマグネット、税収の増加に寄与している。

　例えば先進8カ国の中でカジノを合法化していない国は日本だけであることから、カジノを合法化するメリットについて各国は十分な認識を得ていることが見て取れよう。

　通常、カジノを合法化するにあたっては、ライセンスを発行する場合が多い。そのライセンスを取得した主体のみが、カジノを合法的に運営できることになる。そ

の場合、前述の日本人が未だに抱いているカジノに対する印象である、「闇の勢力が関与している」という懸念は払拭されることが理解できよう。例えば、カジノが合法化されていない国がカジノを合法化することになった場合を想像すると、合法化されていない状態でカジノを経営しているのは、当然のことながら「闇の勢力」である。それがひとたび合法化されることとなった場合、その非合法的なカジノの顧客は、当然のことながらライセンスを得ている合法的なカジノの顧客となることが容易に理解されるだろう（何も好き好んで危ない橋を渡る必要があるだろうか）。

実際に、カジノが合法化されるに至った国々においては、カジノの合法化によって「闇の勢力」が経営にかかわっていたカジノは淘汰されるという経過をたどった。また、カジノを合法化し、ライセンスを発行することにより「イカサマが横行している」という懸念も払拭することができる。カジノ合法化にあたって厳密な規則を作り、システムを綿密に作れば、その中に当然のことながらカジノを運営するライセンスを付与する要件として「イカサマをしない」ことが盛り込まれ、もし、ライセンスを得た場合においても「イカサマ」をしていることが発覚した場合、ライセンスの取り消しもありうるなど強力なペナルティを課せられる。

(2) ゲーミング企業における社会性

ゲーミング企業であるカジノは、企業であるということから生じる一般の利害関係者以外にも、地域経済の活性化、税収の増加などの経済的業績（Economic Performance）を求める政府、地域社会などのステークホルダーが存在する。しかし、治安の問題、「依存症」の問題などの一種の社会的業績（Social Performance）も評価されなければならない。つまり、経済的業績（Economic Performance）と社会的業績（Social Performance）とを同時に達成しなければならないのである。

McGowan（2001）によれば、ゲーミング企業において最も大きな問題は遵法制であり、「依存症の問題」、「公正性の問題」、「誠実さの問題」は、ゲーミング企業の存続にとってきわめて大きな問題となるとのことである。

現在、合法化されている国では、カジノを初めとするゲーミング企業の及ぼす影響力は非常に大きく、かつ、多岐に渡ってきている。しかしながら、ゲーミング産業がこの繁栄を享受できているのは法の遵守、そしてそれに基づく社会的業績を達成しているからである。この法の遵守、そして社会的業績が達成されなくなった場合、現在のゲーミング産業の繁栄は続くとは思われない。しかし、ゲーミング産業

は同時に経済の活性化、税収の増加という経済的業績の意味においても重要な役割を果たしている。この一見、背反する社会的業績と経済的業績とを同時に達成することを志向しなければならないのである。皮肉なことではあるが「罪」の産業であり、一見、最も利潤の追求を求めると思われがちなカジノを初めとするゲーミング企業は、最も社会的業績を達成しなければならない企業であり「良き企業市民となる」ことを求められる企業であることは明白である。つまり非営利組織、もしくは公的なセクターに求められる特質を持つことになる。

　繰り返すが、ゲーミング企業であるカジノの設立、運営、存続のためにはカジノをめぐるステークホルダーに対する要求を満たしていかなければならない。特にカジノの設立の趣旨を鑑みるに顧客、政府、地域社会、といったステークホルダーの要求に対処していくことが重要となる。しかしながら、これらのステークホルダーは一般的には相反する「経済的」な要求と、「社会的」な要求を求める。これらの要求にバランスよく応えていくことが、カジノにとっての最重要課題となるであろう。具体的には以下の方法を考えることができる。

　第1に、ゲーミングの理論的な分析を行うことを挙げることができる。ゲーミングを構成している要素の再検討が必要である。その再検討によってカジノを始めとする各ゲーミング企業が、政府または顧客といったステークホルダーに、具体的にどのように対処していけばよいかということについて理論的に明確になるからである。最終的には「依存症」の問題、つまりゲーミング・ギャンブリング中毒の問題、「誠実さ」の問題、つまりゲーミングにおいて「ごまかし」がないかどうかといった問題の解決を求める顧客、政府などのステークホルダーを強く意識して対処していかなければならないという事実に収斂する。

　第2に、S&Pモデルのゲーミング産業への有効な適用をあげることができる[5]。ポーターモデルでは扱っていない政治的、社会的な諸力もゲーミング産業にとっては非常に重要な意味を持つからである。

　第3に、カジノの設立、経営に対して、現在、日本においても営利の追求のみが

---

5 S&Pモデルとは、経営者に産業全体がおかれている政治的、社会的状況および個々の企業が産業内でどのような政治的、社会的状況におかれているかを認識させるためのモデルであり、主目的は経営者に社会的、政治的に正しい行動をとらせ戦略面において成功を収めさせることにある

目的ではない医療機関のような非営利法人にも導入されつつあるバランスト・スコアカードを有効に活用することをあげることができる[6]。カジノを初めとするゲーミング企業において最も大きな問題が遵法制であり、「依存症の問題」、「公正性の問題」、「誠実さの問題」が、ゲーミング企業の存続にとってきわめて大きな問題となるならば、「良き企業市民となる」という戦略テーマを重要しつつ、非営利組織もしくは公的なセクターに求められる特質を持つことを考慮してストラテジー・マップの作成、バランスト・スコアカードの作成を行わなければならない。

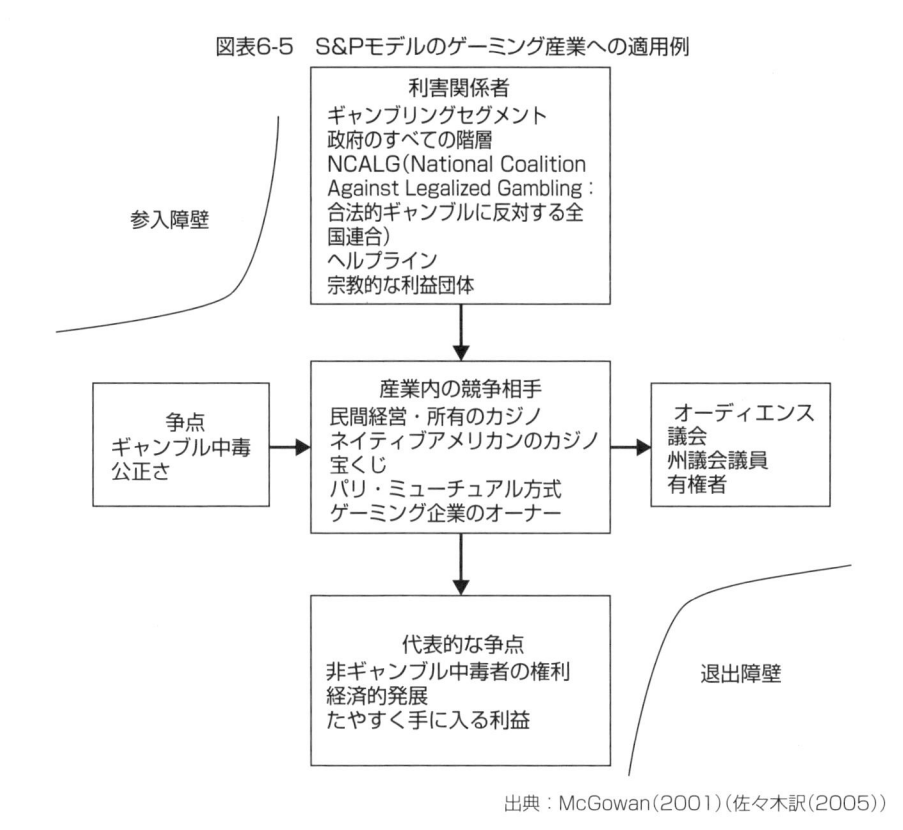

図表6-5　S&Pモデルのゲーミング産業への適用例

利害関係者
ギャンブリングセグメント
政府のすべての階層
NCALG(National Coalition Against Legalized Gambling：合法的ギャンブルに反対する全国連合)
ヘルプライン
宗教的な利益団体

参入障壁

争点
ギャンブル中毒
公正さ

産業内の競争相手
民間経営・所有のカジノ
ネイティブアメリカンのカジノ
宝くじ
パリ・ミューチュアル方式
ゲーミング企業のオーナー

オーディエンス
議会
州議会議員
有権者

代表的な争点
非ギャンブル中毒者の権利
経済的発展
たやすく手に入る利益

退出障壁

出典：McGowan(2001)(佐々木訳(2005))

（佐々木 一彰）

---

6 バランスト・スコアカードとストラテジー・マップについては、Kaplan & Norton(2001)、Kaplan & Norton(2004)に詳しい。

4 IR

1．はじめに

　統合リゾート（IR：Integrated Resort）とは、文字どおり複合的な要素、そして複合的な楽しみ方が可能なリゾートである。言い換えれば、通常のレジャー、エンターテイメント、前述の MICE、そしてカジノといった要素を含んだリゾートということとなる。最後の要素のカジノについては、この IR の構成要素の中で重要、かつ、欠くべからざるものである。

　再びシンガポールの事例を通じて、この IR についての理解を深めたい。

2．シンガポールにおけるカジノをめぐる歴史的経緯

（1）シンガポールにおけるカジノ合法化への道程

　シンガポールでカジノ合法化の機運が高まったのは最近のことではない。2005（平成 17）年4月18日に Lee Hsien Loong 首相が IR の概要について国会でスピーチしているが、その中で過去にシンガポールでカジノの合法化の機運が盛り上がった事例を取り上げている。

　1つの事例は、「1985（昭和 60）年にシンガポールが深刻な経済不振に陥った時に、セントーサ島にカジノをオープンするアイデアが出たが実現には至らなかったこと」である。また、もう1つの事例は「2002（平成 14）年に彼が経済再調査委員会（ECR）の委員長を務めており、シンガポールの経済を成長させる戦略を模索している時に、観光ワーキンググループを率いていた Wee Ee-Chao から世界規模のゲーミング施設の提案を受けたこと」である。この時には Lee Hsien Loong は以下の書簡を Wee Ee-Chao に送り、それに対する反対を表明している。「カジノをシンガポールに設置することは経済的にメリットがあることかもしれない。しかし、社会的なインパクトは決して小さいものではない。ゲーミングをより身近にし、より魅力的にすることは、ギャンブルをより一層盛んにし、ギャンブル中毒になる危険性を増加させることになろう。また、カジノはマネーロンダリングや、違法な金貸し、組織犯罪のような望ましくない活動も引き起こしうる。それらの要素を少なくする努力を講じたとしても、長期的にみた社会的なインパク

トは大きく、予防することは難しい」[7]。

　しかしながら、後述するように、シンガポールの国際的、経済的な地位の低下を懸念し、2003（平成15）年以降、カジノを包含したIRの検討を行うに至った。さまざまな団体への意見聴取、海外カジノの調査、海外カジノ研究者へのインタビュー等を行い、カジノに関する情報収集を行った。

　シンガポールには当然のことながら合法的なカジノは存在しなかった。また、経済効果、社会的なインパクト等についても具体的なイメージを描くことは難しかった。そこで、シンガポール政府は、カジノのオペレーターに対して、2004（平成16）年12月にシンガポールの2つのエリアに、「もしカジノを設置するのであれば、どのような具体的な計画が立てられるか」という、一種の入札（Request for Concept）を行った。この入札に応じたからといって、シンガポールでカジノが合法化された場合に必ず経営に参画できるとは限らない。しかし、これに応募しなかった場合には、カジノがシンガポールで合法化された場合の入札に参加できない、となっていた[8]。

　これにより、シンガポールでカジノを合法化した場合の具体的なイメージ、経済効果、社会的インパクト等について外部の有力なカジノのオペレーターの持つノウハウをシンガポール政府は無料で活用できることになり、シンガポールにおけるカジノの合法化、およびカジノを包含したIRの具体的な計画にはずみがついた。

（2）シンガポールにおけるIR建設の背景

　シンガポール政府は2005（平成17）年4月にカジノを含んだIR開発計画を閣議決定し、2006（平成18）年2月にカジノ合法化法案を成立させ、シンガポール国内に2か所（マリナベイおよびセントーサ島）のカジノを含んだIRの建設を決定した。

　周知のとおりシンガポールは清潔、安全、勤勉、そしてきわめて統制のとられた国柄として世界に知られており、シンガポール国民もそれを自負しているように思われる。そのような国柄を持つシンガポールが一見、まったく違うコンセプトを持

7　2005年4月18日のLee Hsien loong首相のIRについてのスピーチ「シンガポール政府HP」http://app.mti.gov.sg/data/pages/606/doc/Ministerial%20Statement%20-%20PM%2018apr05.pdf（2009年5月現在）

8　同上。

つカジノを合法化し、それを含んだIRを建設しようとするにいたった理由としては、シンガポールのインバウンド観光客およびグローバル化における危機感が存在した。

シンガポールは日本と比較して、人口比から見てみた場合、はるかに高いインバウンド観光客を受け入れていた。例えばシンガポール統計局[9]によると、シンガポールの人口は2002（平成14）年には417万人強であったが、2002（平成14）年時点でのインバウンドは757万人であり（シンガポールのAnnual Report on Tourisim Statistics 2002による）、シンガポールの人口の2倍とは言えないが、2倍に迫るインバウンドの観光客を受け入れていた（日本の場合、総人口の10分の1のインバウンドの観光客さえ受け入れていない）。

しかしながら、ツーリズムセクターが、観光客がシンガポールで費消する金額の落ち込みと、シンガポールのGDPに占める割合の低下について危機感を感じていた。

2005（平成17）年4月18日にIRがシンガポールで閣議決定される際にLim Hng Kiang 貿易産業大臣が具体的な数字を挙げ、IRの必要性を訴えた。彼は1993（平成5）年から2002（平成14）年まではインバウンドの観光客は650万人から750万人まで増加したが、その数値は停滞していると述べ、それらの観光客が費消する金額も、113億S＄より94億S＄まで17％低下し、ツーリズムセクターのGDPに占める割合が1993年の6.1％から2002年の3％へと半分になってしまっていることを元にIRの必要性を説いた[10]。

当然、シンガポールは国柄として、全面的にカジノを含んだIRの建設に賛成というわけではなかった。多くのシンガポールの宗教団体、市民団体が、彼らの持つ価値観に基づいてIR構想に反対した。これはIR自体に反対なのではなく、「カジノを含む」IRに反対していたわけである。

もっとも、後述する2箇所のIRにおけるカジノのフロアの面積は両方とも5％以下である。IRの面積のほとんどはMICE、もしくはショッピング、劇場、博物館、遊園地、水族館のために割かれている。「カジノを含む」IR構想に反対していた団

---

9 *Demography*「シンガポール統計局HP」http://www.singstat.gov.sg/pubn/reference/yos09/statsT-demography.pdf（2009年5月現在）
10 2005年4月18日のLim Hng Kiang 貿易産業大臣のスピーチ「シンガポール政府HP」http://app.mti.gov.sg/default.asp?id=606（2009年5月現在）

体も、この事実とカジノを設置する場所を限定し、入場制限をし、依存症対策を厳格に行う等により、IRの建設に一定の理解を示している。

依存症対策については最も重要な問題であるかもしれない。一般的にはギャンブルを行うプレーヤーの1%程度がギャンブル依存症（中毒者）になると言われており、カジノを合法化している世界各国の政府およびカジノ企業は依存症対策に真摯に取り組んでいる。シンガポールもその例外ではなく、シンガポール人がカジノに入場する際には、決して安くはない金額の入場料を課す（これにより資金に余裕のないプレーヤーが入場することを防ぐことができる）、もしくは問題のあるプレイヤー（ギャンブル中毒者）を排除する、などの対策をとることとなる。

シンガポールは「カジノを含む」IRにより、シンガポールの税金を使わず、資本力のあるグローバルなカジノのオペレーターにIRの建設を政府の主導による開発よりもはるかに早い期間で行わせ、地域の再開発を行い、インバウンドの観光客を誘致するという「一石何鳥」にもなる政策をとったこととなる。

3．シンガポールのIR事例

(1) ビジネスツーリズムを主とした統合リゾート
① マリナベイ

マリナベイはシンガポールのビジネス街であり、アジアの国際金融センターとして機能しているシンガポールの心臓部である。海外との取引が多く、時差の関係から夜遅くまでビルの明かりが消えることのないエリアである。

このエリアにカジノ合法化を行って、シンガポールに2箇所だけ設置を許可したカジノを含んだIRのうちの1つの設置が許可された。

このIRの開発、運営を行うオペレーターは入札により決定された。このエリアの入札に成功したIRのオペレーターは、アメリカのNYSEに上場の、カジノを含んだIRのオペレーターであるラスベガス・サンズ社（実際の運営はマリナベイ・サンズ社：ラスベガス・サンズ社の100%出資）である。そして当初は2009（平成21）年オープンの予定であったが、実際には、2010（平成22）年にグランド・オープンした。

図表6-6　マリナベイ統合リゾート開発事業者募集要項骨子

	主要仕様	内容
1	世界一流の象徴的な開発の実現	マリナベイ統合リゾートはアジアの主要国であるシンガポールの現代的イメージにフィットする近代的なスタイルとし、ダウンタウンの中心地区に立地する適切な外観の建築設計であること。また政府都市開発局(URA)の計画仕様、ガイドラインに準拠するものとする(デザイン要求事項、都市管理計画を含む)。
2	サイト	サイトの面積は20.6ha(最終審査により変更あり)。最大床面積は570000㎡とし、最低は270000㎡とする。事業者による土地占有期間は60年間。
3	公共施設	事業者はランドマークとなる公衆のためのアトラクション施設を提供する義務を有する(即ちベイフロントに文化センター、博物館、アートギャラリー、現代美術館、劇場、アリーナ、科学センター、海洋博物館、プラネタリウムないしは水族館を配置すると共に公共施設をも提供すること。例えばベイエリア並びにイベントプラザの周辺にウォーターフロントプロムナードを設け、デッキのリンク、歩行者リンクを設けるなど)。
4	カジノ・コンセッションとカジノライセンス	事業者にはカジノを30年間運営できるコンセッションが付与される。但し、事業者は別途カジノ規制構造に対しカジノ・ライセンスを申請し、同ライセンスを取得しなければならない。二つ目のカジノ施設(セントサ)に関する契約締結後10年間にわたり、シンガポールにおいて発行されるライセンスはこの二つのみとする。
5	法と秩序に関する要求事項	事業者は監視システム、警備・マネーロンダリング対策等に関しては規制当局の要求・水準に準拠しなければならない。
6	ゲーミング対象区画並びに使用機械の制限	ゲーミング対象区画の許諾最高スペースは15000㎡とする。認められるゲーミング機械設置数は最高2500台までとする。
7	社会的なセーフガード措置	事業者は下記を順守しなければならない。 ・21歳以下のカジノ入場禁止。 ・シンガポール居住者から入場料$100/日ないし$2000/年の徴収。 ・自己排除、ヘルプサービス、ゲームの規則、オッズなどの対顧客情報の開示。 ・カジノ並びにカジノ賭博に係わる広告の禁止。 ・シンガポール居住者に信用貸しすることの禁止(プレミアム顧客は例外)。 ・カジノ施設内に現金引き出し機(ATM)を設置することの禁止。 ・顧客損失条件を任意に設定できるシステムを設けること。
8	カジノ税	事業者は、通常の顧客の場合毎月粗収益の15%(プレミアム顧客の場合5%)のカジノ税を払わなければならない。政府は最低15年にわたり、この税率を上げないことを確約する。粗収益には現状の一般消費税(GST)を賦課する。
9	相互株式保有の禁止	一つの統合リゾートの支配株主は、もう一つある統合リゾートに設置されるカジノ事業の運営管理を担ったり、その株式を保持することはできない。支配株主とは、落札者の直接的間接的株式の最も大きな部分を保持する単一企業とする。
10	開始要求事項	事業者は最低、提案された総床面積の半分の建設が完了し、顧客が利用できるような状態にあり、かつコミットされた投資額の最低半分の投資が実施された段階で始めてカジノ・ライセンスを申請できる。事業者はカジノ・ライセンスを付与後、3年以内の間に100%開発投資を実施する義務を有する。
11	選定評価判断基準	評価判断基準は下記を含む。詳細は別途開示する。 ・観光魅力と観光への貢献(40%) ・開発投資の規模(30%) ・建設的都市デザイン上の優位性(20%) ・コンソーシアムの優位性とパートナーの実績(100%)
12	土地代金(フリーホールド長期占有使用権)	S$6.05億ドル(落札後一定期間内に支払義務)。第三者評価(Knight Frank Singapore並びにCB Richardo Las Vegas)を経て価格を決定したもの。

出典：シンガポール政府観光局2005年11月4日資料(一部内容を美原氏が簡素化して翻訳：美原融(2007)「カジノを含む統合リゾート方式による地域開発戦略」梅沢忠男・美原融・宮田修(編著)『日本カジノ&メガリゾート革命』扶桑社)

　シンガポールにおいては2005(平成17)年4月18日にカジノを含むIRの設置が閣議決定されたが、完全に合法化(カジノコントロール法：Casino

Control Act 2006）されたのは2006（平成18）年2月である。ただし、マリナベイにおけるIRの開発、運営のオペレーターを選考するに当たっての条件等が図表6-6のように2005（平成17）年にまず公表され、その後、それらを評価する詳細な評価基準が公表された。

その条件は、マリナベイはシンガポールにおける国際ビジネスの中心部分であるので、その「国際ビジネスの中心部分」という概念が中心となっている。当然のことながらMICEに力点を置いたIRを、シンガポール政府は念頭に置いてマリナベイにおける条件等を設定している。つまり、シンガポール政府は資金力の潤沢なカジノを含むIRのオペレーターに、マリナベイの再開発と、インバウンド観光客の集客と、更なる情報面における国際競争力の強化を、入札を通じて税金を投入することなく実行したことになる。この手法は日本のバブル末期に日本全国で乱立した第三セクター方式によるテーマ・パークとはまったく違った方式であり、きわめて合理的に、シンガポール政府とIRのオペレーターの間にはWin-Winの関係が構築されており、現時点においてはビジネスツーリズムを中心としたIRとしては、きわめて理想的なケースとなりえよう。

② **サンズカジノ**

マリナベイにおける案件の入札に成功したIR運営企業は前述のアメリカのNYSE上場企業のラスベガス・サンズ社である。

写真6-1　マリナベイ・サンズ全体図

© Marina Bay Sands Pte. Ltd. 2008. All rights reserved."

2008（平成20）年7月10日に日本の新観光産業創造国家シンガポール・マカオ・IR法制視察団（著者もそのメンバーであった）が受けた、ラスベガス・サンズシンガポール社のGM/VPシンガポール・デベロップメントのGeorge Tanasijevich氏によるプレゼンテーションによると、このマリナベイでのラスベガス・サンズ社におけるIRプロジェクトは、経済的側面においてシンガポール経済に大きな貢献をするものとしている。シンガポールへの投資4,800億円は歴史史上最大の外国企業からの投資で、2010年におけるシンガポールのGDPへの貢献額は1,710億円、2024年には2,880億円である、としている。

　この4,800億円の資金調達面においては、4,120億円がローン総額となり、史上最大のシンガポールドルによる民間からの資金調達を行った。

　その際には、アジア、北アメリカ、ヨーロッパから30の銀行を含むローン・シンジケートを組んでおり、その中には日本の三井住友銀行およびみずほコーポレート銀行が含まれている。なお、シンガポールにおける雇用の面においては、マリナベイ・サンズにおける業務のほぼ77％をシンガポール人が従事し、直接雇用は1万人であるとしており、2024（平成36）年は国内直接・間接雇用は6万人強に拡大するとしている。

　写真6-1はマリナベイの全体図である。三つの柱のように見えるのがホテルである。そして、その上にはスカイパーク（空中庭園）がある。海側に近い低層の施設は手前からMICE施設、カジノ、シアター、そして最も端に見える少し変わった建物はアートサイエンスミュージアムである。そして一番海側に少し突き出している部分はイベントプラザ、それよりその隣のMICE施設、カジノ、シアターに隣接している細長い施設はショッピングとダイニングエリアとなっている。

(2) ファミリーエンターテイメントを主とした統合リゾート

① セントーサ島

　セントーサ島はシンガポール政府によりリゾート地として1972（昭和47）年より開発されてきた島である。シンガポールの本土とはほとんど離れていない島であり、日本ではマーライオンがあることで有名な島である。この島は、前述のとおりリゾートとして開発が続けられてきた歴史があり、ビーチ、博物館、シアター、水族館、昆虫館などがあり、観光名所として有名であった。このセントーサ島にカジノを含んだIRの設置がマリナベイについで許可されることとなった。

　このIRの開発、運営を行うオペレーターは、マリナベイと同様、入札により決

第6章　MICE／ゲーミング産業／IR

図表6-7　セントーサ統合リゾート開発事業者募集要項骨子

	主要仕様	内容
1	世界一流の象徴的な開発の実現	マリナベイ統合リゾートはアジアの主要国であるシンガポールの現代的イメージにフィットする近代的なスタイルとし、ダウンタウンの中心地区に立地する適切な外観の建築設計であること。また政府都市開発局(URA)の計画仕様、ガイドラインに準拠するものとする(デザイン要求事項、都市管理計画を含む)。
2	サイト	サイトは49ヘクタールで、最大床面積は約343000㎡。土地占有権は60年間。統合リゾートの設計とレイアウトは自然の植栽、フロントは海岸・海である熱帯の島というサイトの地域特性を反映し尊重する。構造体としてはウオーターフロントに沿いあまり高くないこと、オープンスペースがあり、ランドスケープが広く、樹木を保存し、かつ魅力的な日影があること。また、島の残りとの物理的な連結と統合が考慮されている。
3	公共施設	訪問者到着センター、ウオーターフロントに沿いの公共プロムナード、適切な駐車場を設置すること。2006年開業予定のセントーサ急行は直接この統合リゾートとリンクし、これにより一般顧客による統合リゾートへの直接的なアクセスが提供される。主要なアトラクションの例としては、テーマパーク、劇場のショー、教育プログラム施設、国際的な魅力のあるショー、パフォーマンスなどを含む。熱帯地域である特性を考慮し、訪問客の統合リゾートにおける体験を強化するために鍵となるアトラクションの企画・計画には特段の留意をすること。屋外の天候保護用に利用する60000㎡の追加的シェルターを外部アトラクション、観客連絡通路、外部入場待ち行列スペースなどのために考慮すること。これら公共場所における商業活動は禁止する。
4	カジノ・コンセッションとカジノ・ライセンス	統合リゾートの事業者にはカジノを30年間運営できるコンセッションが付与される。事業者はこのコンセッションとは別に、カジノを運営する為に別途カジノ規制機構に対しカジノ・ライセンスを申請し、これを取得しなければならない。セントーサカジノに関する契約締結後10年間にわたり、シンガポールにおけるライセンスは二つのみとする。
5	法と秩序に関する要求事項	統合リゾートの事業者は監視システム、警備・マネーロンダリング対策等に関しては規制当局の要求・水準に準拠する。
6	ゲーミング対象区画並びに使用機械の制限	ゲーミング対象区画の許容最高スペースは15000㎡とする。認められるゲーミング機械設置数は最高2500台までとする。
7	社会的なセーフガード措置	統合リゾートの事業者は下記を順守しなければならない。 ・21歳以下の者のカジノ入場禁止。 ・シンガポール居住者からの入場料$100/日ないし$2000/年の徴収。 ・自己排除、第三者要請による顧客排除プログラムの採用。 ・依存症・ヘルプサービス、ゲームの規則、オッズなどの対顧客情報の開示。 ・カジノ並びにカジノギャンブル広告の禁止。 ・シンガポール居住者に信用貸しすることの禁止(プレミアム顧客は例外)。 ・カジノ施設内に現金引き出し機(ATM)を設置することの禁止。 ・顧客損失条件を任意に設定できるシステムを設けること。
8	カジノ税	統合リゾートの事業者は、通常の顧客の場合毎月粗収益の15%(プレミアム顧客の場合5%)のカジノ税を支払う。政府は最低15年にわたり、この税率を上げない。粗収益には現行の一般消費税(GST)を賦課する。
9	相互株式保有の禁止	一つの統合リゾートの支配株主は、もう一つある統合リゾートの株式を保有したり、カジノ事業の運営管理をする契約を締結することはできない。支配株主とは、落札者の直接的間接的株式の最低20%を保有する企業とする。
10	開始要求事項	統合リゾートの事業者は提案された床面積の最低半分が完工し、コミットされた投資額の最低半分が投資され、かつ提案された開発地域の最低半分が完工した段階で始めてカジノ・ライセンスを申請できる。統合リゾートの事業者はコミットした開発投資の100%カジノ・ライセンス発行後3年以内に実施しなければならない。
11	選定評価判断基準	評価判断基準は下記となる。 ・観光にとっての魅力と貢献(45%) ・施設設計・コンセプトの優位性(25%) ・コミットされる開発投資の程度(20%) ・コンソーシアム並びに構成員の強さ(10%)、上記%はあくまでも概算となる。
12	土地代金	マリナベイと同様に、開発の効果とシンガポールにとっての経済的便益を向上させるため、地点を開発するにはベストなコンセプトを提案することができ、これは政府にとっても選定判断を容易にする。セントサ開発に関する土地代金はS$6.05億ドルでマリナベイと同様、シンガポール企業Knight Frankと米国Las vegas CB Richard Ellisが評価した金額となる。

出典：シンガポール政府観光局2005年11月4日資料(一部内容を美原氏が簡素化して翻訳：美原・前掲書)
『リゾート革命』扶桑社

定された。このエリアの入札に成功したIRのオペレーターは、マレーシアのクアラルンプール市場に上場しているカジノを含んだIRのオペレーターであるゲンティン・インターナショナル（実際に運営するのはリゾート・ワールド・セントーサ：ゲンティン・インターナショナルの100％出資会社）社であった。やはり、2010年にオープンした。

マリナベイと同様、セントーサ島におけるIRの開発、運営のオペレーターを選考するに当たっての条件等が図表6-7のように公表された。

その条件は、セントーサ島はシンガポールにおけるファミリー・リゾートの中心部分であるので、マリナベイと同様にMICEに力を入れる一方で、マリナベイと比較して「ファミリー・リゾート」という概念に重みが置かれている。

このことは、マリナベイにおける入札の条件の評価基準においては図表6-6のように、観光魅力と観光への貢献（40％）、開発投資の規模（30％）、建築的都市デザイン上の優位性（20％）、コンソーシアムの優位性とパートナーの実績（10％）であるのに対し、セントーサ島におけるそれは図表6-7のように、観光にとっての魅力と貢献（45％）、施設設計・コンセプトの優越性（25％）、コミットされる開発投資の程度（20％）、コンソーシアム並びに構成員の強さ（10％）となっており、マリナベイエリアと比較すると、よりファミリーエンターテイメントに重点を置いたIRを目指していることが見て取れよう。以上のことより、セントーサ島はファミリーエンターテイメントを主としたIRとしては、きわめて理想的なケースとなりえよう。

② **ゲンティンカジノ**

セントーサ島における案件の入札に成功したIR運営企業は、前述のマレーシアのクアラルンプール市場上場企業のゲンティン・インターナショナル社である。2010（平成22）年にグランド・オープンした。

2008（平成20）年7月9日に、日本の新観光産業創造国家シンガポール・マカオ・IR法制視察団が受けたリゾート・ワールド・セントーサ社のChief ExecutiveOfficerであるTan Hee Teck氏らによるプレゼンテーションによると、このセントーサ島におけるゲンティン・インターナショナル社によるIRプロジェクトは、経済的側面においてシンガポール経済に大きな貢献をするものとしている。総投資は60億S＄（42億US＄）であるとし、1万人以上の直接雇用、そして3万5千人の間接雇用をもたらし、1年間における観光客数として1,500

写真6-2, 6-3　セントーサ島IR完成図(左：入り口付近、右：ホテル等)

(c) 2006 Resorts World at Sentosa

万人を見込んでいるとしている。

　「ファミリー・リゾート」という概念に重きが置かれていることより、このIR内には「ロスト・ワールド」、「ハリウッド大通」、「エジプト」などの6大テーマゾーンから構成される「ユニバーサル・スタジオ・シンガポール」が設置された。このユニバーサル・スタジオでは24の乗り物とアトラクションが呼び物になるだろうとされる。また、200万ガロンの水中に70万匹以上の魚が泳ぐ世界最大の水族館である、「マリン・ライフ・パーク」も設置されることとなっている。この水族館では、初めて鮫をメインとしたプログラム（巨大なジンベイ鮫と一緒に泳ぐ、イタチ鮫の餌付け等）が設けられるなど、ユニークな催しがされることとなっているとされる。その他にも、海事博物館、エクエリアス・ウオーターパーク、フェスティブ・ウオーク（食事、ショッピング、テレビ制作への参加、さまざまなショー等が楽しめるエリア）、ミュージカル、ESPA（スパ）などが設置されることとなっており、すべての層が楽しめるIRとして稼動した。

　また、当然のことながらMICEへの対応も行っており、著名なホテル（ホテル・マイケル、マキシムズ・レジデンシーズ、フェスティブ・ホテル、ハードロック・ホテル、エクアリアス・ホテル等）も設置され、会議室等も十分準備されている。

4．MICE／ゲーミング産業／IRを通じたホスピタリティ

　グローバル市場では、外国人観光客の争奪戦が発生している。人の移動によって資金、情報が移動し、それらが国を富ますことになるからである。ホスピタリティ・マネジメントが可能な国・地域には、多くの人が流入し、結果的にそれが利益にも

つながってゆく。

　そのため、世界各国はこぞってインバウンド観光客の誘致を産・官・学で政策を練り、国策として推進している。日本ではようやく2006（平成18）年に観光立国推進法が制定され、観光産業を国の基幹産業として位置づけ、インバウンドの観光客の誘致を体系的に行おうとしているが、世界の国々、特にアジアの諸国と比較して大幅に遅れをとっている事実は否めない。アジア諸国においては、日本はいち早く近代化を成し遂げた国としてさまざまな分野で手本とされてきたが、こと国際観光に関しては現在の状態は決して誇れるものではない。インバウンドの観光客の誘致に関しては、ここ10年ほどのインバウンド観光客、そして国際会議の開催件数を見てみても、他のアジア諸国に大きく水を開けられているのが現状である。つまり、アジアにおけるホスピタリティの後進国になりかねない状況にあるということになる。

　かつて、アジア諸国は日本を見習えとの掛け声のもとに、さまざまな近代化を成し遂げてきたが、国際観光に関してはアジア諸国を大いに参考にすべきではないだろうか。特に政策的に、体系立て、戦略的に国際観光の振興を行っているシンガポールのIRの事例は、日本にとって非常に良い「お手本」となりうるだろう。

　　　　　　　　　　　　　　　　　　　　　　　　　　　　（佐々木　一彰）

参考文献

Caillois, R.（1967）, *Les Jeux et les Hommes, Édition Revue et Augmentée*. Gallimard（多田道太郎・塚崎幹夫訳（2004），『遊びと人間』，講談社学術文庫）．
Hannun, R. C. & A. N. Cabot（2001）, *Practical Casino Math*, Institute for the Study of Gambling &Commercial Gaming.
Kaplan, R. S. & D. P. Norton（2001）, *The Strategy-Focused Organization: How Balanced Scorecard Companies Thrive in the New Business Environment*, Harvard Business School Press（櫻井通晴監訳（2001），『キャプランとノートンの戦略バランスト・スコアカード』，東洋経済新報社）．
Kaplan, R. S. & D. P. Norton（2004）, *The Strategy Maps:Converting Intangible Assets into Tangible Outcomes*, Harvard Business School Press（櫻井通晴・伊藤和憲・長谷川恵一監訳（2005）『戦略マップ』ランダムハウス講談社）．
McGowan, R. A.（2001）, *Government and the Transformation of the Gaming Industry*, Edward Elgar（佐々木一彰訳（2005），『ゲーミング企業のマネジメント』，税務経理協会）．
谷岡一郎（2002）『カジノが日本にできるとき』PHP新書．
谷岡一郎・松田道弘（2005）『カジノゲーム入門辞典』東京堂出版．

コラム 6-1．ホスピタリティ拡張論に向けての試論　　　（重田 玲子）
■ジャズライブにおけるホスピタリティ

　音楽にはさまざまなジャンルがあるが、「ジャズライブ」は、バーやレストランで、4人前後の編成のバンドで演奏されるジャズナンバーを、聴衆がお酒や食事とともに楽しむというのがオーソドックスなスタイルである。

　演奏される曲目は当日に決定されることがほとんどで、本番前に行われる打ち合わせで大まかな部分が決められる。細かな部分は、プレーヤー同士が演奏中に、アイコンタクトや簡単なジェスチャーでコミュニケーションしたり、メインのプレーヤーの奏でるメロディなどに合わせたりする形で調整される。プレーヤーは、その時々によってめまぐるしく移り変わる、「その場」のさまざまな要素を受け入れたり取り入れたりしながら演奏してゆく。つまり、その場での即興で創りあげている要素が大きいと言える。

　また、聴衆側では、会話をしたり食事をすることは、演奏を妨げないものであればマナー違反ではない。食器の鳴る音や、小さな話し声なども、時には演奏のスパイス的なものになる。

　プレーヤーは、なじみのあるスタンダードナンバーを演奏するだけでなく、曲や作曲者などについて解説をしたりして、聴衆とコミュニケーションを取ろうとすることもしばしばである。さらには、手拍子や掛け声を促したり、リクエストを募ったりするなど、聴衆にも参加してもらい、双方向のコミュニケーションにも心がけている。こうしたことによって会場は一体感に包まれ、聴衆側では、隣り合った聴衆同士が知り合いかどうかにかかわらず言葉を交わすようにもなる。

　このように、本来の目的である「お酒や食事とともに演奏を楽しむこと」のほかに、それぞれの楽しみ方を見つけ、より満足をしてもらうべく努めることも可能となる。こうして、それぞれの楽しみ方を見出した聴衆の中には、ジャズの歴史やスタンダードナンバー、有名なプレーヤーについての知識などを知ることで、再びライブに足を運ぶことになる者も出現しよう。そのようにしてリピーターとなった聴衆は、プレーヤーにとって、より一層、関係を意識する存在となるだろう。すると、プレーヤーは聴衆のさらなる満足を目指して、あの手この手で空間をマネジメントしようとするだろう。ただし、その前提として、プレーヤーは、より完成度の高い演奏をするべく、知識を深めることや、演奏技術や感性に磨きをかけることなどに努める必要がある。

ホスピタリティ・マネジメントの目的の1つは、関係性をマネジメントして、他者とともに単独ではなし得ない新しい価値を創出することである。このことを踏まえると、演奏のみで聴衆に満足してもらうだけではなく、会場にいる全員で音楽を軸としたプロセスを創りあげることで、プレーヤーも聴衆も満足度を高め、新たな価値の創出を試みるようなプレーヤー（と聴衆）の姿勢は、音楽におけるホスピタリティ・マネジメントの一例であると考えられる。プレーヤー自身の演奏技術や感性をブラッシュアップすること、あるいは聴衆の知識や感受性を深めようとする姿勢などが、このような関係性構築を実現するには重要な要素となるものであると思われる。

第7章
その他のサービス／
　　　　　ホスピタリティ産業

1 その他のサービス／ホスピタリティ産業

1．その他のサービス／ホスピタリティ産業とは

　米国を中心としたホスピタリティへのアプローチとしては、前述したとおりホスピタリティ産業論としての方向性である。その中にあって、ホスピタリティ産業と規定されているもののうち、本書でまだ議論していない要素は以下のとおりである（もちろん、研究者によって多少の差異がある）。
- 料飲産業
- ケータリング／供食サービス
- レクリエーション施設／テーマ・パーク
- 会員制施設（ゴルフ場のようなスポーツ施設、ナイトクラブのような社交施設に分けられる）
- イベント産業

　さらに、本来であれば医療機関はホスピタリティの象徴的な存在でもあるが、医療機関は「ビジネス」としてとらえることには若干の無理があると考えられる。最近では、こうしたビジネス的なアプローチも求められるようになってきてはいるが、やはり社会的な存在という側面もあるため、本書では扱わないこととする。米国の「ホスピタリティ産業論」においても、論じられないことが多い。
　ただし、コラムにおいて、歯科における事例について言及する。

2．本書で扱う産業

　本書では、上記のうち、料飲産業、ケータリング／供食サービスとレクリエーション施設／テーマ・パークについて扱う。また、ブライダル産業についても独立した節を設けて論じる。料飲産業、ブライダル産業とケータリング／供食サービスは、それぞれ近い面もあるが、異なる面も多い。また、レクリエーション施設／テーマ・パークはホスピタリティ産業全体における今後のけん引役と目され、かつ代表格とも言える企業が含まれていることから、それぞれ考察することとした。
　他のホスピタリティ産業については、Walker（2009）などに詳しい解説があるので、そちらを参考にしていただきたい。

2 料飲産業

1．料飲産業の現状とホスピタリティ

　2000年代後半は、料飲産業においては波乱の時代であったと言えよう。

　伝統を誇るミシュランが、初めて日本版を出版したのは記憶に新しい。華やかなセレモニーの中、世界初の寿司店や和食店が3つ星を獲得し、大きな話題になった。

　一方で、食品関係の不祥事も続発した。例えば、船場吉兆の食品偽装事件では、同社の再生を許さない形で幕となった。また、外食産業最大手のマクドナルドでも、都内4店でサラダの調理日時張り替えといった不祥事が発覚したし、ミシュランで星を獲得した「神楽坂・石かわ」についても、委託製造の黒豆瓶詰からセレウス菌が発見され、当該製品の自主回収を余儀なくされた。

　料飲産業の中でも外食産業は、全体的にはこれまでの成長がなし得なくなってきている面があることは否定できない（図表7-1）。実際に各業態別の成長率も落ちてきている（図表7-2）。これは、少子高齢化や業界が成熟化しつつあるといったマクロ的な要因もあるが、ミクロ的に個別企業を眺めた場合、それ以外の問題点が多々見受けられるのも事実である。例えば上記ほど大規模でなく、かつグレーゾーンとも言えるような事例は、外食産業には多いと言われている。こうした方向性では、消費者が目を背けてしまうことになるのも仕方ない面はあるだろう。

　外食産業における売上順位は、ファースト・フードやファミリーレストラン、そして居酒屋といった、大規模にチェーン展開している企業がほとんどであり、こうした事業者は皆、セントラル・キッチンのシステムを導入している。これらの市場拡大は、以下のようなプロセスでなされたものである。

　まず、料飲サービス事業者は、かつては小規模事業者のみが数多く存在するという状況であった。業界として見た場合には、こうした小規模事業者の集合体であったと言えよう。これが、セントラル・キッチンなどによる産業化を経て、大規模なチェーン展開へと向かうことになる。しかし、ある程度まで市場が拡大したあとは、競争の激化に伴い専門化が行われ、例えばファミリーレストラン業態で言えば、和食、中華、イタリアンなどに業態分化していくことになった。

　外食産業で興味深いのは、1つには前述のミシュランのような例でもわかるとお

図表7-1　外食産業市場規模の推移（兆円）

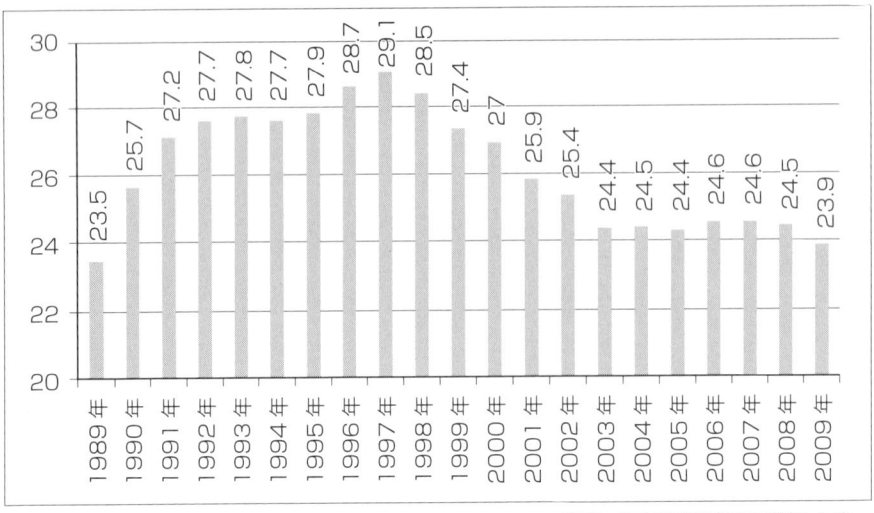

年	兆円
1989年	23.5
1990年	25.7
1991年	27.2
1992年	27.7
1993年	27.8
1994年	27.7
1995年	27.9
1996年	28.7
1997年	29.1
1998年	28.5
1999年	27.4
2000年	27
2001年	25.9
2002年	25.4
2003年	24.4
2004年	24.5
2005年	24.4
2006年	24.6
2007年	24.6
2008年	24.5
2009年	23.9

出典：外食産業総合調査研究センター

図表7-2　外食産業業態別成長率推移（前年比売上）

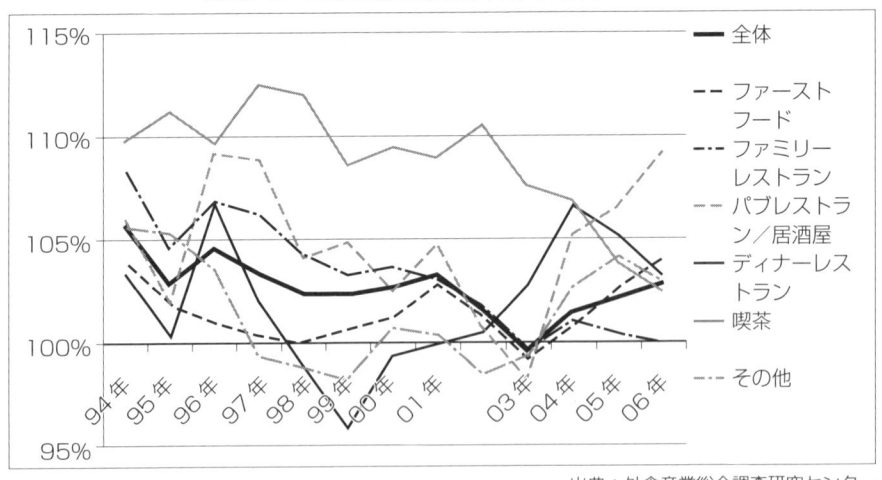

凡例：全体／ファーストフード／ファミリーレストラン／パブレストラン・居酒屋／ディナーレストラン／喫茶／その他

出典：外食産業総合調査研究センター

り、小規模な事業でも大きなプレゼンスの事業者も存在しているということである。これは、ホテルにおいても同様だが、必ずしもサービス／ホスピタリティ産業においては、売上規模こそが経営上の大きな強みになるわけではないということを示し

ている。

　モノを製造する場合には、規模の利益が大きく利くことになるが、サービス提供の場合には、在庫ができない以上、消費者には来訪してもらうほかなく、結果としてニッチ市場の魅力度が高くなるといった、別の価値尺度も併存するようになるのである。

　もう1つは、カウンターの存在である。通常「カウンター」は横に長いテーブルで、日本以外ではあまり高級な飲食店には見られないものである。だが、わが国では寿司屋や割烹など、カウンターを主軸としつつ、客単価にして1万円を超えるような店が多く存在する。さらにはフランスの3つ星レストランのシェフ、ジョエル・ロブションがこの「カウンター」を自分のレストランに導入し、2つ星を獲得したりもしている。

　「カウンター」は料理人が直接的に消費者と接しつつ料理を含むさまざまなサービス提供を行える場である。そこでは定型的なサービス提供のみならず、応用的なサービス提供も自在であろう。そのため消費者のさまざまなニーズに応えやすい可能性がある。このような事実を踏まえると、「カウンター」がわが国の飲食店の顧客ニーズ対応力の向上に果たした役割は無視できないであろう。

図表7-3　カウンター例

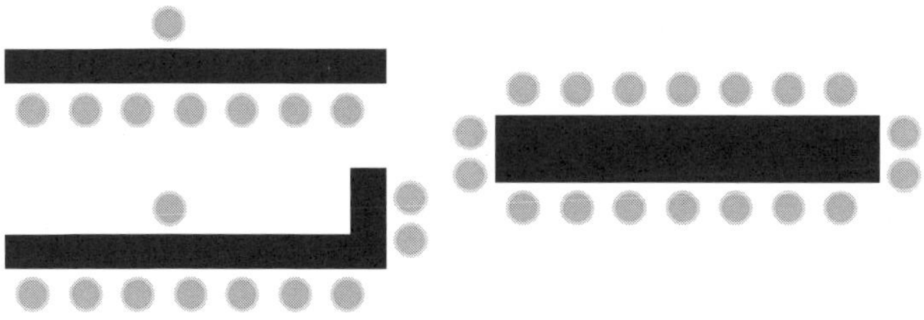

著者作成

　そこで本節では、こうした料飲産業における不確実性と確実性、そして不確実性を逆に武器としうるカウンターを軸として、料飲産業におけるホスピタリティについて考察してゆく。

2．料飲産業の特性

　料飲産業においてはプロセスとしてのサービスと、食材や飲料というモノの要素

との両方を提供している。サービスの特性については第3章で述べたとおりであるので、ここでは、食材や飲料という点から、モノの特性について考えておく。

(1) 原価の変動

料飲産業で扱う食材には、価格変動が大きなものが多い。そのため、メニューに載せている以上はそのための仕入れをしなければならないが、仕入れが高かったからと言って仕入れないわけにもいかず、もちろん価格を変更して対応するわけにもいかない。ある程度安定した価格で仕入れるための努力も重要であるが、限界がある。

価格が安定しているものには、海産物では養殖に成功したものなど、その素材では差別化が困難なものも多い。仕入れの安定を軸に事業としての安定度を求めると、どうしても食材での差別化が難しくなる。

(2) ロス

食材や一部の飲料は、ロスしやすいものが多く扱われている。やはりメニューに載せている以上は仕入れをしなければならないが、すべての商品が満遍なく注文されるわけではないので、どうしてもロスが発生する可能性が生じてしまう。

これを防ぐために、顧客の注文をなるべく正確に把握し、売れ残りによるロスも売り切れによる販売機会逸失も避けるように努めるのが前提となる。一方で、複数商品間での食材の共有による危険性回避や、冷凍食品・業務用食品の導入による保存期間延長も一考に値しよう。

(3) 需要の極端な時間的偏在

人間が食事を摂る時間は非常に偏っている。真夜中に大量の食物を摂取する人間もいないではないが少数であり、需要の大多数は朝7時〜8時頃に朝食を、昼12時〜13時頃に昼食を、夕方18時〜20時頃に夕食を摂るというのが普通であろう。

そもそもサービスは在庫が利かない上に時間的な需要の偏在があるが、料飲産業においては、それがより一層極端なのである。ここまで需要が偏在してしまうと、他の時間はサービス生産に必要な設備や人員が遊休化してしまうために、料飲産業においては、ことさらにこの点についての留意が必要である。

かつての小規模店はこの時間を休憩などにあてるケースが多かったが、積極的な対応とは言えなかった。最近では需要そのものに働きかけるような方策もさまざまに試みられている。

3．料飲産業における不確実性と関係性

　サービスにはさまざまな不安定要因が存在する。だが、不安定な要素ばかりに重きを置いては、事業を安定してマネジメントすることは困難である。これまでの料飲産業においては、安定的な品質の商品提供をセントラル・キッチン方式により実現し、サービス面においてはマニュアルでの接客対応を完璧にすることで、大規模なチェーン展開を実現してきた。

　だが、こうした画一的なサービス提供では飽き足らない消費者の存在が、安定性へのアンチテーゼを投げかけ、その結果、ファミリー・レストラン・チェーンの苦境につながったとも言えよう。きちんとサービス・デリバリー・プロセスを管理することで、安定的なサービス提供を実現することは非常に重要なことであるが、顧客側からすれば、どうしても事前に品質の予測がしやすくなるために価格競争になりやすい。

　そこで、こうした価格競争を避けるために、差別化の要素として、第3章で説明した関係構築による主観的品質の向上も1つの解決策として提示しうるだろう。一方で、主観的品質は本来的には外部からのコントロールは困難であるとも考えられる。だが、この主観的品質への関係を利用したアプローチによって、サービスとしての特性も、料飲産業としての特性も、ともに解決を目指す可能性が生じる。

　例えば、小規模な飲食店に通っていると、やがて店側からの呼び方が「お客さん」から「〇〇さん」へと変化し、「個人」としての把握がなされ、いわば One to One な関係となる。そして、何も言わなくても好みの料理や飲み物を把握していてくれるので、客の側からは自分の好みに合った量や種類の料理や飲み物の提供を受けることができ、果ては全く注文しなくても済むようにまでなったりする。店側にモノの要素の提供は任せてしまうようになる。こうなると、食材の原価変動やロスに対する心配はあまりしなくてもよくなるだろう。

　店主のお祝いごとがあった場合には、まるで家族のそれであるかのように一緒に祝ったりするし、他の客とも親しくなって、あたかも家族であるかのような関係となったりする。ここまで濃密な関係が構築されると、顧客は家でも職場でも純粋なプライベートでもない「もう1つの空間」がこのような小規模店に実現されて、そこでの関係そのものを消費していると指摘することができる。すると、ある程度は店側の状況に応じた需要創出を顧客側で行ってくれたりもして、時間的偏在の問題

にも対応しやすくなる。そしてもちろん、主観的品質へのアプローチの可能性も生じてくるのである。

このような状況でのポイントは、個別性とそれを実現可能な関係性ということになる。つまり、サービスが行為的・機能的解決であるという立場に立つと、ビジネスは顧客のニーズや欲求を把握することから始まる。もちろん、そのニーズや欲求は多様であるから、そのニーズや欲求に合わせた商品ラインナップを構築したり、ニーズや欲求に合わせたデリバリー・システムを構築したりすることになる。すなわち、メニュー考案、マニュアル作成や、従業員の行動についての教育といった方向である。

一方で、個別的対応を目指す関係によるマネジメントの前提としては、顧客との価値創出を目指すところから始まる。例えば、当該店舗での店側との関係による「あ・うん」の環境づくりや、他の顧客との関係構築による新しい店の楽しみ方の創出などである。ここでは価値創出が可能なプロセスの構築をしたり、価値創出しつつデリバリーするシステムの構築をしたりする。すなわちその施設のテーマや価値観の共有、あるいは多様な顧客に対する志向としての対応力の育成などである。これらを対比させると図表7-4のようになる。

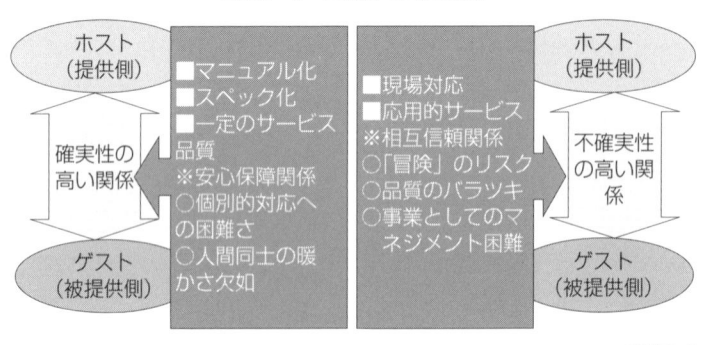

図表7-4 2種類の問題解決

ホスト（提供側）⇔ゲスト（被提供側） 確実性の高い関係	ホスト（提供側）⇔ゲスト（被提供側） 不確実性の高い関係
■マニュアル化 ■スペック化 ■一定のサービス品質 ※安心保障関係 〇個別的対応への困難さ 〇人間同士の暖かさ欠如	■現場対応 ■応用的サービス ※相互信頼関係 〇「冒険」のリスク 〇品質のバラツキ 〇事業としてのマネジメント困難

著者作成

4．カウンターに見られる対応

こうした個別的対応による関係性マネジメントが行われる場として、カウンターについて考察する。前述したように、サービスはその生産にさまざまな不安定要因

を抱えているが、個別的対応を究めてゆくと、カウンターでの店側と顧客側とのコミュニケーションに目が向けられよう。

　サービスはプロセスを提供するのであるが、いわばそのプロセスをスペック化して値段をつけている。しかしながらモノと異なり、事前にスペックを比較したりして把握できない以上、細分化されたニーズや欲求に応えるのは困難である。それを補っているのがカウンターすなわちサービス・エンカウンターにおける「人」のホスピタリティということになる。

　さらに、カウンターでサービス提供をすることによって、従業員側の満足も図れるケースがある。線が引かれてはいるが、同じコミュニティとしての人間関係がそこには存在し、従業員が自分のレーゾン・デートルを保ちえることからも多くのメリットが生じる。

　もちろん1人1人のサービス・スタッフには、それぞれ接客面や技術面でのバラつきが生じてしまうことも多い。しかし、一定の年月、カウンターで接客を行った経験を持つ者は、多くが個別的対応をとことんまで追及している姿勢が見受けられる。そのために、バラつきについても「いいバラつき」ととらえられるケースまで存在する。

　このような対応によって不確実性の高い関係から主観的品質への直接的関与が可能になるが、ここで気をつけねばならないのは、店と顧客A、店と顧客B…という多数の顧客に対して、組織的にマネジメントすることが難しいという点と、顧客Aと顧客B、顧客Aと顧客Cなどという顧客間の関係についてのマネジメントはさらに難しいという点である。

　ルールに従った「安定的」な「確実性の高い」関係構築ではない以上、こうしたマネジメントには困難さがつきまとうのは仕方ない。もちろん、そうした「不確実性」があるからこそ、顧客は「個」としての自身を認識することが可能となり、自分のレーゾン・デートルを確立しうるという「価値」も獲得するのである。店と顧客の側との関係のマネジメントでは、例えば忙しい時に常連がカウンターに入って洗い物を手伝ったりするなど、店と顧客の側との垣根がきわめて低く（場合によっては撤廃さえ）なってしまった場合に、さまざまなトラブルの原因ともなってしまうということも認識しておかなければならない。

　こうした場合に問題となるのは、店側と顧客側とが常に「不確実性が高い」環境にあることで、もちろんこれが1つの魅力にも繋がる要因ではあるのだが、そのマ

ネジメントには独特の感性や個人的技能に近い接客術といった、個人事業の範囲を超えられない要素が多々あるのも事実である。この解決には、組織レベルのホスピタリティ・マネジメントの考え方が必要とされる（第8章を参照）。

　いずれにせよ、わが国の飲食サービスにおいては、カウンターの存在がサービスの提供にさまざまな影響を及ぼしている。寿司屋は屋台からスタートしたと言われているが、これを現在のような寿司店にまで昇華させ、さらにフランス料理にまで影響を及ぼすに至ったのは、その背景においてサービスの持つさまざまな不安定要因を、サービス提供者が持つホスピタリティでむしろ「強み」にまで転換しえた面が大きい。サービス受益者の目の前で、応用的サービスの提供、ひいてはサービスの「スペック」を超えた満足を提供するための場として、料飲産業においてカウンターはむしろ必須の存在となってきていると考えられる。

5．組織的解決への可能性

　サービスやホスピタリティにかかわる問題解決のポイントとしては、これまでのサービス関係諸論の先行研究によって、さまざまな行為的解決や機能的解決の手法が提示されてきた。しかしながら、ここでの主観的品質に働きかけるような関係的解決の手法や、寿司のように目の前で1つ1つ作るような個別性の高い、すなわち相対的に安定性が低くなりがちな対象についての問題解決手法については、これまで触れられてこなかった。

　寿司は職人が目の前で、しかも素手で握ったものを、顧客が食するというきわめて特殊な環境のビジネスである。特に天然モノを仕入れているような寿司店では、客観的品質の安定化さえなかなか難しい。例えば、その日の仕入れ次第で提供可能な商品が決まってしまうため、毎日同じものを出すことが難しかったり、また、厳密に言えば同じ「大トロ」でも、部位によって味が異なったりするからである。さらに、顧客によってはゆっくりと酒を飲みながら2〜3時間を過ごす場合もあれば、30分程度でさくっと食べて、夜の街に消えていくようなケースも多いなど、顧客側の利用スタイルにも多様性がある。

　こうした寿司店においては、ほとんどの場合、板前（小規模店であればその店の主人）、女将（小規模店であれば主人と夫婦）、という役割分担が存在する。これは規模の大小には関係なく、あるいは経営主体が大規模なビジネスを展開しているか個人経営かにも関係なく、同様な役割の存在がある。ここで重要なのは、例えば板

前が寡黙で、客観的品質（すなわち寿司そのものを握ること）の安定化、高品質化（すなわち同じ材料でも少しでも美味しい寿司に仕上げるために、持てる技量のすべてを尽くすこと）に常に努めるような行動パターンの場合、女将は会話を中心とした個別性の高い応用的サービス提供によって関係による主観的品質の向上に努める行動パターンを示している傾向が高く、逆に板前が顧客ごとにさまざまな寿司を提供したりいろいろな会話をしたりしている場合には、女将は頼まれたことをきちんと行うような接客を実践している傾向が高い。

　これらのケースにおいては、一部に不確実性の高い関係が構築されている一方で、主人や店長の価値観や方針の共有に対して、非常に多くの努力がなされており、逆にそうした価値観や方針と合わない従業員は淘汰されてゆく傾向がある。逆に価値観や方針さえぶれなければ、主人や店長と違う調理法や接客に対しても、場合によっては「いいバラツキ」ととらえることさえありうるわけである。

　このような傾向は、他の飲食店でも多く見られる。例えば「医療」を主題とした、とあるテーマ・レストランにおいては、「いらっしゃいませ」ではなく「入院です」と言った言い回しで、その店内における雰囲気作りを行っているほか、個々のスタッフもそうしたテーマに対してこだわりを持ち、他にも言い換えられる表現がないかを話し合ったりしている。そのような表現を試行することについては、特に制限はない。また、とある小規模な割烹でも、女将が顧客の好みの食材やお酒をメモしているのを見て、スタッフたちも顧客との会話から顧客の好みを知った場合に、同様にメモを取ろうという雰囲気になったりしているという。

　さらに株式会社グローバル・ダイニングは、店舗ごとにさまざまなテーマを設定し、それに合わせた内装作りなどもしているが、各店舗のオペレーションは店長に大幅な権限が移譲されており、さらに個別のサービス提供についても、それぞれのスタッフの自由度が高く、自分たちなりの関係構築の努力が多くの場面で垣間見られる。一方で「食を楽しむ空間の提供」という絶対的な価値観については、全体での共有を常に意識している。

　これらは主人（または女将）と顧客とは確実性の高い関係を構築しておき、一方で女将（または主人）と顧客とは不確実性の高い関係による価値創出を目指していると言えよう。大規模になれば、経営と従業員、経営と顧客とは安定的な関係でありながら、従業員と顧客とは不安定な関係による価値創出を実現し得よう。

6. 料飲事業におけるホスピタリティ

　以上をまとめると、料飲事業においては、不確実性の高い要素とそうでない要素とを店の中で切り分け、それぞれに役割を分担することで確実性の高いホスピタリティの提供が可能となることがうかがえる。その際、テーマや価値観、尺度といったものの共有は、たとえ小規模店で関係するスタッフが2，3人だとしてもなされなければならない。つまり、テーマや価値観、尺度と言ったものを軸としつつ、それぞれの顧客との関係性をマネジメントすることが料飲事業におけるホスピタリティの根幹にあるということが理解できよう。

（徳江 順一郎）

第7章　その他のサービス／ホスピタリティ産業

3 ブライダル産業

1．ブライダルの現状

　結婚式とは、個人が主役になれる数少ない一大イベントである。このイベントに前後して行われる結納から新婚旅行までを含めると、トータルの費用の総額は平均437万円にもなる（『ゼクシィ結婚トレンド調査 2010』より。以下の数字はすべてこの調査に基づく。また各数字は、特記以外は2010年度における首都圏の数字）。これだけの金額が1組の結婚に際して動くことを踏まえると、ブライダル産業が一大産業となるのは当然のことのように思われる。

　内訳をみると、挙式と披露宴が336.5万円でもっとも多く、次いで新婚旅行の52.4万円、婚約指輪の36.7万円、結婚指輪の21.5万円と続く。また、挙式・披露宴の平均額は、不況にもかかわらず、ここ数年のあいだに80万円前後増加している（図表7-5）。

　さらにこの挙式・披露宴の内訳は、挙式料が26.8万円、披露宴の料理・飲料が113.5万円、新婦の衣装に40.4万円、新郎の衣装に14.6万円、司会者に7万円（プロに依頼した場合のみ）、親へのギフトに3.6万円、映像を使った余興や演出に6.9万円、ブーケで4.7万、ブライダルエステが8.9万円、ヘアメイクに8

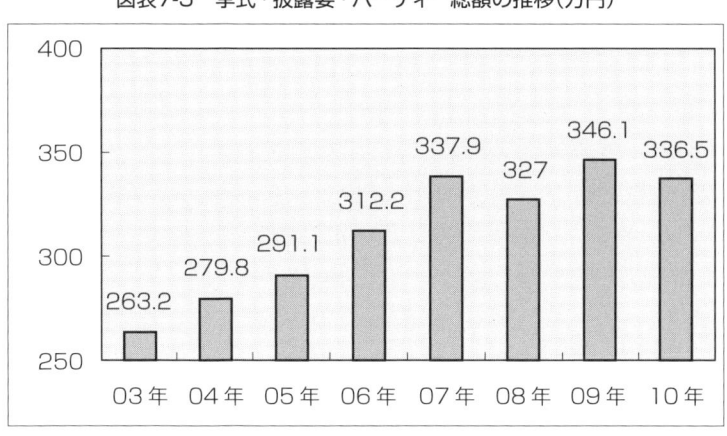

図表7-5　挙式・披露宴・パーティー総額の推移（万円）

03年	263.2
04年	279.8
05年	291.1
06年	312.2
07年	337.9
08年	327
09年	346.1
10年	336.5

出典：『ゼクシィ 結婚トレンド調査 2009／2010』より（首都圏）

万円、引出物を含むギフトに32.8万円、装花に17.8万円、写真に20.7万円、ビデオに16.5万円、その他、席札・席次表・メニュー表・プロフィールパンフレット・ウェルカムボードなどのアイテム…となっている。これら個別の要素も全体的に、ここ数年は上昇傾向にある。

このように、ブライダルに関連するビジネスはきわめて多岐にわたることがうかがえる。さまざまな事業が複雑に絡み合って、ブライダル産業が成り立っているのである。そこで、次にブライダル関連事業についてまとめておきたい。

2．ブライダル関連事業

わが国のブライダル市場において中心となるのは、挙式・披露宴を行う結婚式場である。ホーム・パーティで結婚を祝うスタイルなども存在する諸外国と異なり、わが国での結婚にまつわる行事は、ほとんどが専門の施設で行われる。そのため、多くの関連事業についても、あくまで式場を中心とした関係がそこに存在することになる。

結婚式場の約半数がホテル、そして専門結婚式場が約3割で、ここには最近急激に伸長しているゲストハウスも含まれている。そして、他には共済などの施設と地方公共団体の管理運営施設、その他の施設となる。

ホテルでの挙式・披露宴は、一部の上流階級においては明治時代から行われていたが、一般に広がったのは昭和40年代以降である。ホテルの最大の強みは、ありとあらゆる施設が揃っていることである。招待客の控室以外にも数多くの飲食施設があり、招待客はいろいろな場所で時間をつぶすことが可能であり、もちろん宿泊施設でもあるから、遠方からの招待客にも対応できる。特に、かつてのような「社長就任披露パーティー」が減少している昨今では、ホテルの宴会部門はブライダルの売上げのウェイトが大きくなってきていると言えよう。

専門結婚式場の第1号は、1931（昭和6）年に開業した目黒雅叙園であると言われている。戦後、1946（昭和21）年に東條會舘、翌年には明治記念館が開業した。これらは総合結婚式場と言われ、椿山荘や八芳園、そして東京會舘もこの代表格である。また、互助会系の会場としてはかつての平安閣（現：アンフェリシオン）、セレマ（マリアージュ玉姫殿、アル・マーレなど）、ベルコ（ベルクラシック）、日本セレモニーなどがある。このカテゴリーで忘れてはならないのはゲストハウスで、上記の目黒雅叙園や、かつては公共であったメルパルクを子会社化したワタベ

ウェディング、テイクアンドギヴ・ニーズ、ベストブライダル、紳士服のAOKIホールディングスの子会社のアニヴェルセル、プラン・ドゥ・シーなどがある。

共済や公共の施設としては、国家公務員共済組合のKKRホテル＆リゾーツ、公立学校共済組合のホテルフロラシオン青山やホテルブリランテ武蔵野、厚生年金事業振興団のウエルシティ（旧：厚生年金会館）、全国国民年金福祉協会連合会によるエミナース、日本私立学校振興・共済事業団によるガーデンパレスなどが存在する。かつては他にも雇用・能力開発機構のサンプラザ、農林漁業団体職員共済組合の虎ノ門パストラル、前述したメルパルクなどがあったが、いずれも民間に売却されている。

レストラン・ウェディングは、1990年代に伸びたカテゴリーで、一時は急速に売上が増えていた。現在では、一般営業を行う一方でブライダルにも注力している企業が増えており、その場合には、挙式会場や音響施設、控え室などが完備されており、一般の結婚式場と変わらないサービスの提供が可能となっている。代表的なところとしては、ひらまつ、クイーン・アリスなどが挙げられる。

式場以外の関連事業としては、以下のものがある。

新郎・新婦の衣装を手配する婚礼衣装会社、装飾用やブーケの用意をする生花業者（日比谷花壇、ユー花園、ビューティ花壇など）、ヘアメイク・エステ、写真・映像サービス、巨大なクラッカーや余興のための芸人を調達する演出関連ビジネス、引出物関連、婚約指輪と結婚指輪を主体とした貴金属店、新婚旅行に関しては旅行会社、さらに結婚以前の段階として、結婚紹介サービスとしては、楽天の子会社となったオーネット、イオンの子会社となったツヴァイなどがある。

こうした現在のブライダルを取り巻く状況ができてきた背景には、結婚という考え方を取り巻く時代の変化も見逃せない。次に、こうしたブライダル産業の変化についてまとめよう。

3．ブライダルの潮流

結婚式と披露宴は1970年代における団塊世代の結婚ブームを経て、1980年代以降、約10年のスパンで大きな変化を遂げてきたと言える。そのことを時間軸にしたがって眺めてみよう。

1980年代までの「結婚」とは、あくまで「両家の結びつき」が基本であった。こうした前提のもとで、特に80年代後半においては景気上昇とも相まって、「ハ

デ婚」とも言われる豪華な挙式・披露宴が多く行われた。スモークの中からゴンドラに乗った新郎新婦が登場する、非常に高さがあるイミテーションのケーキを用意する、金屏風を立てる、など、豪華さを前面に出したさまざまな演出が行われるようになったのもこの頃である。そして、披露宴とは、新郎とその家、新婦とその家、これらの大きな主体間関係構築を、関係者にお披露目するための存在だったと言えよう。

　1990年代になると、結婚に際しての「家と家との結びつき」という意識が、社会構造の変化に伴って希薄になり、入籍だけ行って挙式・披露宴は行わないといった形態が注目されることとなった。当時はバブル崩壊後の景気低迷の影響もあり、シンプルな挙式・披露宴をレストランで行うといったスタイルも流行し、これらを総称して「ジミ婚」などとも言われるようになったのである。入籍のみで式を行わない芸能人が多くいたこともその背景となっている。この時代に、結婚というものに対する主体は、「両家」から「個人と個人」へと大きく変化し、披露宴においても、仲人を立てない形式が主流となってきたのである。

　ミレニアム婚による静かな入籍ブームを経た2000年代には、この「個人」というキーワードがさらに進展した。携帯電話が一般化したこの時代、個人主義が大いに広まり、さらに終身雇用制の崩壊によって、披露宴には友人・知人を軸として招待し、仕事の関係者は必要以上には呼ばないという方向性も増えていった。友人・知人を「もてなす」という発想から、90年代後半から出現してきた「ゲストハウス」が全盛となり、あたかも「自分の家」に友人たちを招いて自分たちのオリジナルなパーティーを行うといった考え方が主流になってきた。すなわち、友人たちを中心としたゲストに対して、感謝の気持ちを伝える、あるいはその表現としてのおもてなしをする、といった方向性に転換してきた。披露宴専用のスペースで、新郎新婦の生い立ち紹介などのさまざまなアトラクションが行われ、デザートブッフェに代表されるいろいろなおもてなしが増加し、披露宴の費用は増加してゆくことになったのである。

4．これからのブライダル事業

　このように、ブライダルを取り巻く状況は約10年スパンで変化してきていることがうかがえる。そうなると、2010年代のブライダルもまた、2000年代とは異なる方向性になることがうかがえる。2010年代に結婚を迎えるのは、1980

年代後半生まれのいわゆる「ハチロク世代、ハチハチ世代（1986年、1988年生まれ）」で、「デジタルネイティブ」とも言われ、中学生頃から携帯電話を所持し、メールやSNSを通じたコミュニケーションを重視してきた、いわゆる「キズナ世代」である。この世代が披露宴を挙げる理由のトップは、「親に感謝の気持ちを伝えたいから」がトップで、それまでの世代とはまた異なる価値観がうかがえる。結婚が「個人と個人」のもの、という方向性はより一層強くなるであろう。すなわち、「主役は自分たち新郎新婦と友人知人」という基本は変わらないであろう。

実際に観察しうる変化としては、これまでは披露宴のウェイトが高かったものが、徐々に挙式にこだわる傾向が見受けられるようになっていることである。例えば、「評判の牧師」に司式してもらうというニーズが生じている。挙式における「誓い⇒（周囲による）承認」というプロセス、披露宴における「感謝⇔祝福」というプロセスに対するこだわりも増えてきている。

また、招待客に対しても、2000年代はまだ物質的なおもてなしが中心であったが、近年は、披露宴の食事において、ソフトドリンクの種類が増えていたり、メインの料理を選択できたり、また、引出物の送り分けも可能といった形で、1人1人の招待客に対する「心のおもてなし」の方向性へと変化しつつある。

こうしたことを踏まえると、2010年代は再び結婚の「本質」へと立ち返り、家と家、あるいは人と人、といったキーワードを超えた、「心と心」の結婚という方向性になりつつあると言えよう。言うならば「アットハート婚」ということである（図表7-6）。

結婚とは、恐らく人間が生涯に買うもののうちで、形が残らないものの最高額であるだろう。それだけに、家族観や景気などのさまざまな要因が絡み合っており、まさに時代の縮図であると言える。

図表7-6　各年代における特徴とキーワード

年代	時代背景	主たる会場	要素	キーワード
1980年代	バブル景気	ホテル／互助会系	物質的	ハデ婚
1990年代	バブル崩壊／失われた10年	なし／レストラン	本質的	ジミ婚
2000年代	ITバブル／終身雇用崩壊	ゲストハウス	物質的	アットホーム婚
2010年代？	リーマンショック後／携帯	？？	本質的？	アットハート婚？

著者作成

かつてのブライダルは、家と家との結びつきを軸としたものであり、比較的定型的に行われていた。ブライダル関連の事業者は、結婚適齢期の人口の分布にしたがって、地理的な要素を軸としつつ、需要に対応していさえすれば良かったと言える。しかしながら、今後のブライダル産業においては、個人個人の好みや嗜好に合わせて、多様なサービス・メニューを開発し、揃え、さらには「モノ」ではない要素を軸として、競争を展開してゆく必要が生じていることがうかがえる。

　もう1点留意しなければならないポイントは、ブライダルにおいては、本来は顧客である新郎新婦（と場合によってはその両親）が、「もてなす側」でもあるということである。こうした場合には、主体間の関係性に、通常とは異なる特性が生じることになる。この面に関しては、今後の研究課題となろう。

（伊藤　綾）

4 ケータリング／供食サービス

1．ケータリング／供食サービスの概要

　この産業は、料飲産業に含まれることもあるが、特に米国では Managed Service と呼ばれ、厳然と区別するのが一般である。それは、これらの事業者が、実際に最終消費者に食材や飲料を提供するサービスまでは担っていないからである。すなわち、B to C としてのサービス／ホスピタリティ企業というよりもむしろ、B to B ではあるが、ホスピタリティに必須と考えられる料飲に関係しているということで、ホスピタリティ産業として扱われるのである。もちろん、場合によっては限りなく B to C 的な対応がなされていることがあるのは言うまでもないが、最終的な責任については、to B で対応することになる。

　供食の対象としては、

- 航空企業、船舶企業
- 鉄道
- 軍
- 学校
- 医療機関
- 企業
- レジャー・レクリエーション施設
- 会議施設
- 空港

などが挙げられる[1]。

　これらは、わが国では独立した産業とはあまり捉えられていないことが多く、通常は料飲産業の中で一括して扱われていることがほとんどである。だが、その実態は巨大な産業を形成しており、料飲産業と付随的に扱うには若干の無理があるのも事実である。

　第2節では「料飲産業」という表現をしたが、わが国においては「飲食産業」と

---

1 Walker（2009）を参考に、わが国の実情も考慮して選んだ。

図表7-7　2008年度飲食関連事業者売上高ランキング（百万円）

事業者	売上高
日本マクドナルド	518,316
すかいらーく	267,309
日本医療食品	166,500
プレナス	151,362
ゼンショー	140,324
モンテローザ	134,380
日本ケンタッキーフライドチキン	134,125
ダスキン	123,707
レインズインターナショナル	115,058
本家かまどや	111,438
吉野家	102,878
セブンアイフードシステムズ	102,109
ドトールコーヒー	99,871
モスフードサービス	98,000
エームサービス	96,500
大庄	86,589
グリーンハウス	84,000
サイゼリア	82,743
西洋フードコンパスグループ	82,486
カッパクリエイト	74,736

出典：各社IR情報

いう表現もしばしば使われる。こうした表現でランキングを取ると、微妙に異なる売上高ランキングとなる。

　ここで、「日本医療食品」という会社が第3位に入ってきているが、これがまさにこの供食業者最大手の企業である。同社は、医療機関向けの供食事業をメインとしている。「エームサービス」、「グリーンハウス」も同様に、学校や企業向けの供食事業を行っている。

　一方、「セブン＆アイ・フードシステムズ」や、「西洋フードコンパスグループ」は、いわゆる「外食」事業以外に、こうした供食事業にも力を入れている企業である。セブン＆アイは、デニーズをはじめとしたレストラン事業を主軸としつつ、企業や福祉施設などへの供食ビジネスを展開している。西洋フードは、レストランカーサをはじめとしたレストラン事業も展開しているが、企業、病院、ゴルフクラブなどへの供食ビジネスの方が、企業ホームページ上では上位に紹介されている。

このように、誰でも利用できる料飲事業ではないために一般消費者にはなじみがないが、売上げ規模で言えば料飲事業のトップクラスにも匹敵する事業者も存在するのである。

　他にも、寿司店や天麩羅店といった和食関連の店舗の中には、ケータリングや出張サービスに力を入れていて、自社の店舗での売上げにも匹敵するほどの売上げとなっているケースも存在する。

2．事業上の留意点

　いずれにせよ、食材と飲料を提供しているという点では料飲ビジネスと同じであるが、比較的、提供する相手が固定的であるという点と、その対象によっては、通常の料飲ビジネスとは異なる留意点が生じるところがポイントである。例えば、小中学校での飲食提供においては、生徒の年齢に応じた栄養構成を意識しなければならない。7歳児と12歳児では必要とされる栄養も異なるのである。また、大学での飲食提供では料金面での要求がシビアになりやすいし、病院では患者によっては摂取できない食材があったりもする。

　対象となる消費者は、当該供食業者以外の選択肢がない場合が多いため、こうしたさまざまな前提条件には注意が必要である。一方でその反面、事業者側からすれば、顧客獲得にはあまり注力する必要がないといった競争上のメリットも存在する。

　いずれにせよ、料理や飲料が提供される場における市場特性に注意を払いつつ、サービスの提供をすることが重要であることは、料飲産業となんら変わりはない。また、範囲の経済がコスト面での優位性に大きく影響しやすい面もあり、また、その逆もしかりであるため、社会的意義を意識しながら、コスト削減には大きな努力が求められる事業でもある。

　この業界における将来展望としては、これまではあまり自社のプレゼンスを出すことなくビジネスを展開してきたが、その背景には、特定の市場に集中して集積する形での展開だったために、あまり市場の反応について関心を示す必要がなかったためであると考えられる。しかしながら、市場の拡大にともなって、今後はむしろ価格以外の面での強みを出せるような戦略構築が求められるようになってくることが予想される。その選択肢の1つに、個々の従業員のホスピタリティが求められるようになることは言うまでもない。

5 レクリエーション施設／テーマ・パーク

1. レクリエーション施設／テーマ・パークの概要

　レクリエーションとは、定住圏の内外において、楽しみのために行われる活動全般のことを指す（図表7-8）。そのため、これに応えるためのレクリエーション施設とは、自身の身近に存在するスポーツ施設から、大規模なスキー場やテーマ・パークといったもの、あるいは国立公園のような非常に面的には広大なものに至るまで幅広く存在する。

図表7-8　観光にまつわる用語の整理

ツーリズム	ビジネス・トリップ				余暇（活動）・レジャー
	旅行・トラベル	友人・知人・親戚訪問			
		観光レクリエーション	観光		
			レクリエーション	（定住圏外）	
				（定住圏内）	

出所：溝尾[2003]，前田[2006]を参考に著者が作成

　ここでは、スポーツ施設については考察の対象とせず、その他のレクリエーション施設について取り上げる。具体的には、動物園、水族館、テーマ・パークである。
　まず、動物園の概要について取り上げたい。図表7-9は、2009年の動物園入場者数ランキングであるが、上野、名古屋、神戸、ズーラシア、東武、多摩、円山、京都はいずれも大都市内あるいは大都市近郊型である。一方で、旭山とアドベンチャーワールドは、大都市からはやや距離が離れた立地の観光型の施設であると言える。
　これまでの動物園とは、休日に家族で、あるいは友人と、軽い気分で出かけるところであったのが、旭山動物園の成功が伝わる頃から、旅行の目的地としての要素も加味されてきつつあると言えよう。
　次に、水族館を取り上げる。図表7-10は、2009年の水族館入場者数ランキングであるが、海遊館、名古屋港、葛西、エプソン品川がいずれも大都市内または大都市近郊型であるが、美ら海、アクアワールド大洗、鴨川シーワールド、鳥羽、

第7章　その他のサービス／ホスピタリティ産業

図表7-9　2009年動物園入場者数ランキング（万人）

動物園	入場者数
上野動物園	303
旭山動物園	246
名古屋市東山動植物園	228
神戸市立王子動物園（神戸）	140
ズーラシア	122
東武動物公園	120
アドベンチャーワールド	108
多摩動物公園	106
円山動物園	93
京都市動物園	78

出典：月刊レジャー産業資料　2010年9月号

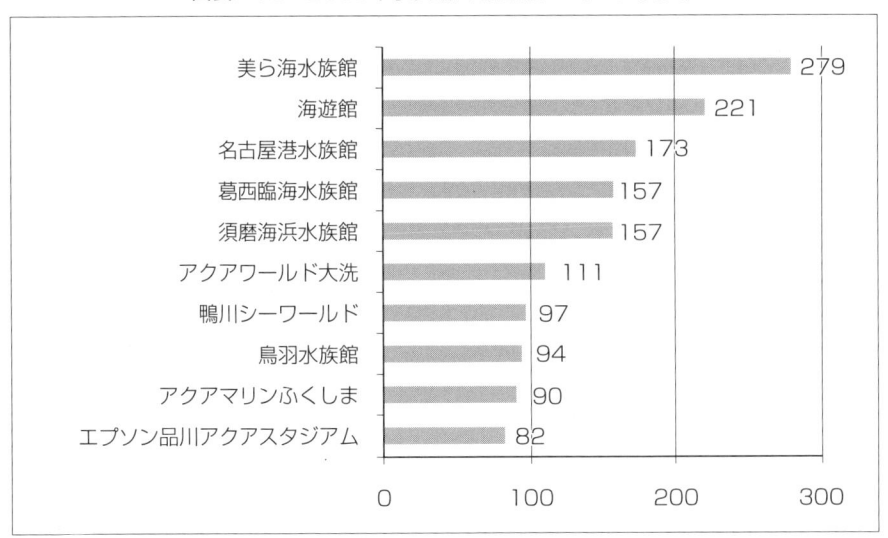

図表7-10　2009年水族館入場者数ランキング（万人）

水族館	入場者数
美ら海水族館	279
海遊館	221
名古屋港水族館	173
葛西臨海水族館	157
須磨海浜水族館	157
アクアワールド大洗	111
鴨川シーワールド	97
鳥羽水族館	94
アクアマリンふくしま	90
エプソン品川アクアスタジアム	82

出典：月刊レジャー産業資料　2010年9月号

アクアマリンふくしまは、観光型の立地となっている。

　わが国においては、海の存在はそれだけで十分観光資源としての強みとなりえる。そのために、動物園よりもより一層、観光地での競争力を保持しうる面があるようだ。

　さて、最後にテーマ・パークを取り上げたい。動物園、植物園がいずれも年間300万人前後の入場者数が最高なのに対して、テーマ・パークの雄である東京ディズニーランド（以下、「TDL」という）は、文字どおり桁違いの入場者数を記録しており、むしろ、世界での比較を行った方がわかりやすい面がある。

　バブル華やかなりし頃、雨後の竹の子のようにあちこちにテーマ・パークが開園し、そして潰れていったが、TDLは成長を維持し、さらに東京ディズニーシー（以下、「TDS」という）を開園、東京ディズニー・リゾート（以下、「TDR」という）としてさらなる発展を続けている。

　実際、2009年の入場者数ランキングにおいても、TDLが世界第3位、TDSが世界第5位となっている。これらを合計すると、事実上は世界1位ということ

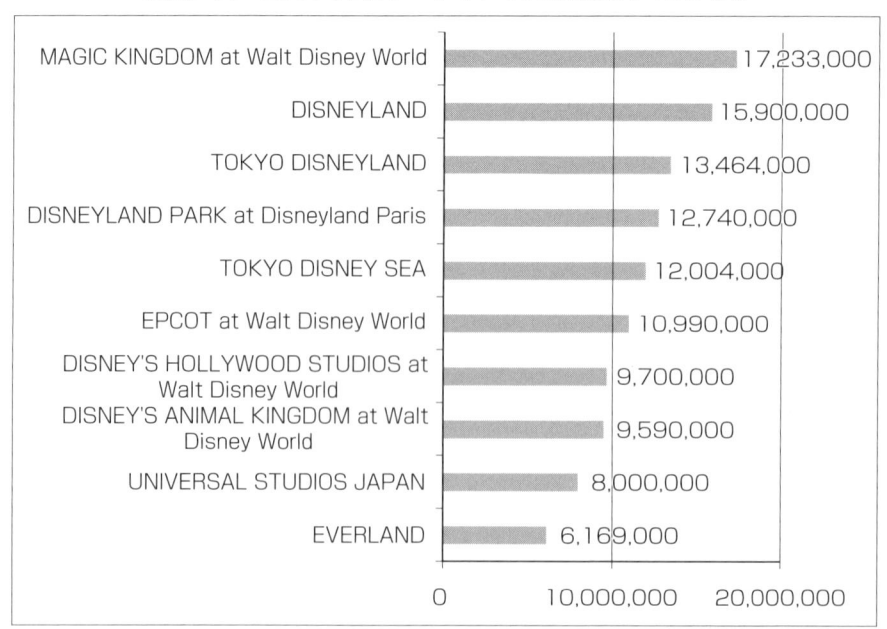

図表7-11　2009年世界テーマ・パーク入場者数ランキング（人）

テーマパーク	入場者数
MAGIC KINGDOM at Walt Disney World	17,233,000
DISNEYLAND	15,900,000
TOKYO DISNEYLAND	13,464,000
DISNEYLAND PARK at Disneyland Paris	12,740,000
TOKYO DISNEY SEA	12,004,000
EPCOT at Walt Disney World	10,990,000
DISNEY'S HOLLYWOOD STUDIOS at Walt Disney World	9,700,000
DISNEY'S ANIMAL KINGDOM at Walt Disney World	9,590,000
UNIVERSAL STUDIOS JAPAN	8,000,000
EVERLAND	6,169,000

出典：Themed Entertainment Association (TEA)資料

第7章　その他のサービス／ホスピタリティ産業

図表7-12　2009年国内テーマ・パーク入場者数ランキング（万人）

テーマ・パーク	入場者数
TDL/TDS	2,582
USJ	800
ナガシマリゾート	528
八景島シーパラダイス	429
よこはまコスモワールド	290
富士急ハイランド	195
ナンジャタウン	190
スペイン村	157
スペースワールド	156
ハウステンボス	141

出典：月刊レジャー産業資料　2010年9月号

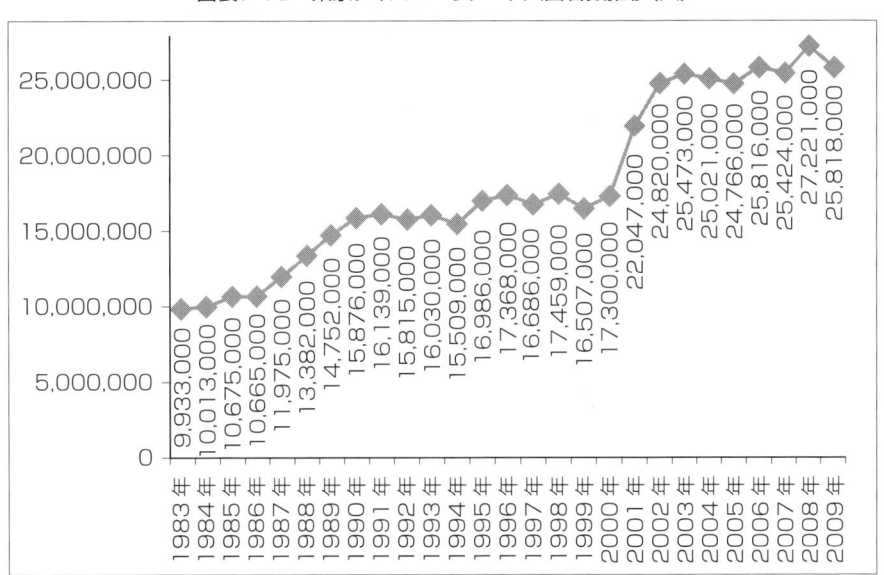

図表7-13　東京ディズニーリゾート入園者数推移（人）

年	入園者数
1983年	9,933,000
1984年	10,013,000
1985年	10,675,000
1986年	10,665,000
1987年	11,975,000
1988年	13,382,000
1989年	14,752,000
1990年	15,876,000
1991年	16,139,000
1992年	15,815,000
1993年	16,030,000
1994年	15,509,000
1995年	16,986,000
1996年	17,368,000
1997年	16,686,000
1998年	17,459,000
1999年	16,507,000
2000年	17,300,000
2001年	22,047,000
2002年	24,820,000
2003年	25,473,000
2004年	25,021,000
2005年	24,766,000
2006年	25,816,000
2007年	25,424,000
2008年	27,221,000
2009年	25,818,000

注：2001年からは東京ディズニーランドと東京ディズニーシーの合算
出典：オリエンタルランドグループHP(http://www.olc.co.jp/tdr/guest/)より

になる。なお、ベスト10のうち第8位までがディズニーの関係施設で占められており、この分野での「ディズニー・ブランド」の強さがうかがえる。

さらに、国内に目を転じると、TDR全体はもちろんのこと、TDL単体、TDS単体でも、大阪のユニバーサルスタジオ・ジャパン（USJ）を大きく引き離していることがわかる。以下、いわゆる「絶叫マシーン」系統のナガシマリゾートや富士急ハイランド、首都圏に立地する八景島シーパラダイス、よこはまコスモワールド、ナンジャタウン、そして地方テーマ・パークとしては数少ない生き残りとも言えるスペイン村、スペースワールド、ハウステンボス、となっている（図表7-12）。

TDRの強さはTDL単体で見ても顕著で、1983（昭和58）年の開園以来、ほぼ右肩上がりでの成長を続けていることがわかる（図表7-13）。それをさらに補強するかのように、2001（平成13）年にはTDSが開園し、オフィシャルホテル以外にも直営のホテルも増え、さらにシルク・ド・ソレイユのシアターまでオープンし、総合的なリゾートとしての形を整えつつあると言えよう。国内の他のテーマ・パークで、このような成長路線を辿っているところは他に存在しない。

2．テーマ・パークに見るホスピタリティ

ここは同時に、第1章でも示したように、ホスピタリティの代表格のようにも扱われている。そこで、同施設を軸として、レクリエーション施設／テーマ・パークにおけるホスピタリティについて考察する。

TDRには、分厚いマニュアルが多数存在するといった話をしばしば聞く。中村（2004）には、「何百冊」という記述がある。こうしたマニュアルの存在は、通常はあまりホスピタリティに結びつくことはない。画一的なサービスという印象が強くなるからである。しかし一方で、多くの人によって、ホスピタリティという言葉から連想もされている。

ここでの理念や哲学については、多くの先行研究が存在する。そこで、こうした中から、関係性に関連する要素を抽出しつつ、実際にサービス・エンカウンターでなされているサービス・デリバリーについて考察を加えてゆく。

事業遂行の大前提として、創業者であるウォルト・ディズニーの考え方は、映画館に例えられている。すなわち、入口と出口は同じであり、顧客を接遇するスタッフであるキャストは「演じている人、俳優」、顧客であるゲストは「見ている人、観客」、そして施設がTDR全体ということになる。しかし、このようなウォルト・

ディズニーの考え方をキャストは教えられるが、何かにつけて言われる、というわけではないようである。

むしろ重要なのは、キャストが守るべき基本として、重要な「判断基準」が決められていることである。これが SCSE と言われるもので

　S：safety
　C：courtesy
　S：show
　E：efficiency

の4つから成り立っている。キャストは、SCSE の順に守ることになっており、この4つが守れると Good Show となり、キャストは皆、これを目指している。

S（safety）はもっとも重点的に教えられる。細かく決まっているマニュアルもあるが、基本は OJT でたたき込まれる。例えば、

- ■ 走らない
- ■ ゲスト誘導用のロープの棒を1本にしない
    - ・1本だけ立ったままにするとゲストが気付かずに当たってしまう恐れが生じるからである
- ■ どんな小さな赤ちゃんでも定員の1人として数える
    - ・アトラクションで、1列で数人座れる座席に、お母さんの上に小さな赤ちゃんが乗っていて座席に余裕があっても、赤ちゃんを1人として数える

といったことである。他にも KYT と呼ばれる危険予知トレーニング（Kiken Yochi Traning）も行っている。これは、ゲストだけでなくキャスト自身も怪我をしないためのものでもある。

次に、C（courtesy）についてであるが、論者によっては、この考え方こそがディズニーランドの考えるホスピタリティであると宣言しているものも存在する[2]。「思いやり」や「礼儀正しさ」といった解釈をしており、顧客との関係性の主軸をなすものと見做すことができよう。

さて、実際のサービス・デリバリー・システムにおける、スタッフの行動マニュアルについては以下のとおりである。

作業手順のマニュアルはあるが、ゲストに対してのマニュアルはないという。す

---

2 例えば、小松田（2004），など。

なわち、ゲストからこうされたらこうしなさい、というマニュアルは存在しない。つまり、伝える内容は同じでも、キャストによって言い回しや言う順番は異なっている。その場の雰囲気、ゲストの客層によって重点をおいて言うべき所を変えているということになる。つけ加えて言えば、このマニュアルは管理側が作るのではなく、キャストたち自身が作っている[3]。

　また、言葉遣いについては常識の範囲を守るようにしている程度だという。もちろん、OJTで間違っていればその場で直されることになる。

　実際の教育プロセスにおいては、トレーナー、すなわち教育する側の選抜から始まっている。一定の基準を満たしたトレーナーとトレーニー（教育を受ける側）とは、良好な関係性を維持することが求められるが、トレーニーはトレーナーのことをパパ、ママと呼ぶケースもあるという。これはTDRの理念として「ファミリー・エンターテインメント」というのがあり、キャストはあたかもファミリーである、という考え方が軸となっている。当然OJTではトレーナーの考え方や動作などがトレーニーに影響を及ぼすことになる。

　S（show）は、「すべての仕事がショーである」ということで、掃除もショーとして行っていることは有名である。

　E（efficiency）は興味深い。効率を最優先せず、ゲストの楽しみを最優先させることに重きを置いた考え方である。

　全体としてのキャストの質を保つためにも、いくつかの方策が行われている。「毎日が初演」という理念をもとに、キャストの再雇用がなされている。また、キャストは他のキャストやミステリーキャストに見られていて個別に指導される。良い対応についてはファイブスターカードが与えられ、その対応を大勢のキャストの前で報告して、良い対応についての情報共有を行っている。

　TDRにおいては、マニュアルは行動規定のための「指示書」というよりも、むしろ「規範」であると言える。さまざまなサービス提供のための「パッケージ」は、あくまでOJTで、人から人へと伝えることで成り立っている。しかしながら、理念やゲストの行動に関する規定などについては、厳格な理解とその実行が求められている。そしてまた、ゲストにもさまざまな制約が課されていることを忘れてはならない。例えば、お弁当を持ち込めない、酒類の提供はなされない、などである。

---

3 中村（2004）

こうした制約がありながらも、会話を中心とした対応の中に自由度があるため、キャストたちはその面を最大限に利用して、ホスピタリティな対応の実現を図っていることが理解できよう。夢の国という、ある特定の「世界」と来場者との関係性をマネジメントすることに、全力を注ぐ方向性がそこにはある。これが、世界レベルで競争しうるディズニーのクオリティということになる。

　同様に、旭山動物園の成功も、あくまで来場者の目線から、動物たちをとらえなおしたことであると言われている。来場者と動物たちとの関係性は、飼育係と動物たちとの関係性と異なるのは当然のことである。こうした施設に来る顧客は、何と、どのような関係性を求めているのか、この点を見失わないことが、レクリエーション施設／テーマ・パークにおける成功のポイントとなるのである。

（徳江 順一郎）

参考文献

Beardsworth, A. & T. Keil（1997），*Sociology on the menu*, Routledge.
Telfer, E.（1996），*Food for thought, philosophy of food*, Routledge.
Walker, J. R.（2009），*Introduction to Hospitality*, 5th. ed., Pearson Education.
小松田勝（2004），『ディズニーランドの「ホスピタリティ」はここが違う―お客様を感動させるホスピタリティ・ビジネスの原点―』，経林書房．
徳江順一郎（2007），「飲食サービス業における戦略マネジメント」，『ツーリズム学会誌』第7号，ツーリズム学会．
徳江順一郎（2008），「飲食サービスとホスピタリティ」，『高崎経済大学論集』第51巻第2号．
徳江順一郎（2010），「料飲サービス事業における関係性マネジメント」，『高崎経済大学論集』第53巻第2号．
中村克（2004），『すべてのゲストがVIP　ディズニーランドで教えるホスピタリティ』，芸文社．
『ゼクシィ結婚トレンド調査　2009／2010』，リクルート．

コラム 7-1．特殊技能における関係性　　　　　　　　　　（藤田　範子）
■歯科医におけるホスピタリティ

　私は現在、宮田歯科三田診療所というところで、患者さんたちの治療にあたっている。宮田歯科は、医療法人弘進会のもとに、品川に「宮田歯科医院」、池袋に「宮田歯科池袋診療所」、三田に「宮田歯科三田診療所」と3つの診療所を持ち、20名近い歯科医師を抱えている。

　そもそも、なぜ歯科医になったかというと、私は小学生の頃に上下の歯の矯正をすることになり、3週間に1度の通院を7年間続けた。途中父の転勤で引っ越し、診療所まで2時間かけて通ったこともある。ご担当いただいた先生は、学会などで近くにいらしたときは、私の家の近くの診療所で診察して下さり、大変面倒を見て頂いた。矯正治療は大変だったが、終了後は何の不自由もなく食事ができ、友人には歯並びをほめられることもあり、治療を受けてよかったと思っている。

　このような経験もあり、高校の頃、将来の進路を考えた際、直接人と接して、人の役に立つと感じられる仕事、一生続けられる仕事に就きたい、と思い、自分がとても世話になった歯科の道を選ぶことになった。

　宮田歯科には長きにわたって通ってくださる患者さんが大勢いらっしゃる。そういった患者さんの中には、私を信頼して下さり、私に治療を任せて下さるような方もいらっしゃる。この「信頼」という関係は、歯科医師として非常にありがたいことだと感じると同時に、非常に重要なことであると考えている。

　というのも、治療には患者さん自身の努力も必要だからである。治療以前の段階での、セルフケアや予防処置が重要なのはもちろん、虫歯や歯周病で治療が必要になった場合、治療方法は1つではなく、患者さんの症状や希望、生活スタイル、将来的な予後などで治療方針は変わってくる。患者さんのお話をよく伺って、一番適した治療についてじっくり相談させていただき、ゴールを目指し、ともに戦うつもりで治療しなければ、本当の意味での問題解決にはつながらない。

　そして、こういう関係が構築できて治療が行われた場合には、予想以上の結果につながることもある。これは歯科医師として無上の喜びである。こうした患者さんとの関係を意識して、これからも治療にあたってゆきたいと考えている。

第Ⅲ部

サービス／ホスピタリティ・マネジメント

第8章
サービス／
ホスピタリティ・マネジメント

1 サービス・マネジメント

1. サービス・マネジメントとは

Grönroos（1990）によれば、サービス・マネジメントとは、以下の疑問に答えるための理論ということになる。
① 顧客と組織のあいだのどのような関係により、効用が生み出されているのか
② 組織は、どのように経営資源（人材、情報や物的資源、システム、顧客）を活用すれば、この効用を創造し、提供できるのか
③ 意図した効用を創造し、提供するためには、どのように組織を開発し、管理すべきなのか

この①で示されているのは、顧客と組織との相互作用についてである。②の「経営資源の活用による効用の創造と提供」は、サービスの生産、提供と消費に関するシステムと読み替えうる。③の「組織の開発と管理」は、組織づくりや経営理念、価値観、組織文化、または経営者や管理者のリーダーシップなどを意味する。

すなわち、サービス・マネジメントの研究領域は、①顧客との相互作用に基づき行われるサービスの生産、提供と消費に関するシステム的な部分、②組織構造や経営理念、リーダーシップなどの経営上のファンダメンタル、とに大別できよう（飯嶋, (2001)）。

この①は一般に、「サービス・デリバリー・システム」と呼ばれ、②は「マネジメント上のインフラストラクチャー」と呼ばれる。

2. サービス・デリバリー・システム

サービス・デリバリー・システムを解明する視点は2つある。1つはサービスの生産、提供の主体である組織に基づく視点と、サービスの消費の主体である顧客に基づく視点とである。

(1) 顧客に基づく視点

サービスの消費者としてサービス・デリバリー・システムを眺めたとき、このシステムは、①フロント・オフィスと②バック・オフィスとに2分することができる。
① **フロント・オフィス**

フロント・オフィスとは、顧客がサービスを消費する際に常時視界に入る要素である。顧客は、この部分と直接的な相互作用を行い、サービスを享受している。そして、このフロント・オフィスは、接客係を中心としたサービス組織の従業員と、「物理的環境」とによって構成されている。

ここでの従業員は、顧客と直接接触し、顧客との相互行為を通じて、顧客が求めるサービスの仕様を聴取する。そして、その仕様に基づいて実際にサービスを生産し、提供する。そのため、従業員は、マーケティング活動と生産活動とを同時に行っていると言える。従業員の行動、態度、外見、知識、そして技能といった要素は、顧客が行うサービス品質への評価に影響を及ぼし、最終的には顧客満足そのものをも左右する。

物理的環境とは、サービスの生産、提供と消費を取り巻く環境である。この中には、サービス組織が有する施設の内装、外装、什器、備品、そして装飾品といった「物的要素」と、室温、香り、BGMや清掃状態といった、物的ではないが、顧客が五感で知覚しうるすべてのものにより構成されている。こうした要素は、顧客の消費体験に重大な影響を与えることはもちろん、無形であるサービスの内容や品質を具現化した結果であり、顧客がサービスの内容や品質を判断する手掛かりにもなる。さらにつけ加えるならば、サービスを同時に消費している「他の顧客」も物理的環境に含まれることになる。

② **バック・オフィス**

バック・オフィスとは、顧客の視界に入ることが少ないか、または通常はまったくなく、かつ、顧客との直接的な関係が生じないシステム部分である。レストランの調理部門や航空機の整備、スーパーの仕入れ、ホテルの客室清掃などを担当する部門や人々が該当する。

こうしたバック・オフィスの協力や支援がなければ、フロント・オフィスはサービスの提供を行うことができないし、物理的環境の維持管理も不可能である。こうしたバック・オフィスが正しく機能することで、サービスそのものの価値が向上することになる。

(2) 組織に基づく視点

組織の観点からサービス・デリバリー・システムを眺めると、フロント・オフィスとバック・オフィスとに加えて、顧客自身がこの要素となっていることを忘れてはならない。顧客はさまざまな行為や役割を果たすことで、サービス・デリバリー・

システムの要素となる。それらは、次の5つの行為や役割である（Norman (1991)）。
① 顧客は、生産、提供されるサービスの仕様を決定する。
② 顧客は、例えば銀行のキャッシュ・ディスペンサーで行員に代わり入金、出金行為を行うなど、組織の生産、提供活動を肩代わりしている。
③ サービスの生産、提供と消費は一体化している。そのため、組織は、顧客の眼前で生産、提供活動をしばしば行うことになる。これにより、組織は、ミスや手抜きができにくくなる。この結果、顧客は、それら活動に対して、監督者の機能を果たすことになる。
④ 顧客が感謝の気持ちを従業員に表明することにより、従業員のモラルを高め、やる気を起こさせる。これは、人事担当者や監督者などの仕事を顧客が代替していることを意味する。
⑤ 顧客は、自分が体験し、消費したサービスの良し悪しを、口コミによって他者に伝達する。つまり、組織のマーケティング機能の一部を担っている。

つまり、顧客は「サービスの消費者」であると同時に「サービス提供に関する業務を分担する存在」でもあり、こうした2つの機能を同時に遂行していることになる。

(3) サービス・デリバリー・システムの構成要素

以上、こうした事実を踏まえると、サービス・デリバリー・システムが扱う対象としては
① フロント・オフィスとそれを構成する従業員、および物理的環境
② バック・オフィス
③ 消費者としての顧客と共同生産者としての顧客
④ フロント・オフィス、バック・オフィス、および顧客から構成されるサービス・デリバリー・システム全体
ということになる（図表8-1）。

3. インフラストラクチャー要素とサービス・マネジメント

サービスの生産においては、モノづくりに基づいて発達してきたマネジメント理論をそのまま適用することには無理がある。それは、管理者の役割の中に、非常に大きな相違点があるからである。つまり、サービスの生産には、多くの消費者との

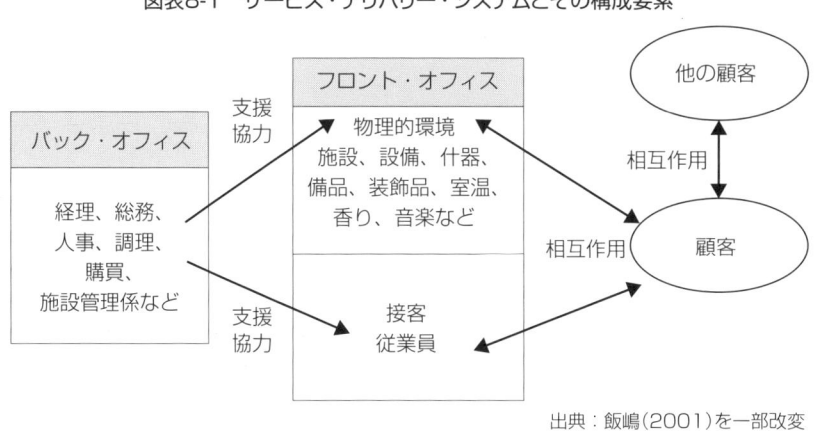

図表8-1　サービス・デリバリー・システムとその構成要素

```
                    フロント・オフィス           他の顧客
          支援    ┌─────────────┐        ↑
          協力 →  物理的環境              │相互作用
 バック・オフィス  施設、設備、什器、         ↓
                  備品、装飾品、室温、  相互作用  顧客
 経理、総務、     香り、音楽など       ←──→  ↗
 人事、調理、    ├─────────────┤          ↗
 購買、          接客                     ↗
 施設管理係など  従業員             ↗
          支援 →
          協力
```

出典：飯嶋（2001）を一部改変

接点が生じ、それが必然であるため、また、サービスそのものの規格化・スペック化が難しいため、事前にあらゆるプロセスを管理することは難しいという点が大きな相違となる（第3章を参照、飯嶋（2001）も）。

そこで、従業員を、組織が望む一定の方向に収斂させるためのメカニズムが必要となる。これが実際には、経営理念や組織文化、価値観、組織構造、経営者や管理者の役割といったものになってくることは予想できるであろうが、具体的にどのようなものであるかについては、組織ごとに変わってくることになる。

また、フロント・オフィスでは、常に顧客との相互作用に基づいて、顧客満足を追求している。しかし、その際には顧客の個別的な要求に対して、個別性の高い応答をしなければならないことも多く、モノのビジネスにおける組織をそのまま当てはめてもうまくいかないことが多い。すなわち、ピラミッド的な組織構造ではなく、フラットで分権的な組織構造がポイントになったりする。

すなわち、これらを包含したサービス・デリバリー・システムについての理論体系と、インフラストラクチャーについての理論体系、そしてそれらをさらに包含するサービス・マネジメントが重要となってくるのである（図表8-2）。

4．サービス・マネジメント体系

サービスは、顧客と従業員との相互作用によって提供され、消費される。そして、この相互作用は、組織によってあらかじめ設定された状況下で、それぞれの構成員

図表8-2 サービス・マネジメントの体系

```
                サービス・マネジメント
                   ┌──────┴──────┐
      サービス・デリバリー・システム      マネジメント上の
                                  インフラストラクチャー
      ① フロント・オフィス：従業員と     ① 経営理念、組織文化、価値観、
        物理的環境                   尺度
      ② バック・オフィス              ② 組織構造
      ③ 消費者としての顧客と共同生産   ③ 経営者、管理者の役割、リー
        者としての顧客                ダーシップ・スタイルなど
      ④ サービス・デリバリー・システ
        ム全体
```

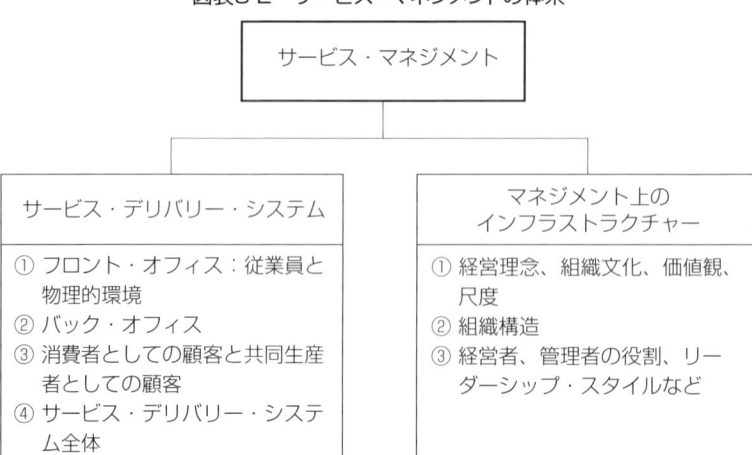

出典：飯嶋（2001）を一部改変

が、あらかじめ決められたシナリオを守ることによって成立する。しかしながら、組織、従業員、顧客という3者の思惑と利害とは、常に一致しているわけではない。図表8-3に示すような、相克的な相互依存関係にある。

こうした状況を前提として、サービスのマネジメントについては考えてゆく必要がある。すなわち、モノの製造・販売においては、組織で決められたプロセスを従業員が守ることが前提となっていたのであるが、サービスにおいては、個別的な欲求を持つ顧客の存在と、その都度状況の変化するプロセスの生産において、上記の関係を考慮しなければならないからである。それを踏まえて、サービス・マネジメントにおける3つのポイントについて考察する。

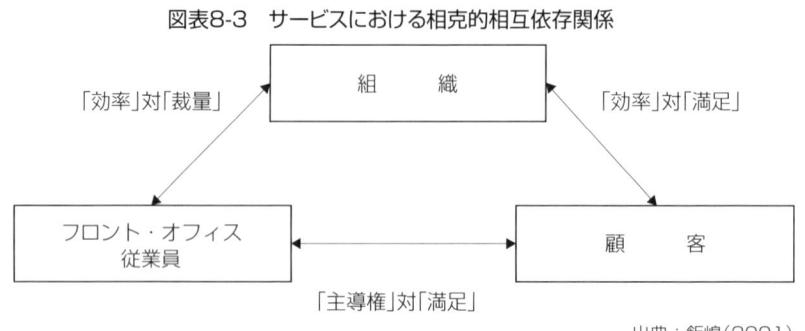

図表8-3 サービスにおける相克的相互依存関係

```
                         組   織
            「効率」対「裁量」  ↙    ↘  「効率」対「満足」
         フロント・オフィス              顧   客
            従業員      ←──────→
                      「主導権」対「満足」
```

出典：飯嶋（2001）

(1) 顧客中心主義

　サービスに限らず、あらゆる企業にとって、この顧客中心主義というのは当然の前提となる。特に、サービスにおいては、集団としての顧客をとらえるのではなく、「個客」、すなわち個別的な存在としてとらえなおさなければならない。

　しかしながら、顧客に関してのさまざまな情報をとらえることは容易ではない。ホテルでしばしば用いられてきた、アンケート用紙による回答では、有効な回答が得られるとは言い難い。フリーダイヤルでの対応でもそれほどの効果は上がりにくい。いずれも顧客の自主性がカギとなってくるからである。そこで、現場サイドで、顧客に何らかのアプローチをして、情報を獲得することを目指す必要性も生じてくるだろう。つまり、後方部門にこうした情報管理を任せてしまうのではなく、フロント・オフィス側でも能動的に情報に接しなくてはならない。

　また、顧客がサービスに対して下す評価は、そのサービスに出会った瞬間、すなわち「真実の瞬間」から始まっていることを忘れてはならない。例えば、どの部門にいたとしても、自社の他部門のことについても応えられるようにしておくなど、さまざまな応用的サービスの提供も可能なようにしておかなければならない。

　顧客接遇に関する一般的な知識や技能の習得ももちろん重要であるが、それ以外の、かつ予測が困難な多くの事象に対しても対応できるようにすることで、真実の瞬間からの顧客の評価につながってゆくのである。

　そして、こうしたことを踏まえて、部門や業務内容を軸とするのではなく、顧客を軸としたサービス提供を目指す必要がある。伝説になった感のある「ノードストローム」のように、顧客満足のためであれば、部門や職務の範囲のみならず、自店や他店といった区別さえも取り払うといった対応も一考に値しよう。

(2) イノベーティブなマネジメント・システムと組織

　市場環境が大きく変化する状況においては、イノベーションを生じさせうる組織であることが重要である。例えば、計算しうるリスクに対してであれば、失敗を恐れずにチャレンジするような起業家精神もポイントになるだろう。もちろん、こうした方向性を支えられるマネジメント・システムも求められる。

　この場合に、権限を現場に委譲し、いわば現場ごとにジェネラル・マネジャーが存在するような組織に、さらには独立事業者の集合体のような組織へと変貌させることも必要となるだろう。ただし、その前提として、部門別の収支システムが確立されていなければ、有効には機能しない可能性がある（第9章を参照）。

(3) 多職能を有する従業員の育成

　人件費の高騰に苦しむサービス企業は多い。そのような環境において、パートタイマーの活用が志向されることが多い。しかしながら、パートタイマーに正社員と同様な忠誠心を求めることは難しく、応用性の高いサービス提供については、パートタイマーでは無理なことが多い。

　そこで、やはり正社員の育成ということになるが、その際に、これまでのような単一の職能に長く従事させるのではなく、さまざまな部門や職能を経験させて、多職能の従業員を育成するという方向性がポイントとなってくる。特に、ホテルのように宿泊、料飲、宴会と大きく部門が分かれる上に、それぞれの中でさらに細分化されるような事業では、より重要なアプローチとなるだろう。

　これは、①顧客は多くの職能に接することから、従業員も全社的な視点で考えられなければならない、②多くの職能を経験することで、真実の瞬間での対応も応用力が増す、といったメリットも内包している。

　サービスが一部の特権階級のみのために存在した時代には、スペシャリストの育成にも意味はあったと言えよう。しかしながら、多様な消費者を相手にする現在のサービスにおいては、このようなスペシャリストよりもむしろ、広範な知識や経験を持つジェネラリストがより求められるのである。

（飯嶋　好彦）

2 ホスピタリティ・マネジメント

1. サービス・パッケージの問題点と対応

(1) サービス・パッケージの抱える問題点

　サービスをパッケージ化し、そのパッケージを複数用意することで、多様性に対応するという考え方は、それ自体は有用な方向性であった。しかしながら、こうした対応については、以下のような問題点が指摘しうる。

① 多数の顧客には一定以上の満足を提供可能であるが、「事前の問題」の存在によって、不満を感じる顧客も無視できないボリュームで生じざるを得ない
② 協働が必要である以上、顧客側の対応力といった問題も内在するために、客観的品質の変動性は除去し得ない
③ サービス提供側と顧客との人間的な関係性によって、サービスそのものに対する印象が左右されやすく、②ともあいまって、主観的品質は依然として変動しやすい

　これらの問題点は、モノの場合にはあまり不満として顕在化しにくい。特に①については、そもそもモノは「あるプロセスを経た結果」であるために品質は一定であり、さらには品質に問題が生じる製品については、出荷検査で除外することもできる。さらに多少の品質や特性の変動が生じても、事前の判断で納得できるレベルであれば、顧客に不満は生じにくいという点も指摘できよう。サービスの場合には、事前の判断が困難であるという点も問題を複雑にしている。

　つまり、サービスの消費に際しては、事前の品質や特性の判断がしにくいにもかかわらず、消費の決定をしなければならないケースが存在する、ということである。これは前提として、顧客がサービス提供側を信頼することで成り立っていると言える（第3章を参照）。

　そして、③に対しては、ホスピタリティ関連の研究以外、例えばマーケティング関係諸論の先行研究においても多くの知見が得られている。そこで、こうした関係性概念を軸として、サービス提供側と顧客側との関係性をマネジメントすることによって、主観的品質に直接的に訴えかける方策が模索されることとなる。

(2) ホスピタリティ対応の前提

　客観的品質の安定化を図ることが困難である以上、サービス・デリバリー・システムにおいても異なる方向性での対応が必要となってくる。ポイントとなるのは、品質の安定化そのものがサービス提供側の目標ではなく、顧客の満足こそが本来の目標となる、ということである。

　すなわち、顧客の満足度であるとも言える主観的品質こそが重要であるのだから、客観的品質の安定性を目指すのではなく、直接的に顧客の主観的品質の向上に働きかけられるようなマネジメントを志向する方向性が生じることになる。この場合、多少の客観的品質の変動は許容することになる。むしろ、この客観的品質の変動を、場合によっては活用することも目指すことにもなる。

　第7章でも述べたが、店の主人と女将とで運営しているような小規模飲食店でしばしば見られる、濃密な関係性がサービス提供側と顧客側とに存在する場合、顧客は恐らくホスピタリティを感じることが多いであろう。こうした店ではマニュアルを用意せず、応用的な対応のみがなされ、例えば注文していない食べ物が出されるなど、相互信頼関係に基づいたやり取りが行われている。そこでは実際にどんな食材が提供されるか、どのような会話がなされるか、事前に顧客が予想することは困難である。それでいながら、顧客が満足して帰ってゆけば、リピーターとして存在し続けることになる。不確実性がきわめて高い環境において、関係性の着実なマネジメントがなされ、ホスピタリティな関係が構築されている。

　すると、多くの先行研究でも示されてきたように、サービス・エンカウンターにおけるスタッフの応用力によって、マニュアル的な固定的サービスの提供ではなく、濃密な関係を構築した上での応用的サービス提供を目指せばよいと理解しそうになる。しかしながら、こうした方向性には、いくつかの無理が内在すると言わざるを得ない。

　そもそもこのような対応は、あくまで規模が小さい場合に可能なのであって、一定以上の規模となった組織においては、実行してゆくことがまず困難である。マニュアルにないような「暗黙知」を新しいスタッフが入るたびに共有してゆく方向性を成り立たせることは非常に難しい。また、常にサービス・エンカウンターにおいて不確実性が生じてしまうという状況は、事業として考えた場合にはあまりに不安定であると思われる。だが一方で、不確実性が存在しなければ顧客がホスピタリティを感じにくいというこのパラドキシカルな状況においては、別のアプローチが必要

となろう。

2. 不確実性の制御

　マニュアル的な固定的サービスでは画一的な対応になってしまい、ホスピタリティを顧客に提供できないが、一方で応用的サービスでは不確実性の存在から事業としての安定性に欠けてしまいかねない。このパラドックスの解決策として、東京ディズニーランド（以下、TDL という）の例を取り上げたい（第7章も参照のこと）。

　TDL においてはキャストとゲストとの関係性のみならず、キャストの背後としての存在であるホストもいて、このホスト⇔キャスト①、ホスト⇔ゲスト②、そしてキャスト⇔ゲスト③という3つの関係性が存在すると解釈しうる。そして、①と②とは不確実性の低い（確実性の高い）関係性を構築しつつも、③において不確実性を高めることによって、顧客にホスピタリティを感じさせるようにしているのである。

　これは、他のサービス事業、例えばファミリーレストランやファースト・フードなどと比較すると、より理解しやすいであろう。ファミリーレストランやファースト・フードでは、キャスト（という名称がついているわけではないが）とゲストとの間での会話についても、固定的なやり取りが基本である。しばしば例に出される、1人で来た顧客が「ハンバーガー 20 個」と頼んだ場合に、「こちらでお召し上がりですか？」と言われるような対応がその典型であろう。TDL においてはこのキャストとゲストとの関係性において不確実性をある程度許容することで、ホスピタリティが実現される可能性を生じさせているのである。

　キャストとゲストとの関係における不確実性をどこまで高められるかは、ホストとキャスト、ホストとゲストとの不確実性の度合いにもよる。つまり、小規模店のように、ホストとキャストやホストとゲストとの関係がきわめて近く、そのためにわざわざ契約などを持ち出さなくてもその関係には不確実性が低い場合には、キャストとゲストとの関係には、かなりの度合いまで不確実性を導入することが可能である。一方で、TDL のような巨大な組織の場合には、ある程度は契約で関係における不確実性を除去しうるが、それでもかかわりを持つ人数が非常に多いために、キャスト⇔ゲストの関係における不確実性を高め過ぎるのは事業遂行上危険である。そこで、マニュアルを併用しつつ、ホスピタリティが感じられるレベルの不確実性を創り出していると言える。

3. 組織レベルのホスピタリティ・マネジメント―トライアド・モデル

　これまでの研究では、ホスピタリティの関係把握において、いわば「ホスト」と「ゲスト」という2者間の関係性のマネジメントについてのアプローチが中心であったと言えよう。TDLの事例を通じて見えてきたことは、2者間の関係性のみにとらわれず、3者間の関係性を前提とすることで、不確実性を保ちつつ事業としてのマネジメントを成り立たせる可能性が見えてきた。

　具体的には、ホストとゲストの他に「キャスト」とも言うべき存在を置く。2者間では、
① 確実性の高い関係
② 不確実性の高い関係

のいずれかの選択であったものを、3者間にすることによってこの選択肢を3者間それぞれの3つの関係に適用することが可能となる。すなわち、ダイアドではなくトライアドで把握し、その配置によって、サービス提供プロセス全体としての社会的不確実性をコントロールすることが可能となっているのである[1]。

　ただし、もちろんこの際には前提条件がいくつか存在する。例えば、3者それぞれが一定の価値観や尺度、あるいはテーマといった社会的前提を共有していなければ、このような関係構築は不可能となるであろう。あるいは、不確実性を導入した主体間に接する主体の内部においては、当然、関係構築のための情報や関係性マネジメントのための雰囲気の醸成などが必要となる。そしてもちろん、キャストのみならずゲストも、関係構築を志向する、ないしは志向する雰囲気を醸せるように、ホスト側で何らかの対策をする必要性が生じる。

　実際にはキャストもゲストも、ともに関係構築への志向が強いか否かは事前にはわからない。特にゲストの側はそうかもしれないが、そういう場合でもゲーム理論的なアプローチによって、コミットメント関係からホスピタリティ実現への道筋が開かれうる（詳しくは徳江（2009）を参照）。

　繰り返すが、関係における不確実性を生じさせるポイントとして、TDLにおい

---

1 マーケティングにおいては、特にネットワーク分析の分野を中心として、こうした主体間構造の分析は盛んであり、例えば芳賀（2005）、久保田（2008）などに詳しい。

ては会話に関しての自由度を高めることを中心に対応している。固定的サービス提供プロセスにおいては、会話もあらかじめ想定される顧客からの質問に対する返答を用意しておけばよい。あるいはプロセスごとに決められた会話の内容をスタッフが話せるようにすればよい。いわば「台詞」にしてしまうのである。こうすれば、最大公約数的な対応として、多くの顧客に一定の品質のサービスを提供しうるし、キャストのレベルに大きく左右されることもなくなる。

しかしながら、そこにあえて不確実性を導入することで、会話を創出する余地が生じ、その結果として、顧客がホスピタリティを感じるようなプロセスを、キャストがアレンジしうるのである。だが、そのままでは不確実性が高くリスクの高い状況であるので、ホストが確実性の高いマネジメントをホストやゲストに対して行い、全体としては不確実性の制御をしていると言えよう（図表8-4）。

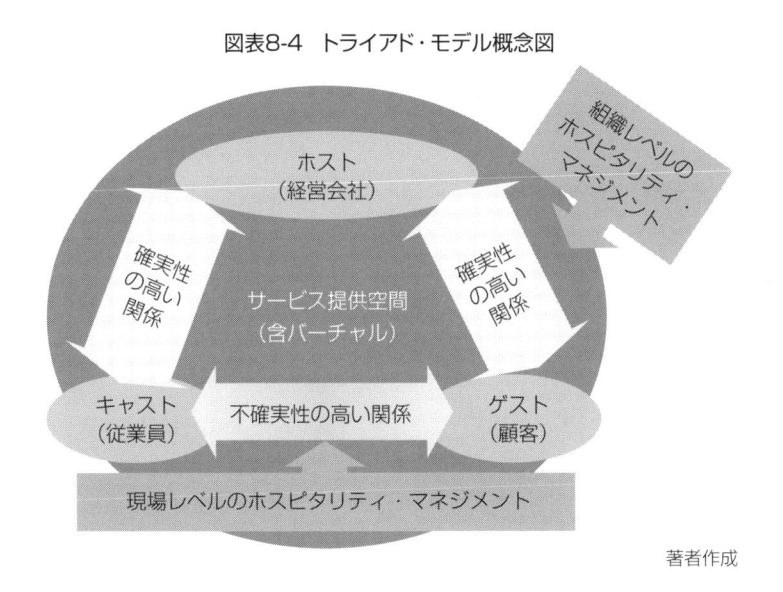

図表8-4　トライアド・モデル概念図

組織レベルのホスピタリティ・マネジメント

ホスト
（経営会社）

確実性の高い関係

サービス提供空間
（含バーチャル）

確実性の高い関係

キャスト
（従業員）

不確実性の高い関係

ゲスト
（顧客）

現場レベルのホスピタリティ・マネジメント

著者作成

先行研究におけるサービス・エンカウンターにおけるさまざまなホスピタリティについての知見は、図表8-4の「現場レベルのホスピタリティ・マネジメント」ということになる。3主体間の関係性を、不確実性の高低を軸としてマネジメントすることを、「組織構造におけるホスピタリティ・マネジメント」という。

4. トライアド・モデルの拡張

　こうして不確実性の制御が可能な組織構造について考えることができたわけであるが、このモデルは3者間以上の関係性においても適用することができる。

　例えば、第5章で紹介したような、土地の文脈を軸としたホスピタリティの展開について考えてみよう。その土地の持つさまざまな「資源」には、自然環境のように不確実性の高いものも存在する。こうした資源に対しては、地元出身のキャストの採用によって、社内的には確実性を高めた対応が可能となる。一方で、ゲストにとってはそのような資源は不確実性が高い面が多い。そこで、こうした資源との仲介役をキャストが行うことによって、その時々の変化に合わせた対応を、ゲストにすることも可能となる。さらに、不確実性の存在によって、ゲストにはホスピタリティな対応と感じてもらうこともできることになるのである（第5章を参照）。

　こうした事例以外にも、さまざまな関係性の分析にトライアド・モデルを用いることができるであろう。特に、人間が介在することで不確実性を逆に武器にできるような環境においては、この構造を用いることで、確実な要素と不確実な要素とを切り分け、不確実性を一定のレベルに保ちつつ、事業遂行に十分な確実性を保持することもできるようになるだろう。

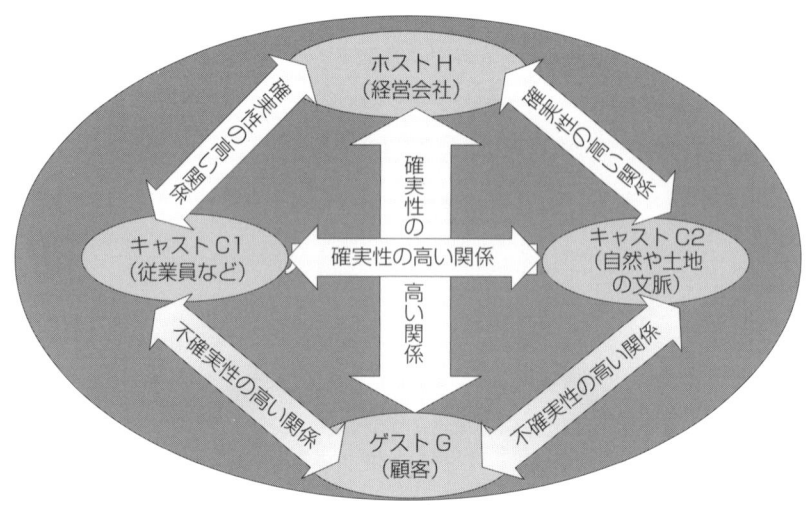

図表8-5　拡張トライアド・モデル

著者作成

また、他社の分析をする際にも、このモデルを当てはめることによって、なぜ対象とする企業がホスピタリティの代名詞のように言われているのか、ホスピタリティな対応を実現しつつ、確実性を高めて利益を増大させることもできるのかを理解することができよう。顧客にとっては、必ずしもホスピタリティと感じられない要素については除外したり、確実なマネジメントを行って間違いのないようにしたりすることもできるからである。

　いずれにせよ、ホスピタリティは不確実性の存在する状況における関係性のマネジメントである。これからのサービス企業は、この相反する課題に、正面から向き合ってゆかなければならない。

（徳江 順一郎）

3 サービス／ホスピタリティにおける競争とマーケティング

1．サービスにおける競争戦略とSTP

（1） 競争関係の認識の意義

　市場の中に存在するいかなる企業も、何らかの形で競争関係にある。こうした関係の中で、誰と競争しているかを認識できていないと、せっかくのマーケティング努力が水の泡と消えてしまう。では、サービス業の場合、どのような競争関係を見据える必要があるのだろうか。一般に、以下の4つの競争形態が見られる。

　① 欲求競合相手
　　　　…対象である消費者を満足させたいと欲する他の強い欲求
　② 一般的競合相手
　　　　…消費者の特定の欲求を満足させられるような他の基本的な方法
　③ サービス形態競合相手
　　　　…消費者の特定の欲求を満足させられる他のサービス形態
　④ 事業競合相手
　　　　…消費者の特定の欲求を満足させることのできる同じ形態のサービスを提供する他の事業体

　これらをサービス業において検討してみると、遊びに行くことを想定した場合に、可能性としては、図表8-6のような競合相手が存在することになる。もとよりこれらすべてに対する競争戦略を構築することは容易なことではない。しかしながら、自社の市場での競争優位性を構築しようとする場合には、獲得したい消費者セグメントに見合った競争関係くらいは想定に入れたマーケティング戦略の実施が不可欠になると言えるだろう。

（2）競争戦略

　ポーターの競争戦略におけるサービスのとらえ方は、以下のようになる。図表8-7は、企業活動が競争優位を創り出すプロセスを示したもので、価値を創り出す活動とマージン（利益）から構成される。価値創出活動は、主活動（製造、購買・出荷物流、販売・マーケティング、サービス）と支援活動（資材調達、研究開発、人的資源管理と企業全般の連鎖を支援する全般管理）に分けることができる。個々

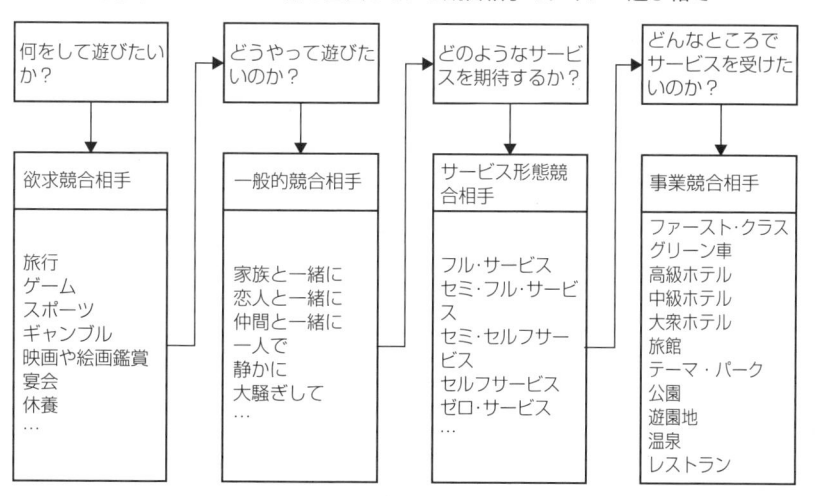

図表8-6　サービス業の直面している競合相手のタイプ…遊び軸で

何をして遊びたいか？	どうやって遊びたいのか？	どのようなサービスを期待するか？	どんなところでサービスを受けたいのか？
欲求競合相手	**一般的競合相手**	**サービス形態競合相手**	**事業競合相手**
旅行 ゲーム スポーツ ギャンブル 映画や絵画鑑賞 宴会 休養 …	家族と一緒に 恋人と一緒に 仲間と一緒に 一人で 静かに 大騒ぎして …	フル・サービス セミ・フル・サービス セミ・セルフサービス セルフサービス ゼロ・サービス …	ファースト・クラス グリーン車 高級ホテル 中級ホテル 大衆ホテル 旅館 テーマ・パーク 公園 遊園地 温泉 レストラン

出典：Kotler(1980)に示された製品の競争のタイプを著者が一部改変し、サービス業の競争パターンに展開

図表8-7　内部環境分析

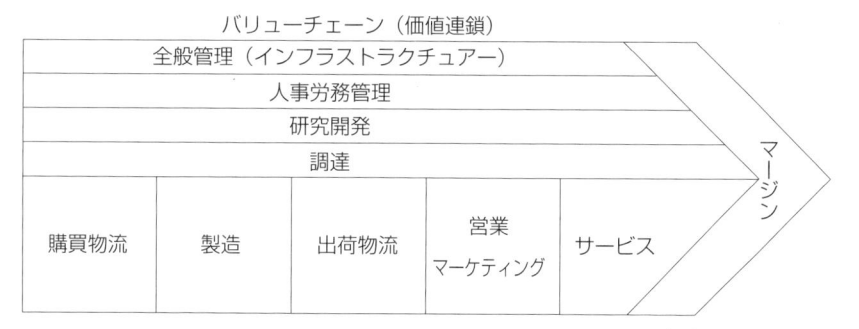

バリューチェーン（価値連鎖）

全般管理（インフラストラクチュアー）					マージン
人事労務管理					
研究開発					
調達					
購買物流	製造	出荷物流	営業 マーケティング	サービス	

出所：土岐他訳(1985)

の企業による個々の価値創造活動の違いが競争優位を特徴づけるのである。

(3) サービスにおけるSTP

　サービスのマーケティングを考えるに当たって、その基本となるフレームワークとして、STP（segmentation, targeting, positioning）と競争の視点を検討しておくことにしよう[2]。

2　白井監修・武田訳(2008)，pp.208-227

①　集中戦略の基本となる市場細分化
　　サービス組織は、顧客の特性に応じて、対応能力や範囲に違いが出る。したがって、自社組織の最も得意とする領域で競争を展開するためのフレームワークが必要となる。
②　市場細分化と超細分化
　　顧客のニーズは、以前にも増して細かく区分されるようになってきており、1人1人のセグメントを想定する必要がある。
③　ターゲット・セグメントの確定
　　顧客特性、ニーズ、購買行動、消費パターンが共通の顧客グループであり、効果的なセグメンテーションでは、グループ内ではできるだけ共通点を持ち、各グループ同士は明確に異なる特性を持たせる。

　一般的には、ターゲット・セグメントを特定するにあたり、以下のような基準がある。

　所得による細分化、地域による、年齢による細分化、性別による、職業による、所属する団体（宗教団体、政治団体、研究団体、趣味の集まり、スポーツ・クラブ、社交団体、学校など）、センスによる（ハイセンス、和風好み、洋風好み）、性格による、買い物動機による（固定客、見物客による冷やかし、恋人のため）、買い物慣習による（便宜的：コンビニエンス・ストアを利用、買回的：専門店をいくつか見て回る、衝動買い）、交通手段による、などである。

　市場セグメントによって事業機会の可能性が異なるため、サービス・マーケティングでは、売上げや利益の予測だけではなく、自らが競合企業以上のサービスを顧客に提供できるかどうかも考慮してターゲット・セグメントを選択しなければならない。市場調査を行えば、既存のサービスではニーズがあまり満たされていない「サービスが行き届いていない」市場セグメントを特定することができる[3]。

(4) サービスの特性と重要／決定特性

　サービスにはモノとは異なる特性が存在する（第3章を参照）。ここで、マーケティングに関係する要素として再び取り上げると、サービスの特性は、①無形性、②品質の変動性、③（生産と消費との）不可分性、④消滅性、⑤需要の変動性、と分類することができる。これらの考え方は、継続的に、どのような顧客に対しても適用

---

[3] 白井・武田前掲書

されなくてはならない。つまり、顧客サービスは、標準化されている必要のある理念であり、行動指針と考えるのが適切である[4]。

また、無形財を有形財との違いで考えると、図表8-8のように示すことができよう。ただし、ここで注意が必要な点がある。すなわち、有形財だからと言ってもサービス活動との組み合わせで価値が向上するものもあり、その逆の関係も存在する。例えば、自動車はモノとしての価値に加えて、メンテナンスが不可欠であり、飛行機の移動には、空港、機材、機内食といったモノの供給も欠かせない。

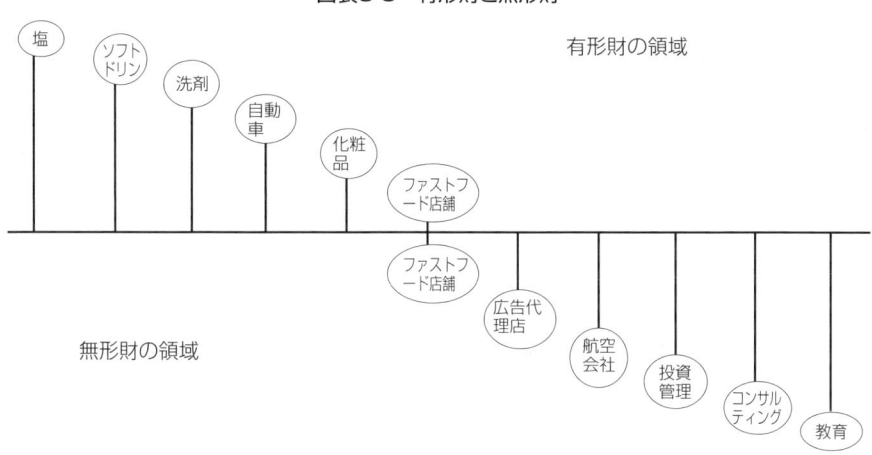

図表8-8　有形財と無形財

（塩、ソフトドリンク、洗剤、自動車、化粧品、ファストフード店舗／有形財の領域）
（ファストフード店舗、広告代理店、航空会社、投資管理、コンサルティング、教育／無形財の領域）

出典：Shostack（1977）

また、競合サービスの中から顧客が特定のサービスを選択する理由、つまり、決定特性は、サービス購入の際の重要な特性に含まれるが、顧客によって、決定特性は異なる。例えば、航空会社を選択する際に、ビジネス客にとっては、マイレージ・ポイントや会員特典の内容、機内食のレベル、予約のしやすさといったサービスの中身かもしれないが、低価格志向の旅行客にとっては、価格だけが決定特性となるかもしれない。LCCのシェアが拡大しているのがその証左と言えよう。

4　佐々木（1992）

2．ポジショニング戦略－サービス組織、市場、競合相手の分析

　ターゲットにする市場セグメントが確定すると、次の段階では、消費者の心の中で製品が占める競合製品と比較した相対的なポジションを決める必要がある。これをポジショニング戦略と呼ぶ。以下では Lovelock & Wirtz（2007）を参考にしつつ、ポジショニング戦略についてまとめておく。

(1) サービス・レベルとサービス階層の決定

　ポジショニング戦略策定では、ターゲット顧客にとって重要なサービス特性を明らかにするだけでなく、それらのパフォーマンスをどの程度にするのかという「サービス・レベル」も決めなければならない。サービス特性のパフォーマンスが容易に測定できるものであれば、サービス・レベルを確定することは簡単である。

　例えば、乗り物のスピードや定員、サービスの時間やホテルの客室のサイズなど定量的に把握できるものは、サービス基準を定めやすい。一方、サービス提供者の質やホテルの豪華さなどは、定性的なものなので、各サービス特性を調整できるようにすることと、明確なサービス基準を設定する必要がある。

(2) マーケティング戦略におけるポジショニングの役割

　ポジショニングでは、市場、競争、組織内を対象として分析を実施する。これらの分析を通じて、サービス組織は、サービス・プロダクトの内容（コンセプト）、今後の方針、そのために必要な対応に関するポジショニング計画を策定する。

　ポジショニング分析の主な活用法としては、①サービス・プロダクトと市場との関係を明確に理解するための便利な指標となる、②市場機会を明らかにする（a. 新サービスの導入、b. 既存サービスの再設計（リポジショニング）、c. 提供を中止するサービス）、③競合相手の動きに対応したり、先行したりするため、新たなマーケティング・ミックスの導入を決める（a. サービス提供システム、b. 価格戦略、c. コミュニケーション戦略）がある。

　次に、サービス戦略を検討するにあたり必要となる分析には以下の（3）～（5）がある。

(3) サービス組織の分析

　サービス組織自体を分析するのは、組織内の経営資源（資金、人材およびノウハウ、資産）、限界や制約、目標（利益率、成長、専門家の評価など）、そして経営手法に影響を及ぼす価値観などを明らかにするためである。経営幹部はこれらの分析結果

からターゲット市場を絞り込み、新規サービスや既存サービスを提供することができる。

(4) 市場分析

サービス提供によるベネフィットに対する需要の増減、地域間あるいは国家間のサービス需要の違いなどを分析し、サービス全体の需要や傾向、地域別の需要などを明らかにする。また、新たな市場セグメントを検討し、それに基づいた市場規模やビジネスの可能性について検証する。新たな市場セグメントごとの顧客ニーズおよび嗜好を詳細に把握し、さらに競合サービスに対する認識を探るためには市場調査が必要になる場合もある。

(5) 競合相手の分析

競合相手の分析によって、各企業の強みと弱みを明らかにする。その結果とサービス組織の分析結果を総合的に判断することによって、差別化を図り競争優位の確立を目指すことができるようになる。ここでは、直接・間接の競合相手を見つけ出し分析することが求められる。

(6) ポジショニング・マップの作成

これは、市場、サービス組織、競合相手の3分野の分析結果を総合的に判断したもので、当該市場に相応しいポジション計画の基となり、それを使って具体的な行動計画を策定する。ただし、行動計画の実施のための費用は、期待される利益に応

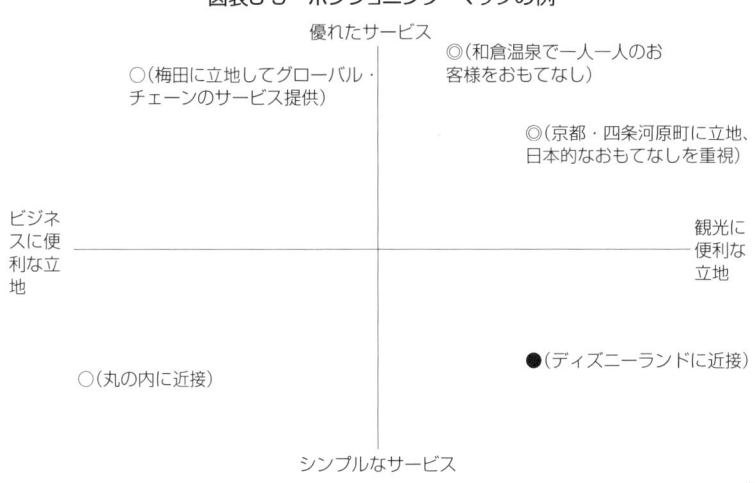

図表8-9　ポジショニング・マップの例

```
                            優れたサービス
                                │
  ○(梅田に立地してグローバル・      │   ◎(和倉温泉で一人一人のお
     チェーンのサービス提供)         │      客様をおもてなし)
                                │
                                │   ◎(京都・四条河原町に立地、
                                │      日本的なおもてなしを重視)
                                │
  ビジネスに便利な立地 ─────────┼───────── 観光に便利な立地
                                │
                                │
                                │      ●(ディズニーランドに近接)
       ○(丸の内に近接)           │
                                │
                            シンプルなサービス
```

著者作成

じたものでなければならない。

市場における同一サービスに対して、消費者がどのように認識しているかを示しているのがポジショニング・マップである。図表8-9は、日本の宿泊施設をポジショニングした例示であり、横軸には顧客の利用目的をとり、縦軸にはサービス・レベルをあてはめている。

3. サービス・マーケティング

(1) 事前情報の収集からアフターサービスまで

サービスが行われるプロセスに沿って、ニーズと期待とが、サービスによってどのように変化していくのかについて図表8-10を使って考えてみよう[5]。

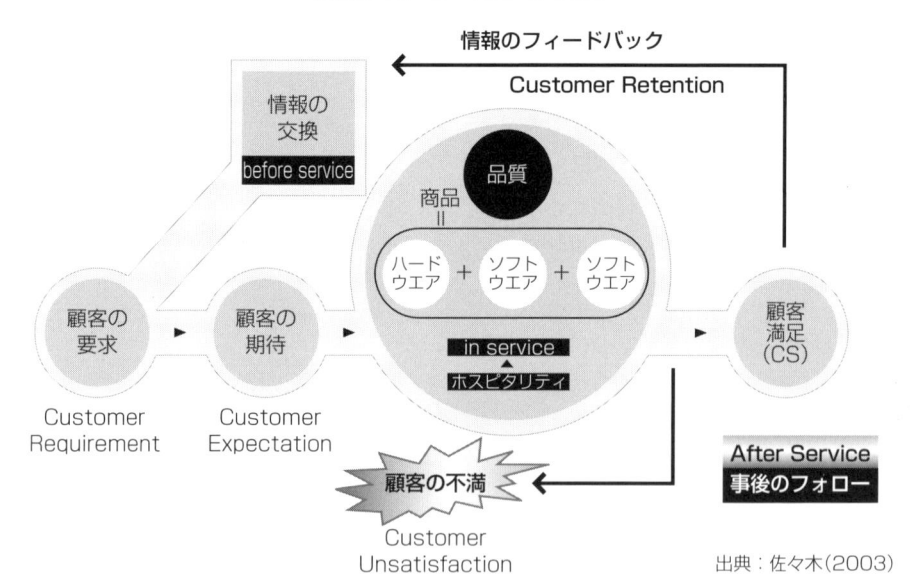

図表8-10　サービス・サイクル

顧客は、何らかのニーズを起点として、情報探索を行う。ここでは、過去の経験や候補となる企業に対するイメージ、そして仲間や公表されているさまざまな情報源（例えば、インターネットのコミュニティ・サイト）から得られる口コミを通じて、

---

5 佐々木(2003)

スクリーニングをかける。

　顧客が特定の候補企業にアプローチして、具体的なサービス内容の確認の段階に入ると、当該企業と顧客に緩やかな関係が形成され、実際のサービスの提供「前段階（before service）」がスタートする。ここで顧客が納得できれば、実際にサービスを受けることになるであろう。

　サービスを受ける段階（in service）になると、顧客は、サービスのプロセスに応じて、内容、すなわち、

　①　ハードウェア
　　　　：建物、施設、設備、インテリア、什器備品、料理、飲み物、清潔さ、快適さ、安全、BGM、照明、料金構成など、サービスの善し悪しが客観的に評価できるもの
　②　ソフトウェア
　　　　：サービスを提供する人のマナー、接客態度、言葉遣い、表情、清潔感、身だしなみなど、個々人の主観的な判断によってサービスの善し悪しが評価されるもの
　③　ヒューマンウェア
　　　　：サービスを提供する人の心、つまり「ホスピタリティ＝おもてなしの心」を持った人が提供するサービスのこと

の組み合わせに対する評価を行うことになる。

　この評価が顧客のサービス品質に対する知覚となるのである。このプロセスを通じて、顧客は、要求水準と期待水準のギャップを埋めようとする。この中で最も重要なのは、③のヒューマンウェアである。なぜならば、この部分は、誰にも真似のできない部分だからである。

　顧客の企業との関係は、このプロセスの中で明確なものとなる。この段階で、顧客の満足度が決まることになるが、多くのサービスの場合、提供されたサービスが期待に反していたという問題（Customer Unsatisfaction）が発生することもある。こうした場合には、事後のフォロー（after service）が不可欠となる。したがって、提供時の顧客満足に集中するだけでなく、期待に応えられない場合もありうるという認識の下、サービス提供後のフォローにも積極的に努めなくてはならない。

　提供されたサービスの内容に満足することによって、顧客の維持（retention）が行われる。提供直後にはそれほど高くなかった満足度が、購買後の対応によって

高い満足度に変わり、顧客の維持へとつながることがある。

　一方、不満（unsatisfaction）や怒り（dissatisfaction）を引き起こすことは極力避けなければならないが、その場合には、当該顧客に対しては、謝罪か補償ということのほかに、他の代替案をその顧客のためだけに見つけて対処することで、怒りを和らげるということも可能である。いずれにせよ、二度とこうした事態が起きないように、社内に向けたフィードバックは欠かせない。

　ここで、しっかりとした顧客との結びつきを形成できれば、顧客の維持につながるが、失敗すれば、一から新たな顧客を見つけなければならなくなってしまうのである。

　また、有形の製品と同様、無形のサービスについても、付加価値の高さが問われていることから、製品と同様に、サービスについてもその品質の向上を考える必要がある。Zeithamlら（1988）は、サービスの品質の次元として、次の5つが、サービス品質の維持・向上には不可欠であるとしている。

① 信頼性：期待した結果が実際に提供されたか
② 確信性：期待する結果が得られるという予想についての確信
③ 反応性：サービス提供のスピードと意欲
④ 共感性：顧客ニーズに対して敏感に反応しているかどうかを示す程度
⑤ 物的要素：物的施設、設備の内容について整備すること

(2) サービス・マーケティング・ミックスの7P

　これは、製品マーケティングのミックスの要素（Product, Price, Place, Promotion）に、以下の3つを加えたものを指している[6]。

Physical Evidence（物的証拠）：

　　物の配置、素材、形・ライン、照明、色、温度、雑音。これは、サービス特性の一つである無形性を補うものである。顧客は、サービスの質を見極めるために、サービス以外のヒントを手がかりにする。例えば、建物や事務所の造りや調度品など物的証拠となるものである。

Process（プロセス）：

　　方法と手順、生産・納品スケジュール、教育・報奨制度。仕事のやり方を指す。例えば、病院でレントゲン写真を撮るのは誰がやっても差がないが、

---

6 Kotler, Bloom & Thomas（2002）

胸焼けと息切れを訴える患者の原因を突き止めるのは医師によって診療内容や方法に差が出る。

People（人）：
サービス提供者、サービスを受ける顧客、その他のスタッフと顧客。例えば、旅館であれば、フロント係、仲居さん、女将さん、料理長などとの接触から顧客は、サービスを評価する。

(3) サービスにおけるマーケティングのタイプ

コトラーらは、サービス分野では、顧客だけではなく顧客との接点にいる従業員にも目を向ける必要があり、サービス・プロフィット・チェーンという企業の利益は、顧客と従業員の双方からもたらされるとしている。つまり、サービスの提供には、従来の組織の外部に対するエクスターナル・マーケティングだけでは不十分で、以下の要素にも目を向ける必要があるということになる。

①インターナル・マーケティング

マーケティングを実施する上で、マーケティング部門だけでなく、他の部門にもマーケティングを理解してもらい、チームとして、顧客に接遇する必要がある。これは、すべての従業員を顧客として扱い、従業員が顧客のために実現したいと考えている職務＝従業員のニーズに職務内容を改善することによって実現される[7]。

インターナル・マーケティングを実施するためには、人事の仕組みから修正を加える必要がある。その内容は、佐々木（2003）に詳しい。

②インタラクティブ・マーケティング

接遇の際に、購買者と販売者のやりとりの善し悪しが、購買者の知覚するサービス品質に影響を与えるという考え方である。サービス・マーケティングにおいては、サービス提供者の接遇のレベル、提供の仕方、顧客のおかれている状況次第で、その品質が変化する。

インターナル・マーケティングやインタラクティブ・マーケティングの実践例としては、リッツ・カールトン・ホテルの「ゴールドスタンダード」（リッツが提供しようとするおもてなしの神髄を社員全員が共有するための価値観と理念を示している）が興味深い。

（佐々木 茂）

---

[7] Berry & Parasuraman（1991）

参考文献

Berry, L. L. & A. Parasuraman (1991), "Marketing Services-Competing Through Quality", *Marketing to Employees*, Free Press, pp.151-172.
Enis, B. N. & K. J. Roering, "Services Marketing: Different Products Similar Strategy", J. H. Donnelly & W. R. George eds., *Marketing of Services*, AMA, 1982, pp.1-4.
Grönroos, C. (1990), *Service Management and Marketing*, Lexington Book.
Kotler, P. (1980), *Marketing Management*, 4th ed., Prentice Hall.
Kotler, P., P. N. Bloom & T. Hayes (2002), *Marketing Professional Service*, Prentice Hall（白井義男, 平林祥訳 (2002),『コトラーのプロフェッショナル・サービス・マーケティング』ピアソン・エデュケーション).
Lovelock, C. (1994), *Product Plus*, McGraw-Hill.
Lovelock, C., & J. Wirtz (2007), *Services Marketing*, 6th. ed., Prentice Hall（白井義男監修・武田玲子訳 (2008),『ラブロック＆ウィルツのサービス・マーケティング』, ピアソン・エデュケーション).
Norman, R. (1991), *Service Management*, John Wiley & Sons.
Porter, M. E. (1985), *Competitive Advantage*, Free Press（土岐坤・中辻萬治、小野寺武夫訳 (1985),『競争優位の戦略』, ダイヤモンド社).
Shostack, G. L. (1977), "Breaking Free from Product Marketing," *Journal of Marketing*, Spring.
Zeithaml, V. A., A. Parasuraman & L. L Berry (1988), "SERVQUAL: A Multiple Item Scale for Measuring Consumer Perceptions of Service Quality," *Journal of Retailing*, 64, pp.12-40.
飯嶋好彦 (2001),『サービス・マネジメント研究』, 文眞堂.
久保田進彦 (2008),「マーケティング研究におけるネットワーク・パースペクティブの現状と展望」,『中京商学論叢』, 中京大学商学会, pp.49-75.
佐々木茂 (1992),「市場変化とニュー・マーチャンダイジング」,『明治大学商品陳列館館報』.
佐々木茂 (2003),『流通システム論の新視点』, ぎょうせい.
清水晶 (1980),『新商店経営学』, 中央経済社.
徳江順一郎 (2009),「ホスピタリティ概念・再考」,『観光・余暇関係諸学会共同大会学術論文集』観光・余暇関係諸学会共同大会学術論文集編集委員会, pp.111-118.
芳賀康浩 (2005),「マーケティングにおけるネットワーク ～社会ネットワーク分析の示唆～」,『季刊マーケティングジャーナル』第24巻第4号, 日本マーケティング協会, pp.31-44.

第9章

サービス／ホスピタリティの会計

1 さまざまなビジネスにおける業務と部門

1. ライン事業部門とその業務

　企業経営に必要な活動は多岐にわたる。たとえば有形財である製品を生産し販売する製造業であれば、一般的に、原材料を調達・購買する業務、原材料を加工して製品を生産する業務、製品を販売する業務といった事業ラインの部門が担当する業務プロセスが存在する。簡略化した業務プロセスのイメージを示せば、図表9-1のとおりである。

図表9-1　製造業の業務プロセス

原材料の調達・購買 → 製品の生産 → 製品の販売

著者作成

　これに対し、サービスやホスピタリティに関連する企業においては、有形財である商品を販売する場合と、無形財であるサービスを販売する場合とがある。また、有形財である商品を販売する場合であっても、購入した商品をそのまま販売するときと、購入した原材料を加工して販売するときとでは、業務プロセスが異なる。

　有形財である商品を販売する場合で、購入した商品を加工せずそのまま販売するときには、生産業務はなく、販売する商品を仕入れる業務および商品を販売する業務が事業ライン部門の担当となる。具体的な例としてあげられるのが、ホテル内の物販部門や、土産物販売店などである。簡略化した業務プロセスのイメージを示せば、図表9-2のとおりである。

　また、有形財である商品を販売する場合で、購入した原材料を商品へと加工して

図表9-2　商品をそのまま販売する場合の業務プロセス

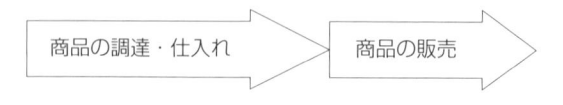

商品の調達・仕入れ → 商品の販売

著者作成

販売するときには、原材料を調達・購買する業務、商品を生産・提供する業務などを事業ライン部門が担当する。具体的な例としては、ホテル内のレストランおよびバーなどの料飲部門や、飲食店などが想定できる。このときの業務の内容は製造業と似てはいるが、決定的に異なる点がある。それは、製造業では製品の生産時と販売時との間にタイミングのずれがあるのに対して、ホテルの料飲部門や飲食店では生産した商品をその場で顧客に提供することが多いということである。簡略化した業務プロセスのイメージを示せば、図表9-3のとおりである。

図表9-3　原材料を商品へと加工して販売する場合の業務プロセス

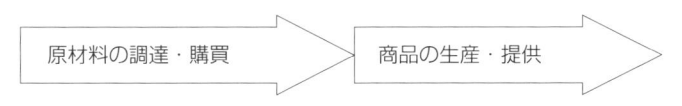

原材料の調達・購買 → 商品の生産・提供

著者作成

さらに、無形財であるサービスを販売する場合は、サービスの提供に必要な物品を調達・購入する業務、サービスを生産・提供する業務を事業ライン部門が担当する。具体的にはホテル内の客室部門や、交通・運輸業などが例としてあげられる。この場合も、生産したサービスをその場で顧客に提供することが多い。簡略化した業務プロセスのイメージを示せば、図表9-4のとおりである。

図表9-4　サービスを販売する場合の業務プロセス

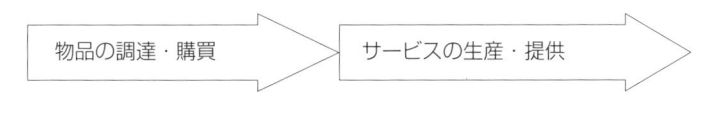

物品の調達・購買 → サービスの生産・提供

著者作成

2．スタッフ部門とその業務

　これらの業務を担当するライン事業部門の他に、トップ・マネジメントを補佐したり、ライン事業部門の業務プロセスが円滑に行われるように、組織全体の立場からサポートしたりするスタッフ部門がある。スタッフ部門には、戦略や経営計画を策定する経営企画部門、マーケティング部門、人材の配置や育成を担当する人事・労務部門、新製品開発のための研究開発部門、製品や企業活動が適法かどうかを

チェックする法務部門などがある。

　そして、必要不可欠なスタッフ部門として、会計や財務に関する業務を担当する部門がある。企業は、後に述べるさまざまな目的のために、経営活動の結果を貨幣額で記録し、儲かっているのか損しているのかを計算し報告する必要がある。これを担当するのが会計・経理部門である（日本の企業では経理部門ということが多い）。

　財務部門は、企業経営に必要な活動を遂行するために必要な資金を調達する。また、余剰資金がある場合はそれを運用するのも財務部門の業務である。経理部門と財務部門は、担当する業務は異なるが、あまり規模が大きくない組織では1つの部門が両方の業務を担当する場合もある。

　スタッフ部門とライン部門を含めて、企業の部門別の組織編制を職能別に示したものが、図表9-5である。図表9-5のライン事業部門は、製造業を例にしているが、サービス／ホスピタリティ企業の場合は、顧客に対してどのような商品やサービスを提供しているかによって、図表9-2、図表9-3、図表9-4にしたがって、企業ごとに適宜変更されることになる。

図表9-5　企業の職能別組織編制

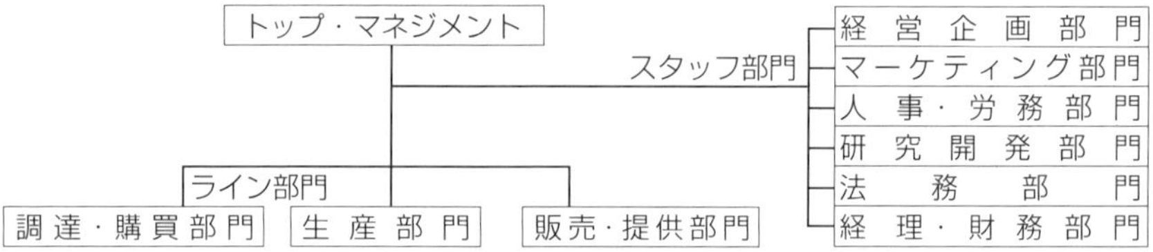

```
                  トップ・マネジメント
                          │
          ┌───────────────┴───────┐        スタッフ部門
          │                       │     ┌─────────────────┐
       ライン部門                  ├────→│ 経 営 企 画 部 門 │
   ┌──────┼──────┐               │     │ マーケティング部門 │
調達・購買  生産   販売・提供        │     │ 人 事・労 務 部 門 │
  部門    部門     部門             │     │ 研 究 開 発 部 門 │
                                   │     │ 法   務   部   門 │
                                   │     │ 経 理・財 務 部 門 │
                                   │     └─────────────────┘
```

著者作成

　本章では、サービス／ホスピタリティ企業における経理部門の業務に焦点をあて、会計の基礎概念について簡単な設例を用いて解説し、サービス／ホスピタリティ企業における会計情報の必要性と有効性について検討し、欧米において広範に用いられているホテルなど宿泊施設の統一会計報告様式（Uniform System of Accounts for Lodging Industry: USALI, The Hotel Association of New York City, 2006）について概説する。

（長谷川　惠一）

2 会計の基礎概念

1. 財務諸表

　経理部門では、一定期間における企業の経営活動の結果が、儲かっているか、損しているかを計算し、報告する。また、企業には、所有する財産、銀行からの借金、企業の元手となる資本などがあり、経理部門ではこれらについても記録し、計算し、報告する。

　報告をするにあたっては、決められた様式にもとづいた書類を作成する。このときの書類を、実務では、決算書、決算書類、計算書類、財務書類などということがあるが、会計学では財務諸表とよぶ。

　財務諸表（financial statements）と複数形でよぶのは、複数の書類があることを意味する。日本の会計制度では、会社法、金融商品取引法、および税法を中心とした法令によって成り立っている。それぞれの会計制度の目的が異なるため、その法令に基づいて提出する財務諸表の名称や種類、そして提出先も異なっている。

　たとえば、会社法の制度では、貸借対照表、損益計算書、株主資本等変動計算書、および個別注記表（個別企業ごとであり連結ではないという意味の「個別」）を計算書類といっている。会社法では、計算書類を、定時株主総会に提出または提供し、定時株主総会で承認を受けなければならないと規定している。

　また、金融商品取引法の制度では、有価証券届出書または有価証券報告書に含まれる財務計算に関する書類を財務書類といい、このうち、貸借対照表、損益計算書、株主資本等変動計算書、キャッシュ・フロー計算書、および附属明細表を財務諸表といっている。金融商品取引法では、有価証券届出書および有価証券報告書は、内閣総理大臣に提出しなければならないと規定している。

　企業の社会的な責任の一環として納税の義務がある。税務関係の申告をするときにも、法人税法などにしたがって、各年度の貸借対照表および損益計算書などにもとづき納税額を計算する。

　このように、財務諸表にはさまざまな名称と種類のものがあるが、このうち、貸借対照表と損益計算書は基本財務諸表といわれている。本章では、貸借対照表と損益計算書について概説する。

2．損益計算書

　顧客に商品やサービスを提供すれば、収益として売上が発生する。また、有形財である商品を販売する場合でも、無形財であるサービスを提供する場合でも、これまで説明してきたさまざまな部門が業務を行えば、必ず費用が発生する。企業が、一定期間の経営活動の結果として、儲かっているのか損しているのかについて、収益から費用を差引いた計算結果の符号が、「＋」ならば利益として、「－」ならば損失として計算する書類を、損益計算書（profit and loss statement: P/L）という。

　損益計算書は、企業の一定期間の経営成績を示す財務表である。ここで一定期間とは、基本的には1年間とするが、必要に応じて、6か月（半期）、3か月（四半期）、1か月（月次）を期間とした損益計算書を作成することもある。

　また、経営成績とは、収益から費用を差引いた利益または損失のことをいう。収益と費用の金額が確定しなければ、計算結果の符号が「＋」になるか「－」になるか、つまり利益になるか損失になるかがわからない。一般的には、損益計算書の基本的な計算方式を示す①式のように、収益から費用を差引いた差額を、利益と損失をあわせて損益という。

　　　収益－費用＝損益（利益または損失）………①

　損益計算書では、損益を何段階かに分けて計算することが多い。たとえば、ある商店がある月に商品を10万円仕入れ、そのすべてを15万円で販売したら5万円の利益を得ることができる。この段階の利益を売上総利益（または商品売買益）という（実務では粗利または粗利益ということもある）。ところが、この商店にはその他の費用もかかっていることが常識的に考えられる。従業員を雇っていれば給料を支払うし、店舗を借りていれば家賃を支払い、水道光熱費なども支払うことになる。給料、支払家賃、水道光熱費の合計額が3万円であれば、5万円の売上総利益からこれらの費用を差引いても、最終的に2万円の利益が残る。しかし給料、支払家賃、水道光熱費の合計額が6万円であれば、5万円の売上総利益ではこれをまかないきれず、最終的に1万円の損失となってしまう。

　そこで、②式のようにすべての収益からすべての費用を差引いて計算した最終的な損益を純損益という。

　　　総収益－総費用＝純損益（純利益または純損失）………②

　②式で純損益を計算する方法を損益法という。なお、純損益は、後述する（3）

貸借対照表の④式（215頁）で説明するように、貸借対照表の純資産の増減にもとづいて計算することもでき、この方法を財産法という。

＜設例1＞

観光地で土産物を販売する世和田商店の20x1年1月1日から20x1年1月31日までの1か月間の経営活動で、稼いだ収益として、売上高が100万円、銀行への預金に対して受取った利息が5万円であった。また、同じ期間の経営活動にかかった費用として、販売した商品の原価が40万円、従業員に支払った給料が20万円、借りている店舗の家賃が10万円、水道光熱費が3万円、銀行からの借入金に対して支払った利息が1万円であった。

世和田商店の1か月間の経営成績として、純利益となるか純損失となるかは、総収益から総費用を差引くことで、つぎのように計算できる。

（100万円＋5万円）－（40万円＋20万円＋10万円＋3万円＋1万円）
＝105万円－74万円＝31万円（純利益）

計算結果から、世和田商店の20x1年1月の経営成績は、31万円の純利益となっていることがわかる。

設例1にもとづいて損益計算書を作成すれば、図表9-6のとおりである。

図表9-6　損益計算書の例(1)

損 益 計 算 書

世和田商店　　20x1年1月1日から20x1年1月31日まで　　（単位：円）

勘　定　科　目	金	額
売　　上　　高	1,000,000	
受　取　利　息	50,000	1,050,000
売　上　原　価	400,000	
給　　　　　料	200,000	
支　払　家　賃	100,000	
水　道　光　熱　費	30,000	
支　払　利　息	10,000	740,000
純　　利　　益		310,000

＜設例2＞

設例1で世和田商店の売上高が60万円で、他の収益と費用の項目の金額が同じ

であるとすれば、計算結果はつぎのとおりとなる。

　（60万円＋5万円）－（40万円＋20万円＋10万円＋3万円＋1万円）
　＝65万円－74万円＝－9万円（純損失）

　計算結果から、世和田商店の20x1年1月の経営成績は、9万円の純損失となっていることがわかる。

　設例2にもとづいて損益計算書を作成すれば、図表9-7のとおりである。

図表9-7　損益計算書の例(2)

損 益 計 算 書

世和田商店　　20x1年1月1日から20x1年1月31日まで　　（単位：円）

勘　定　科　目	金	額
売　　　上　　　高	600,000	
受　取　利　息	50,000	650,000
売　上　原　価	400,000	
給　　　　　　料	200,000	
支　払　家　賃	100,000	
水　道　光　熱　費	30,000	
支　払　利　息	10,000	740,000
純　　　損　　　失		90,000

　図表9-7では9万円の純損失を計算しているが、とくに符号はつけていない。ただし、理解しやすくするために、金額の前に「－」をつけたり、「△」または「▲」をつけたりする場合もある。

3．貸借対照表

　企業経営の活動には資金が必要である。元手として準備した資金が不十分であれば、銀行からの借入金などにより資金を調達する。調達した資金は、さまざまなものの購入や費用の支払いにあてられる。購入したものには、土地、建物、自動車などの車両、事務所で使用する机・椅子、パソコンなどの備品といった有形固定資産、顧客に商品やサービスを提供するために仕入れた商品や原材料などの棚卸資産などが考えられる。

　これらの状況を一覧的に示す書類を貸借対照表（balance sheet: B/S）という。

貸借対照表の左側には、企業が所有する財産である資産を記載する。貸借対照表の右側の上部には、金融機関からの借入金など、企業に返済や支払いなどの義務がある負債を記載する。貸借対照表の右側の下部には、企業の元手である資本金などの純資産を記載する。

　資産、負債および純資産の状況を財政状態という。貸借対照表は、企業の一定時点における財政状態を示す財務表である。ここで、一定時点としている理由は、企業の経営活動の結果として財政状態が変動するからである。たとえば、パソコンを15万円で購入し代金を現金で支払ったときには、備品の金額が15万円増加し現金の金額が15万円減少する。パソコン購入前と購入後とでは資産の金額が変動しているのである。そこで、貸借対照表には、どの時点で作成したのかという日付を明記する必要がある。一般的に貸借対照表は、企業が営業を開始した時点とその後の一定期間（基本的には1年間であるが、必要に応じて6か月、3か月、1か月）の期末に作成する。

　貸借対照表の右側（貸方）は、元手である資本金や借入金など企業の経営活動に必要な資金の調達源泉を示している。一方、貸借対照表の左側（借方）は調達した資金をどのような資産として利用しているのかという運用形態を示している。調達した資金は、何らかの資産として運用している。調達した資金に余剰があれば、それは現金または銀行預金のままで残るから、調達した資金はすべて運用していることになる。したがって、資産の金額と、負債と純資産の合計金額とは等しい関係にある。これは貸借対照表の基本構造であり、③式のように示すことができる。

　　　資産＝負債＋純資産………③

＜設例3＞

　世和田商店は、20x1年1月1日に現金100万円、銀行預金50万円、借入金50万円、資本金100万円で開業した。これを貸借対照表等式（③式）で示すとつぎのとおりである。

　　　（現金）100万円＋（銀行預金）50万円
　　　　　　　　　　＝（借入金）50万円＋（資本金）100万円
　　　（資産）150万円＝（負債）50万円＋（純資産）100万円

　したがって、世和田商店の20x1年1月1日時点の財政状態は資産が150万円、負債が50万円、純資産が100万円である。

設例3にもとづいて貸借対照表を作成すると図表9-8のとおりである。

図表9-8 貸借対照表の例(1)

貸 借 対 照 表

世和田商店　　　　　　　　20x1年1月1日　　　　　　　　（単位：円）

資　　　産	金　　　額	負債・純資産	金　　　額
現　　　金	1,000,000	借　入　金	500,000
銀 行 預 金	500,000	資　本　金	1,000,000
	1,500,000		1,500,000

＜設例4＞

世和田商店の20x1年1月31日時点の財政状態は、現金66万円、銀行預金55万円、売掛金30万円、商品10万円、備品30万円、買掛金10万円、借入金50万円、資本金100万円であった。これを貸借対照表等式（③式）で示そうとすると、

　　66万円＋55万円＋30万円＋10万円＋30万円
　　　　　　　　　　≠10万円＋50万円＋100万円

となり、資産の合計金額と負債と純資産の合計金額とが一致しない。不一致の金額を x として整理すると、

　　（資産）191万円＝（負債）60万円＋（資本金）100万円＋ x

となり、x は31万円であることがわかる。この31万円は設例1で計算した純利益であり、貸借対照表では純資産の一部として掲記するので、貸借対照表等式はつぎのとおりである。

　　（資産）191万円
　　　　　＝（負債）60万円＋（資本金）100万円＋（純利益）31万円
　　（資産）191万円＝（負債）60万円＋（純資産）131万円

したがって、世和田商店の20x1年1月31日時点の財政状態は、資産が191万円、負債が60万円、純資産が131万円である。

　純利益を得ていれば財産が増加するというのは直感的に理解できる。設例4の世和田商店の20x1年1月31日時点の純資産131万円は、設例3の20x1年1月1日時点の純資産100万円と比べて、純利益分31万円が増加している。

　20x1年1月31日時点の資本金100万円は、20x1年1月1日時点の資本

金100万円と同じである。したがって、20x1年1月31日時点の純資産は、以下のように示すことができる。

　　（20x1年1月31日の純資産）131万円
　　　　＝（20x1年1月1日の純資産）100万円＋（純利益）31万円
　この式から純損益をもとめると、
　　（20x1年1月31日の純資産）131万円
　　　　－（20x1年1月1日の純資産）100万円
　　　　＝（純利益）31万円

このことから、ある期間の純損益は、期末の純資産の金額から期首の純資産の金額を差引くことで計算することができる。このことは、④式のように示すことができる。

　　　　期末純資産－期首純資産＝純損益………④

④式のように、貸借対照表の純資産の増減にもとづいて純損益を計算する考え方を財産法という。会計システムは、②式の損益法で計算した純損益（210頁）と④式の財産法で計算した純損益とを比較対照し両者が一致することで、計算結果のチェックができるように設計されている。なお通常は、貸借対照表は各期末にしか作成しないため、期首の純資産の金額を得ることはできない。そこで、期首の純資産の金額の代用として、前期末の貸借対照表の純資産の金額を利用する。

設例4にもとづいて貸借対照表を作成すると図表9-9のとおりである。純資産の部分には、20x1年1月1日から20x1年1月31日の期間にかけての純資産の増加分として、獲得した純利益を区分して掲記しているところに注意してほしい。

図表9-9　貸借対照表の例(2)

貸　借　対　照　表

世和田商店　　　　　　20x1年1月31日　　　　　　　（単位：円）

資　　産	金　　額	負債・純資産	金　　額
現　　　　金	660,000	買　掛　金	100,000
銀 行 預 金	550,000	借　入　金	500,000
売　掛　金	300,000	資　本　金	1,000,000
商　　　　品	100,000	当期純利益	310,000
備　　　　品	300,000		
	1,910,000		1,910,000

ところで、純資産は、資産から負債を差引いた差額と定義されることから、純資産を計算する考え方として、③式を変形し、⑤式のように示すことができる。

　　資産－負債＝純資産・・・⑤

　純資産が増加すれば純利益を得ることができ、純資産が減少すれば損失が発生することを④式は示している。純資産が増加するためには、資産と負債との差額が増加すればよい。また純資産が減少するならば、資産と負債との差額が減少していることになる。世和田商店の20x1年1月31日時点の財政状態を⑤式で示すと、つぎのとおりである。

　　（資産）191万円－（負債）60万円＝（純資産）131万円

　20x1年1月31日時点の純資産131万円は資本金100万円と純利益31万円の合計であるから、

　　（資産）191万円－（負債）60万円
　　　　　＝（資本金）100万円＋（純利益）31万円

と示すことができる。

　　　　　　　　　　　　　　　　　　　　　　　　　　　（長谷川 惠一）

3 財務会計と管理会計

1. 会計情報とその利用者

　企業の経営成績と財政状態を報告するために作成した財務諸表は、企業の活動に関心をもつ人たちがどのように行動するかを決めるときに必要な情報を与える。財務諸表によって報告される情報は、会計システムが貨幣額で記録した数値であることから、会計情報とよばれる。

　会計情報の利用者としては、企業の経営管理者、株主、銀行・金融機関などの債権者、顧客などの消費者、政府機関など、企業の利害関係者があげられる。これらの会計情報の利用者のうち、企業外部の人たちは外部利用者とよばれ、この人たちのための会計情報をあつかう会計の領域を財務会計という。一方、企業内部の経営管理者は、企業の経営に直接関係する内部利用者であり、この人たちのための会計情報をあつかう会計の領域を管理会計という。財務会計と管理会計との区別は、会計情報の利用者による分類である。

2. 財務会計

　財務会計（financial accounting）は企業外部の人たちに報告する会計情報を扱うことから、外部会計（external accounting）ともいう。財務会計情報は、主として企業外部の株主や債権者から資金を調達するために提供される会計情報である。財務会計情報の利用者は、不特定かつ多数であるため、社会的な合意を得た基準に沿って情報を作成しなければならない。そのため、一般に認められた会計基準が必要になる。

　日本の会計制度が、会社法、金融商品取引法、および税法を中心とした法令によって成り立っていること、それぞれの会計制度の目的が異なるため、その法令に基づいて提出する財務諸表の名称や種類、提出先が異なっていることについては、すでに述べた。それぞれの会計制度では、財務諸表の用語、様式、作成方法などを規定しており、企業はその規定に従って財務諸表を作成しなければならない。

　また、法令どおりに財務諸表が作成されているかどうかについては、第三者からチェックを受ける必要がある。会社法では、計算書類などについて、監査役設置会

社は監査役の、会計監査人設置会社は監査役と会計監査人（公認会計士または監査法人）の監査を受けなければならないと規定している。また、金融商品取引法においては、公認会計士または監査法人による財務書類の監査証明を受けなければならないと規定している。会計制度では、監査という行為によって、財務諸表の質が会計基準どおりに作成されていることを保証している。

このように、財務会計は、法令による会計制度と密接にかかわっている会計の領域である。それは、企業規模が大きいほど、社会に与える影響も大きくなるために、企業の経営活動の結果を示す財務諸表に誤りや不正があってはならないからである。

なお、サービス／ホスピタリティ関連の企業には、中小企業といわれる規模のものが多く、会社法の適用は受けるが経営者自身が株主であることがほとんどである。中小企業では、会社法の規定により、経営者が定時株主総会に計算書類を提出するが、株主から容易に承認を受けることができるという実情がある。そのため、中小企業の経営者の会計に対する関心は、どうしても税金に関する計算のほうに重点が置かれやすい。税金にかかわる会計の領域を税務会計という。税務会計は、国や都道府県・市町村といった地方公共団体に納める税額を計算することが目的なので、財務会計とは区別することが多い。

一般に、会計というと、財務会計または税務会計のことを連想する人が多いのはやむをえないことである。しかし、企業内部でも会計情報を利用して業務を行っている人は多い。こういった会計情報の利用のしかたは、次に述べる管理会計の領域の議論となる。

3. 管理会計

管理会計（management accounting; managerial accounting）は、内部利用者に経営管理のために必要な企業の経済活動に関する情報を伝達することを目的とした会計の領域であり、内部会計（internal accounting）ともいう。アメリカ会計学会の1958年度管理会計委員会も、「管理会計とは、一企業の歴史的および計画的な経営資料を処理するにあたって、経営管理者が、合理的な経営目的の達成計画を設定し、またこれら諸目的を達成するための知的な意思決定を支援するために、適切と思われる技術および概念を適用することである」と定義している（American Accounting Association, 1959）。この定義からも明らかなように、

管理会計とは、企業経営あるいは経営管理者のための会計（accounting for management）という意味である。

　管理会計情報の特徴としては、財務会計情報のように法令などによって外部から課せられた規制がないことがあげられる。そのため、経営管理者は、必要とする情報の種類を自由に定めることができる。経営管理のためには詳細かつ複雑な情報が必要であり、その情報は企業ごとに異なる。したがって、管理会計情報を提供するシステムは個々の企業が独自に開発することになる。

　伝統的な管理会計情報は、製造業や製造部門の原価データを中心にとらえ、経理部門が作成していた。その管理会計情報は、トップ・マネジメントやミドル・マネジメントが経営上の意思決定や業績管理のために利用していた。そのため、会計情報は、企業組織の一部の人だけが作成したり利用したりするものと思われがちであった。

　しかし、情報技術（information technology: IT）の進展により、製造業や製造部門だけではなく、サービス／ホスピタリティ関連の企業や、販売部門、スタッフ部門なども含めたあらゆる組織のいたるところで管理会計情報を作成・利用することができるようになっている。企業組織の経営効率をあげるためには、経理部門・会計部門以外の人々にも、もっといえば企業の全構成員に会計の知識が必要になる。いまや、「営業部門にいるから会計はわからない」、「人事部門だから会計は関係ない」という言い訳はきかず、「会計のわかる営業担当者」や「会計のわかる人事部員」が求められ、こういった傾向は、今後ますます強まることになる。

　また、トップ・マネジメントやミドル・マネジメントだけではなく、営業の最前線にいる人たちも、管理会計情報の作成をしたり、それぞれの持ち場での意思決定を行ったりするようになる。さらに、1人1人の従業員が、コスト意識を持って仕事をするだけではなく、収益についても考慮し、収益から費用を差し引いた利益を管理するように心がけた業務遂行を行うことができるようになる。そうすれば、組織全体が効率よく仕事をすることができるようになるはずである。

　企業が激烈な競争を勝ち抜くためには、経営の効率性を追求しなくてはならないが、効率性の尺度の1つとして用いられるのが会計情報である。企業の成否が最終的には利益やキャッシュ・フローといった財務尺度で評価されるようになりつつあり、経営管理において財務情報にもとづく意思決定や業績評価の必要性がますます高まり、管理会計情報もいっそう重要視されている。

財務会計情報は、株主・債権者・政府機関などの外部への報告という役割が重要である。しかし、経営活動をしっかりと管理しなければ、利益を生み出すことは難しい。管理会計情報は、経営活動の計画と統制に役立つという点で重要な役割を果たしている。

（長谷川 惠一）

4 サービス／ホスピタリティ企業における管理会計情報の必要性

1．商品やサービスの多様性と原価計算

　サービスやホスピタリティに関連する企業においても、会計情報は重要な役割を果たす。日本においては、会社であれば会社法の会計制度に従わなくてはならないし、株式を上場している場合には金融商品取引法に定められた手続をとらなくてはならない。もちろん、税務関係の申告も義務づけられている。こういった外部報告のための財務会計や税務会計の領域は、法令にもとづいた社会的な制度であるから、これに従わなければならない。当然、必要な会計情報を作成し報告することになる。

　しかし第3節で述べたように、会計情報は財務会計や税務会計のためのものだけではない。企業の経営管理にあたっては、管理会計情報が必要となるはずである。たとえば、第1節の冒頭で述べたように、サービス／ホスピタリティ企業には、さまざまな商品やサービスを提供している企業や部門がある。提供している商品やサービスの販売価格を決定するためには、その商品やサービスを生産・提供するためにかかった単位あたりの原価を把握しなければならない。

　サプライヤーから商品を仕入れてそのまま販売するホテル内の物販部門や土産物販売店であれば、販売した商品の単位あたりの原価（商品1個あたりの原価）は仕入れたときの原価をもとに把握できる。ところが、ホテル内のレストランおよびバーや飲食店では、購入した材料を加工して商品を提供しているので、材料費の他に加工作業にかかる原価も発生しているから、販売した商品の単位あたりの原価（食事1食や飲物1杯あたりの原価）の計算は複雑になる。また、ホテルの客室部門や交通・運輸業では、加工作業をせずにサービスを提供しているので、材料費はほとんどかからないが人件費や設備関連の原価が発生するので、提供したサービスの単位あたりの原価（客室1泊や航空機1フライトの1席あたりの原価）を計算するのには工夫が必要である。

　提供している商品やサービスの原価がいくらであるのかを計算する技法を原価計算という。原価計算は、もともとは材料を製品に加工する製造業において発達してきた計算技法であるが、これをサービス／ホスピタリティ企業に適用することによって、提供する商品やサービスの単位あたりの原価を計算することができる。提

供する商品やサービスの単位あたりの原価を計算しなくても、企業レベルや部門レベルで発生している費用を把握することはできるから、それを上回る売上高をあげれば利益は得られる。しかし、それぞれの種類の商品やサービスの単位あたりの原価を把握した上で販売価格を決定しなければ、商品やサービスを提供するのにかかる原価より安い販売価格を設定する危険性もある。本来はもっと高い販売価格である商品やサービスが原価を下回るような価格で提供されれば、多くの顧客は喜んで購入し、人気の商品やサービスになることもあるだろう。ところが、その商品やサービスは、売上総利益の段階で、売れれば売れるほど損失が増加することになる。こういった事態を避けるためにも、提供する商品やサービスの原価計算は必要となる。

2. 管理会計情報の特徴

また、すでに説明したように、提供する商品やサービスを生産するために発生した原価の他に、給料、支払家賃、水道光熱費などの費用が発生しているから、これらについても把握する必要がある。これらの費用も、単独の土産物販売店、飲食店、運送業であれば、企業組織全体で発生総額を把握していればよいが、企業規模が大きくなったり、ホテル内の物販部門、料飲部門、客室部門など、広範にわたる業務をしている部門が多かったりすれば、部門ごとに発生している費用を把握したり、全体で発生した費用を配分したりする必要がある。そうでなければ、商品やサービスが売れれば売れるほど損失が増加するという状況が部門レベルで起こる危険性もある。これを避けるためには、部門別に損益計算書を作成するなどして、どの部門が利益を稼ぐ力（これを収益性という）があるのかを判断する必要がある。より詳細に収益性を検討するためには、提供する商品やサービスごとの損益計算書を作成することもありうる。管理会計の特徴のひとつとして、部門や商品・サービスごとに損益計算を行って収益性を検討し、部門や商品・サービスの存廃の意思決定に役立てるという面がある。

原価計算や部門別の損益計算は、事後的に行ってもそれなりの効果はある。しかし、こういった計算は、事前に計画を立てるときに行ってこそ有益な情報を得ることができる。企業の経営管理を行うにあたっては、中長期的な期間にわたる計画である戦略を立て、これを受けて年度計画を立てる必要がある。年度計画を立てるときには、単に言葉で表現するだけではなく、1年後の貸借対照表と1年後までの期間の損益計算書を見積りの数値で作成することができる。この見積りの貸借対照表

と損益計算書を予算という。予算として示した未来の貸借対照表と損益計算書は、次年度の経営活動の目標値となる。管理会計の特徴の1つとして、事前計算あるいは未来計算という考え方がある。予算は管理会計のこの考え方を具体化する根幹的なツールである。

(長谷川 惠一)

5　宿泊施設のための統一会計報告様式（USALI）の概要

1．USALIの意義

　サービス／ホスピタリティ企業の会計といっても、提供している商品やサービスが多岐にわたるために、単一の会計システムを想定することはむずかしい。しかし、サービス／ホスピタリティ企業における会計情報の活用を検討するにあたり、さまざまな商品やサービスを提供している部門をもつホテルにおける会計情報の利用について考察することは、大いに参考になる。

　ホテルの収益性を向上させるためには、客室、料飲、宴会などの部門別のデータにもとづくオペレーションの管理がもとめられる。欧米のホテルやグローバルに展開するホテル・チェーンの多くは、ニューヨーク市ホテル協会の「宿泊施設の統一会計報告様式」（Uniform System of Accounts for the Lodging Industry: USALI, The Hotel Association of New York City, 2006）[1]を利用していて、宿泊施設の経営に必要な部門別の会計情報はこれに基づいて作成・利用されている。*USALI*の初版は、ニューヨーク市ホテル協会が1926年に出版した『ホテルの統一会計報告様式』（*Uniform System of Accounts for Hotels*）であった（The Hotel Association of New York City, 2006, p. ix）。その後、第9版から現在の名称へと変更になっている（The Hotel Association of New York City, 1996, p. vii）。*USALI*第10版では、貸借対照表、損益計算書、株主資本等変動計算書、およびキャッシュ・フロー計算書を財務諸表として説明している（The Hotel Association of New York City, 2006）。

　USALIによる財務諸表様式の特徴の1つは、ホテルの収益性を把握するにあたり、部門別に損益計算書やその明細書を作成することである。*USALI*第10版の財務諸表様式によると、ホテルの部門を、大まかに分けて、客室部門、料飲部門、その他の営業部門をライン部門として損益計算書や明細書を作成することになっているし、一般管理部門やマーケティング部門などのスタッフ部門についても詳細な計算表を示すことになっている（The Hotel Association of New York City,

---

1　USALIの他に、ユニフォーム・システム（uniform system）と略称する場合もある。

2006)。USALI第10版から想定できるホテルのプロパティごとの部門別組織編制を示すと、図表9-10のようになる。

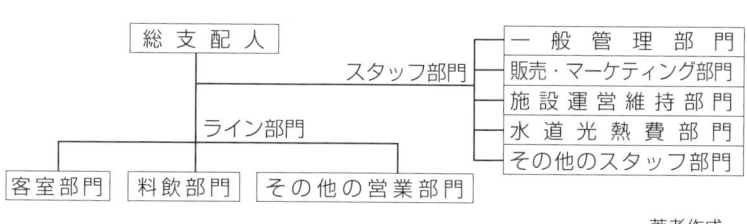

図表9-10 USALIの部門別組織編制

```
                        ┌─ 一 般 管 理 部 門
             スタッフ部門 ─┼─ 販売・マーケティング部門
  ┌──総 支 配 人──┤           ├─ 施 設 運 営 維 持 部 門
  │                       ├─ 水 道 光 熱 費 部 門
  │          ライン部門   └─ その他のスタッフ部門
  │
  ├─客室部門─料飲部門─その他の営業部門
```

著者作成

　USALIによる財務諸表様式を利用している欧米のホテルやグローバルに展開するホテル・チェーンでは、これを管理会計情報としても財務会計情報としても活用している。USALI第10版では、部門別の損益計算書や明細表を月次で作成し、実績値を予測値（forecast）や前年同月実績値と比較するとともに、当月までの累計についても、実績値、予測値、前年同月実績値を記載することになっている（The Hotel Association of New York City, 2006）。ここでいう予測値は予算と考えることができるから、USALI第10版による財務諸表様式では部門別予算を作成することになり、この管理会計情報を利益管理に活用することができる。

　また、ホテルが資金調達を行うにあたって、金融機関にUSALIによる財務諸表を提示し、金融機関はそのホテルの収益性を部門別に判断して融資を決定している。ホテルの売買を行うにあたって、そのホテルの部門別の収益性を判断できなければ、適切な売買価格を決めることができない。とくに、収益性が低い部門があれば、買収するときにその部門を切り離すこともあるので、そのときの判断にはUSALIによる財務諸表が有用な会計情報となる。

2. USALIによる損益計算書

　USALI第10版では、貸借対照表、損益計算書、株主資本等変動計算書、およびキャッシュ・フロー計算書を財務諸表としているが、その説明のうち、ほとんどを部門別の損益計算書やその明細書に充てている（The Hotel Association of New York City, 2006）。USALI第10版による損益計算書のイメージを示すと、

図表9-11のようになる。

図表9-11　USALIの損益計算書のイメージ

	合計	客室部門	料飲部門	その他部門
売　　上　　高	2,000,000	1,400,000	500,000	100,000
部　門　費　用	790,000	600,000	150,000	40,000
部　門　利　益	1,210,000	800,000	350,000	60,000
配賦不能営業費用	450,000			
営　業　総　利　益	760,000			
マネジメント料	76,000			
固定費控除前利益	684,000			
固　　定　　費	260,000			
営　業　純　利　益	424,000			
差引：更新積立金	150,000			
調整後営業純利益	274,000			

　図表9-11は、右側の3列が部門別の損益計算書の形になっている。図表9-11は、USALI第10版の損益計算書の様式とは異なるが、USALIによる計算方式を理解しやすくするために示したものである。これによって、計算の流れはイメージしやすいはずである。

　もともと、USALIの財務諸表様式による部門別の損益計算書では、売上高はともかく、部門費用については各部門に固有のさまざまな項目があるため、同じ費用項目に統一できない。したがって、USALI第10版では、ホテル全体の損益計算書と、部門別の損益計算書とが、それぞれ独立した財務表になっている。図表9-11のように、合計の列の損益計算書と、部門別の損益計算書は一覧的に示されているわけではない。

　USALI第10版（The Hotel Association of New York City（2006））の損益計算書の各項目について概説する。その他の部門の売上高の具体例は、電話などの通信、ゴルフコース、スパ、駐車場があればその利用料金などである。部門費用は、売上原価、売上以外の収益に対応する原価、給料および関連費用、その他の費用がある。配賦不能営業費用とは、一般管理費、販売・マーケティング費、施設運営維持費、水道光熱費といった、図表9-10のスタッフ部門で発生する費用であ

り、これはホテル全体の共通費と考えて各部門には配賦しない。部門利益の合計から配賦不能費用を差引いた営業総利益（general operating profit: GOP）は、ホテルの経営成績を判断する指標の1つとして用いられることが多い。マネジメント料はホテルを運営するマネジメント会社に対して支払われる。固定費には、支払家賃・地代、資産税、保険料が含まれる。更新積立金は、家具、什器、備品や設備の更新のために積み立てる。営業純利益から更新積立金を差引いて調整後営業純利益を計算する。

部門別の損益計算書や明細書については、紙幅の関係により説明を割愛するので、読者はぜひUSALI第10版の原本（The Hotel Association of New York City, 2006）あるいは訳著（大塚監修、山口・金子訳, 2009）で確認することを勧める[2]。USALI第10版では、部門別の損益計算書や明細書についての説明は、ホテルごとの事情によって発生しない収益や費用の項目を削除あるいは省略することを認めている。しかし、新しい項目を追加することは認めていない（The Hotel Association of New York City, 2006）。これは、収益や費用項目についてUSALIによる財務諸表様式がかなり網羅的な証拠である。

3. 日本におけるUSALI導入の課題

このようにホテルの経営管理に有効なUSALIによる財務諸表様式であるが、日本のホテルにおけるその利用状況は、社団法人日本ホテル協会の会員ホテルに対する調査では18.6％であった（清水・庵谷, 2010, p. 10）。日本のホテルがUSALIによる財務諸表様式を利用していない一因として、売上高構成比率に占める宴会部門の割合がアメリカのホテルと比較して高いことから、宴会部門が独立していることが考えられる。

アメリカのホテル経営の教科書では、宴会部門は料飲部門の一部として位置づけられている（Walker, 2009）し、USALIの財務諸表様式でも宴会部門のオーディオ・ビジュアル、室料などの使用料は料飲部門の収益としている（The Hotel Association of New York City, 2006）。図表9-10では、USALIから想定できるホテルの部門別組織編成を示したが、日本のホテルでは売上高構成比の割合に応じて、組織編成が異なり、宴会部門が独立している場合が多い。日本のホテルの

---

2 山口・北岡・青木(2009)は、USALIのみならず、ホテル会計全般について説明している。

部門別の組織編制を大まかにとらえると、ライン部門は客室部門、宴会部門、料飲部門、および、その他の部門というくくりで説明することができる。図表9-12は、これを示したものである。

図表9-12　日本のホテルの部門別組織編制

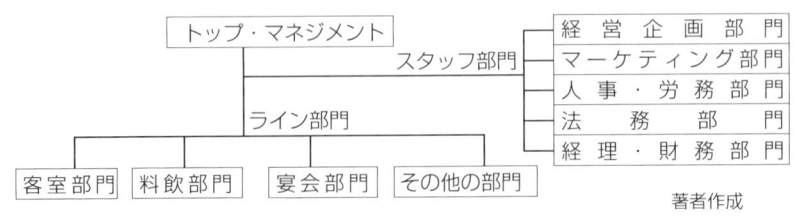

```
                 ┌─ トップ・マネジメント ─┐
                 │         スタッフ部門  ├─ 経営企画部門
                 │                      ├─ マーケティング部門
                 │         ライン部門    ├─ 人事・労務部門
                 │                      ├─ 法務部門
                 │                      └─ 経理・財務部門
    ┌────┬────┬────┬────┐
  客室部門 料飲部門 宴会部門 その他の部門
```

著者作成

　アメリカのホテルでは、売上高に占める部門別の売上高が、客室が62.6％、料飲部門が26.7％、その他の部門が10.7％という統計がある（Smith Travel Research, 2001）。これに対して、日本のホテルでは、あるホテルの経営者に聞いたところ、売上高の構成比が客室：料飲：宴会＝1：1：1の割合のところが多いということであった。また、日本のホテルでは、宴会を含めた料飲部門の売上高が売上高全体のうち60％以上を占めるという説明もある（仲谷・杉原・森重, 2006）[3]。

　欧米のホテルやグローバルに展開するホテル・チェーンでは、USALIによる財務諸表様式を財務会計情報として利用していることはすでに述べた。日本の会計制度では、会社法の計算書類や金融商品取引法の財務諸表の様式で財務報告をしなくてはならないため、財務会計情報としてUSALIによる財務諸表様式を利用することは難しいかもしれない。

　それならば、管理会計情報としてUSALIを利用することはどうであろうか。日本のホテルでUSALIによる財務諸表様式を利用しているホテルは、予算管理、コスト・マネジメント、業務的意思決定を重視しているという調査報告もある（清水・庵谷, 2010）[4]。日本のホテルの部門別収益性を管理し向上させるためには、

3　仲谷・杉原・森重(2006)は、初心者がホテル事業の概要を理解するのに役立つ。
4　清水・庵谷(2010)の調査によると、財務会計目的では日本の会計基準を採用しているが、管理会計目的ではUSALIの財務諸表様式に変換しているホテルもあるという。

USALIによる財務諸表様式を国内に啓蒙普及することが必要なのではないか。

　日本国内にUSALIによる財務諸表様式を啓蒙普及するためには、今後の課題として、USALIの財務諸表様式がフルラインのホテルのみならず、機能を絞り込んだビジネスホテルや宿泊施設の割合を多く占める旅館に対しても有効かどうかを検証する必要もある。とくに、旅館の場合は、宿泊と食事を一体として提供している場合が多いことと、企業規模としては中小企業が多いことから、部門を設定していない可能性が高い。そうであれば、部門別の収益性を判断するという考え方がより希薄であることは、容易に想像できる。こういった点も、「宿泊施設の統一会計報告様式」であるにもかかわらず、ホテルのみならず日本でUSALIの財務諸表様式が普及しない理由の一つであると思われる。

　また、USALIの財務諸表様式をそのまま利用するのではなく、実情に合わせて部分的に修正した財務諸表様式を利用しているホテルもあるという（清水・庵谷, 2010）。日本のホテルの売上高構成比や組織の実態に合わせて、宴会部門を料飲部門から独立させた損益計算書の様式を考えてみるのも検討の対象となるであろう[5]。こういった課題を解決するには、いわば「日本版USALI」の財務諸表様式を考案することが考えられる。これは、日本の宿泊施設の収益性を高めるための管理会計情報の提供を目指すものである。そのためには、USALIの財務諸表様式を修正しながら利用しているホテルの会計システムを検討することから始める必要がある。

（長谷川　惠一）

5　仲谷・杉原・森重(2006)は、さらに宴会を一般宴会とブライダル宴会に細分することが必要だという見解を示している。

参考文献

American Accounting Association, Committee on Management Accounting (1959), "Report of Committee on Management Accounting," *The Accounting Review*, Vol. 34, No. 2, April, pp.207-214.

The Hotel Association of New York City (1996), *Uniform System of Accounts for the Lodging Industry*, Ninth Revised Edition, the Educational Institute of the American Hotel & Motel Association: East Lansing, MI（大塚宗春監修、山口祐司訳（2000），『米国ホテル会計基準』税務経理協会）．

The Hotel Association of New York City (2006), *Uniform System of Accounts for the Lodging Industry*, Tenth Revised Edition, American Hotel & Lodging Educational Institute: East Lansing, MI（大塚宗春監修、山口祐司・金子良太訳（2009），『米国ホテル会計基準II』税務経理協会）．

Smith Travel Research (2001), *The Host Study Report for the Year 2000*, Smith Travel Research: Hendrsonville, TN.

Walker, J. R. (2009), *Introduction to Hospitality*, Fifth Edition, Pearson Education: Upper Saddle River, NJ.

清水孝・庵谷治男（2010），「わが国宿泊業における管理会計の実態」，『早稲田商學』，早稲田商學同攻會，第424号，2010年6月，pp.1-30.

仲谷秀一・杉原淳子・森重喜三雄（2006），『ホテル・ビジネス・ブック』，中央経済社．

山口祐司・北岡忠輝・青木章通（2009），『最新ホテル企業会計完全マスター――真にグローバルなホテル・旅館経営のために』，柴田書店．

付記

本章は、観光庁「産学官連携による観光産業の人材育成に関する業務（平成22年度）」の一環として早稲田大学産業経営研究所が取り組んだ「観光産業の人材育成のための産学共同研究」および早稲田大学特定課題研究助成費（課題番号2010B-089）の研究成果の一部である。

第10章
組織と人的資源管理

1 組織の理論

1．はじめに

　どのような組織であろうと組織論が重要なのは当然のことであるが、サービス／ホスピタリティ産業においては、人が人と接する場面でのビジネスであり、人こそが「商品」でもあるため、組織についての理論的アプローチの重要性は、やはり大きいと言わざるを得ない。

　本章においては、前半において組織論の系譜を大づかみでレビューし、それを踏まえた組織の基本について、さらには現実の組織についてのポイントについて述べる。後半では、これからのサービス／ホスピタリティ産業における人的資源管理のコアとなるであろう、女性のキャリア形成についての知見を通じて、人的資源管理について考察する。

2．組織論とは

　企業経営のみならず、非営利も含めたさまざまな組織において、組織マネジメントにかかわる諸問題に対応するものが組織論である。

　広義には、あらゆる組織体の経営問題に関する理論体系のことであり、一方で狭義には、企業の経営問題を中心として扱うものである。これら両者の共通点としては、「いかにして組織目的（企業目的）を合理的に達成することができるか」という要素が存在する。つまり、組織論の第１の性格として、目的合理性の追求が挙げられる。

　また、組織目的を追求すると言っても、人間性に問題があったりするものでは決して健全な経営とは呼べない。つまり、第２の性格として、人間性の追求が挙げられる。

　さらに、組織は社会とかかわって活動しているので、反社会的な行動をすれば、社会的にその存続が許されないことになる。すなわち第３の性格として、社会性の追求が挙げられる。

　経営組織論は、19世紀後半に、アメリカのミッドウェール製鋼所のフレデリック・テーラーが科学的管理法を考案したことが出発点であると言われている。ここでは、

いかにして工場労働者を能率的に働かせるかが追及された。こうした考え方が、フランスでは「管理過程論」として1940年代以降引き継がれることになる。ドイツにおいては、官僚制の理論が展開され、経営組織の合理性モデルが確立されることになる。

その後、人間的要素を排除した研究に対するアンチテーゼとして、人間の感情的側面を重視し、職場の人間関係を改善することの必要性を主張した人間関係論が展開されることとなる。この前提としては、ウェスタン・エレクトリック社のホーソン工場で行われた「ホーソン実験」が1つの契機となっている。一方で、官僚制の逆機能的側面についての分析や、それに基づいた組織の構造機能分析が、その後展開されることになる。

こうした議論を踏まえて、近代組織論が発展してゆく。前提として、組織が成立するための要素が確認された。すなわち、共通目的、貢献意欲、コミュニケーションの3つである。そして、経営者の役割は組織の維持・存続であり、その条件として「有効性」（組織目標の達成度）と「能率性」（個人的動機の満足度）の2つが挙げられている。

その後に展開された行動科学理論では、人間の社会的・感情的側面のみを対象とし、論理的・合理的側面を軽視した人間関係論とは違い、組織目標の達成と人間性の追求の2つの両立を基本としている。ここでは、人間の欲求を5段階に分類したマズローの欲求5段階説やマグレガーのY理論、ハーズバーグの衛生理論が代表的である。

さらに、合理的な経営管理の方法はその組織のおかれている環境によって異なり、唯一最善の方法は存在しないという前提で、コンティンジェンシー理論が提唱された。ここでは経営組織をとりまく環境を分析することの重要性が認識されることになる。そして、こうした経営環境の重要性は、アンゾフやポーターらの戦略論の発展につながってゆく。

以降の理論的潮流には多様なものが存在している。いずれも、組織目的と組織との整合をいかにして図るかということが目標となっている。

3．組織の基本

(1) 官僚制

さて、組織の基本は何だろうか。組織設計の基本は、実は官僚制である。官僚制

というと、悪い組織の代表格としての槍玉にあげられることも多いが、決してそんなことはない。確かに、ルール主義、前例主義、逆機能といった悪い面もあるのだが、何らかの問題をミスなく解決しうる、その結果として組織が創造性や戦略性が発揮できる、さらに、効率的で信頼性の高いアウトプットが期待できる、といった良い面もそこにはある。

こうした「何かをきちんとする」ということはきわめて重要なことである。「きちんと」できなかった例としては、2000（平成12）年の雪印集団食中毒事件が挙げられよう。この事件では、雪印大阪工場において、マニュアルどおりの洗浄作業が行われなかったことが原因とされている。

官僚制の1つ目のポイントは、プログラム化である。日々繰り返される仕事を解決する手順やルールが定められることによって、誰でもその仕事が可能となり効率化が図れるという点がある。そして、2つ目のポイントは階層構造である。例外的な出来事が生じた場合に、判断が上にのぼってゆくことで、経験とそれに基づく判断力を持つ管理者が判断することができる。

ウェーバーの官僚制論によれば、正当的支配の3類型には、合法的支配、伝統的支配、カリスマ的支配があるが、官僚制とは、制定規則による合法的支配の最も純粋な型である。

ここでは、官僚制組織のエッセンスとして、以下のものが挙げられる。

① 官僚制的規則：義務と職務権限、それを規定する規則
② 官僚制的階層：上の言うことは聞くという命令の一元制
③ 書類や文書に基づく職務執行
④ 専門的訓練を前提とした職務活動
⑤ フルタイムでかつ専従で働く職員：兼業はしないことが前提
⑥ 規則に基づく職務遂行

しかしながら、もちろん官僚制にも問題点は存在する。例えば、意図せざる逆機能の存在である。また、環境や技術の特性、規模など、条件によっては適さないことがある点にも注意が必要である。例えば、環境が不安定な場合や大量生産ではない場合で、業界で言うと、建設業界やハイテクやITのベンチャー業界が代表的であろう。また、非人間性についてもしばしば指摘される。

どのような組織が官僚制であると言えるのか。これに対しては、ホールの官僚制尺度によって答えることができる。ここでは、①分業（職能別専門化に基づく）の

度合、仕事のルーチン性、②権限階層、③権限・義務の規則体系、④職務遂行のための手順・手続きの体系、⑤組織内の人間関係の没人格性、⑥専門能力に基づく選抜と昇進、といった尺度で測定される。

　また、組織構造尺度というものも存在する。これは、①集権化、②公式化、③複雑性、で測られるが、①集権化はさらに（1-a）意思決定への参加の度合、（1-b）権限階層に、②公式化は、（2-a）課業の規則化、（2-b）規則の厳守に、③複雑性は、（3-a）専門職の数、（3-b）専門家としての訓練の程度、（3-c）専門家としての活動の余地、といった要素に分けられることになる。

　いずれにせよ、定型的な業務を区分けして、それを組織の下層レベルで粛々と処理し、例外的な事象については、順次、上にあげてゆくというのが官僚制のポイントということになる。

（2）ボトルネック

　組織におけるワークフローにおいて、実はきわめて重要なのがこのボトルネックの考え方である。図表10-1に示したように、全体の能力が合っていない場合、最も能力の劣る工程で全体の生産量が決まってしまう。この状況では、いかにA工程やC工程の能力を向上させても、何の意味もないことは明らかであろう。

　こうした製造工程などのボトルネック以外にも、他のさまざまなボトルネックが存在する。例えば製品開発プロセスにおいては、市場情報・技術情報→基本コンセプト開発→詳細設計→工程設計と進むわけであるが、この中のどこかにボトルネッ

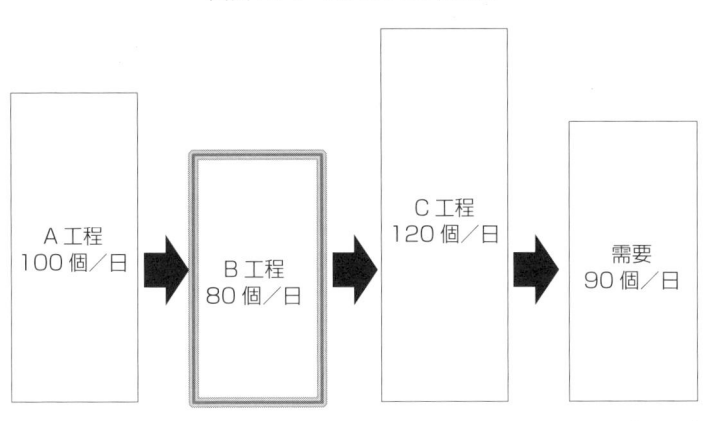

図表10-1　ボトルネック概念図

A工程 100個／日 → B工程 80個／日 → C工程 120個／日 → 需要 90個／日

出典：沼上（2003）

クが生じる可能性がある。また、意思決定においても、問題認識→情報収集→情報分析→選択肢生成→選択→組織内正当化→命令・決定の伝達といった、このプロセスのどこかにボトルネックがあるかもしれない。そのため、サービス／ホスピタリティ組織においてもこのボトルネックについては留意しておかなくてはならない。

(3) 組織構造

組織構造自体を変えれば状況が良くなるわけではない。かつてわが国の製造業では、職能制（機能別）組織から事業部制組織へ、そしてマトリクス組織へといった組織構造の改革が流行したことがある。

実際に、いずれかの組織からいずれかの組織へと移行すればビジネスがうまくいくというわけでないことは、少し考えれば誰でもわかることである。しかし、後述するように、サービス／ホスピタリティ産業においては、市場への対応上の問題として、この組織構造そのものがポイントとなることがある。これは、サービス／ホスピタリティの持つ特性によるものである。

図表10-2　代表的な組織構造（職能制、事業部制、マトリクス）

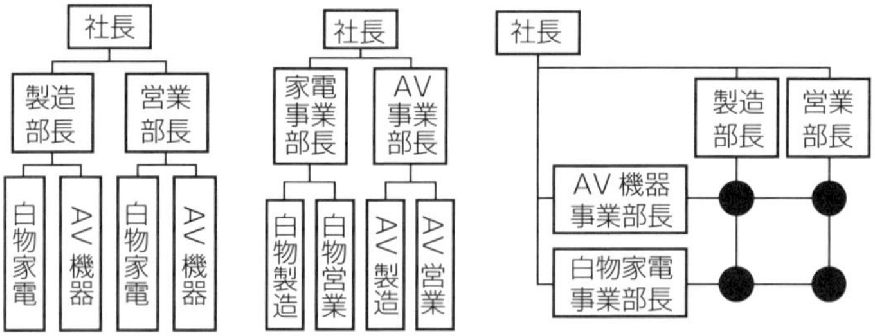

出典：沼上（2003）

3．サービス／ホスピタリティにおける組織

(1) 不確実性と組織

サービス／ホスピタリティにおいてポイントとなるのは、財の不安定性とそれによる取引上の社会的不確実性であった。そこで、この「不確実性」に焦点を当てた、ガルブレイスの研究について考察する。

Galbraith（1973）は、職務の不確実性と情報処理について述べている。職務の不確実性が大きければ大きいほど、意思決定者とその決定を実行していく部門と

の間で交換されるべき情報の量が増えてくる、という前提をまず置いている。そして、職務の実行段階において、その職務についての理解が不足している場合、さまざまな情報・知識を新たに獲得し、資源の配分、スケジュール、職務観の優先順位等を変更していくことが要求されるわけであるが、このような変更は職務遂行に際してより多くの情報処理の必要性を喚起することになるのである。

ここでの不確実性とは、職務を完遂するために必要とされる情報量と、すでに組織によって獲得されている情報量とのギャップのことである。職務を遂行するのに必要な情報量とは、各製品、サービス、顧客の種類の数によって決定される組織のアウトプットの多様性や、プロジェクト遂行に必要とされる専門技術、製造部門に必要とされる機械ラインの数などによって決定される組織のインプット資源、人材の種類と数、そして機械利用率などの効率指数によって決定される目標や、業績達成の困難度などの関数で決まる。

組織が用いる情報処理の方法は、1つはルールである。これは、各部門の実行段階に必要とされる行動様式を、ルールまたはプログラムという形にまとめて明確化しておくことで、各部門で連絡を取り合ったり、さまざまな状況をいちいち新しいものとして扱ったりする必要がなくなり、組織運営の安定性が実現される。

もう1つは階層構造である。ルールによる調整は、新しい状況の対処に限界があるため、階層構造の導入により、恒常的に繰り返し発生する状況に対してはルールで調整し、新しく発生する例外的事項は階層構造の上部で解決するという統合的な対処が可能となる。

だが、不確実性の増大により階層の上部で処理される例外事項の数が増大すると、組織に情報のオーバーロード状況が発生しかねない。このような状況下では、組織構造の下部に属する従業員に対し、大幅に意思決定の自由裁量を認めることが必要となる。そのために組織は、さまざまな職務の関連性を考慮しつつ、目標やターゲットを設定することになる。

このような目標設定は、相互に依存する複数グループの活動を統合することを可能とし、同時に各グループの自主的な判断を生かすことも可能とする。

職務の不確実性が増大して対処しきれなくなった場合には、2つの道がある。1つは処理すべき情報量を減らしていく方策であり、調整的付加資源の投入や組織編成を職能別から事業別・製品別に変えていくことで、自己完結的な部門を形成したりすることでなされる。こうすることで、部門ごとの調整が可能となり、組織全体

の情報処理の必要性が減じる。

　もう1つは、より多くの情報を処理する能力を増やしていく方策である。コンピュータや機械の導入、あるいは意思決定者にアシスタントを付けるなどして、情報処理速度を向上させる、あるいは、横断的協力関係の形成や、ラインの区分を越えて意思決定を進めるプロセスを作り、意思決定を組織の上部に委ねず、情報が存在する現場で進めるといった意思決定者の意思決定能力を向上させるといった方策がある。

　第7章でみたテーマ・パークの事例は、この不確実性対応の1つの理想例と言えるかもしれない。かなりの情報処理を現場で行うことで、全体での情報処理能力を増大させているのである。

(2) サービス／ホスピタリティと組織

　最後に、ホテルを代表的な存在として、サービス産業／ホスピタリティ産業における組織のポイントをまとめておく。これらの企業では、専門的職種が多いことがしばしばである。そのため、終身雇用や年功序列賃金との整合性が図りにくいといった面が生じる。これに対しては、これまでもさまざまな組織構造が模索されてきた。

　多くのホテルにおいては、基本的な職能ごとに「部」を設け、組織全体で1つの大きな自己充足単位になる職能別組織を採用している（図表10-3）。この組織は、

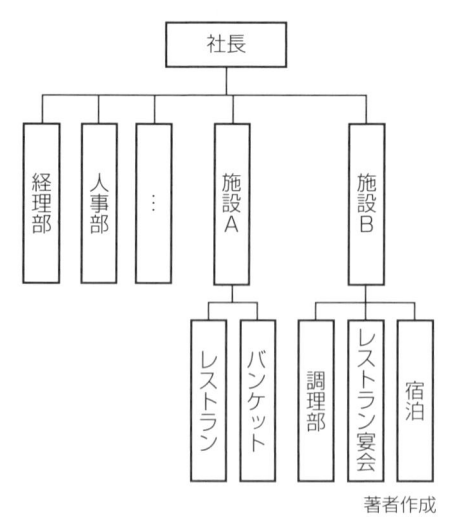

図表10-3　ホテルの組織図例

著者作成

ホテルの黎明期から連綿と受け継がれてきたものである。この組織形態は、いわゆる「グランドホテル」的なコンセプトの下では、最適な組織構造であると言える。ある職能を徹底的に身につけることによって、限られた顧客のニーズに対して完璧に応えるための組織であった。

しかしながら、この組織にも欠陥が存在する。それは、以下の2点である。

① それぞれの職能部門が専任の管理者と独自の目標をもつことが多いため、部門間の利害が常に一致するとは限らず、逆に軋轢や対立が発生しやすい。
② この軋轢を解消するための調整機関が組織構造の途中にないため、常にトップの役割になる。

飯嶋（2001）によれば、この欠陥によって組織上層の時間が部門間調整に費やされる割合が高くなってしまうような市場環境では、この組織は致命的なものとなりかねない。しかしながら、より一層の問題点としては、消費者のニーズに組織全体で対応しようとする姿勢を妨げる要因と、イノベーションを阻害する要因とが内包されているという点が指摘される。

そして、このような組織構造を前提とすると、以下のようなキャリアコースのアウトラインが存在することを指摘しうる。

① 複線型人事制度 ：

　キャリアコースを管理職コースと専門職コースとに分類し、従業員適性を管理能力と技術能力に大別した上で、大きく3つに分けるものである。1つはキャリアコース選択型で、これはコースごとに選択するものである。2つ目は全員専門職型で、これはいずれかの業務分野のプロフェッショナルであることが前提となる。3つ目は非職位マジョリティ型で、コースに登用されるのはきわめて限定されるというアプローチをとる。

② クラスター専門職制度

　1人で複数の専門能力を養うものであり、入社後の一定期間に単一職種の技術能力を身につけ、その後の一定期間に複数職種の技術能力を、さらにその後の一定期間に領域全職種の能力を身につけるというものである。

これらは、いずれも一長一短がある。

サービス／ホスピタリティ組織においては、特にホスピタリティを重視する場合、現場での例外事象がきわめて大量に生じる可能性がある。この例外的な事象に対して、本来的はルーチン・ワークを行うべき現場が逐次対応しなくてはならない状況

に陥ると、組織は瓦解してしまう可能性が高くなる。そこで、例外的な事象が起こりにくいようなさまざまなルールを顧客側に設定したり、テーマや価値観などを従業員にも顧客にも共有してもらったりしなくてはならない。

（飯嶋 好彦／徳江 順一郎）

2　人的資源管理

1．はじめに

　ホスピタリティ企業は、伝統的に多くの女性を雇用してきた。これは、現在においても変わっておらず、ホスピタリティ企業が発展している国々では、特に従事者の半数以上が女性である。

　例えば、2000（平成12）年から2004（平成16）年までの5年間のカナダ、英国、オーストラリアと韓国をみると、産業全体に占める女性雇用者比率の平均がそれぞれ46.5％、45.4％、44.5％、41.5％であったのに対して、ホスピタリティ業のそれは59.8％、57.5％、56.3％、68.2％となり、前者に比べて10～20ポイント以上高かった。また、わが国や米国、ニュージーランドにおいても、ホスピタリティ産業の女性比率は、これら4ヵ国と同じ傾向を示している（図表10-4）。

　このように女性は、ホスピタリティ産業において重要な人的資源になっている。だが、人数的にマジョリティであるものの、ホスピタリティ企業内での地位や威信または担当する仕事の内容を実際に観察すると、女性はむしろマイノリティにすぎないのではないかという疑問が生まれる。また、ホスピタリティ企業では、他の産業に属する企業に比べて、離職が頻発すると同時に、多くの女性が入社後早期に離職するといわれている。

　このように、従業員の離職が多発するということは、ホスピタリティ企業の人的資源管理が失敗していることを意味する。とりわけ、従業員の半数以上を占める女性の離職率の高さは、ホスピタリティ企業が行う女性のマネジメントに何らかの欠陥があることをうかがわせる。

　そこで、本節はまず、ホスピタリティ企業における従業員の役割を整理する。次いで、ホスピタリティ企業の代表としてホテルを選び、そこにおける女性労働の実態を概観する。そして、ホテル企業で女性が成功するための要因について論じる。その上で、ホテル企業が解決すべき女性のキャリア課題について考察したい。

図表10-4　ホスピタリティ産業の女性雇用者比率とその推移(国際比較)(%)

国名	2000年	2001年	2002年	2003年	2004年
カナダ	59.4 (46.0)	59.5 (46.2)	60.4 (46.6)	59.4 (46.7)	60.2 (46.8)
英国	58.6 (44.8)	57.3 (44.9)	57.9 (44.1)	57.9 (44.1)	56.3 (44.1)
オーストラリア	55.3 (44.1)	55.8 (44.4)	56.9 (44.5)	57.7 (44.7)	56.0 (44.6)
韓国	68.0 (41.4)	68.0 (41.7)	68.0 (41.6)	68.1 (41.1)	69.1 (41.5)
米国	—	—	—	53.1 (46.8)	52.6 (46.4)
ニュージーランド	—	—	—	62.1 (45.6)	64.4 (45.7)
日本	—	—	—	59.7 (41.1)	59.7 (41.3)

(注)数値は, 国際標準産業分類ISIC改定第3版による女性雇用者比率。また, 表中の「―」は、同分類に従うデータの欠損を示す。さらに、カッコ内の数字は、全産業の女性雇用者比率を示す。

出典：国際労働事務局編,『国際労働経済統計年鑑』, 財団法人日本ILO協会, 2007年を使用して著者作成

2. ホスピタリティ企業における従業員の役割

　どのようなサービスであれ、サービスはシステムとして捉えることができる[1]。つまり、顧客は自分の要望をサービス企業に伝え（インプット）、サービス企業はその要望にふさわしいサービスを生産し（変換）、顧客に提供する（アウトプット）。そして、このシステムは通常、「サービス・デリバリー・システム（service delivery system）」と呼ばれている。また、サービス・デリバリー・システムは、「フロント・オフィス（front office）」と「バック・オフィス（back office））」のふたつのサブ・システムに分割することができる（以下の記述も含め、第8章を参照のこと）。

　このうちの「フロント・オフィス」とは、顧客と日常的に接してサービスを生産・提供するサブ・システムである。例えば、ホテルのフロント係やレストランのウェイトレスやウェイター、小売店の販売員、タクシーやバスの運転手、または病院の医師や看護師など、顧客を直接接遇する従業員（以下「フロント・オフィス従業員」

---

[1] Lovelock (1992)

という）がこのサブ・システムを構成する。

　また，サービス企業が有する施設の内・外装や什器、備品、装飾品、または施設内の室温、香り、BGM など、サービスの生産・提供と消費をとりまく環境を意味する「物理的環境」も、このフロント・オフィスに含まれる。

　これに対して、「バック・オフィス」とは、顧客との直接的な接触をもたないものの、フロント・オフィスでのサービスの生産・提供が効率的、効果的に行えるように、後方から支援・協力するサブ・システムである。例えば、上例を借用すれば、ホテルの警備や保守管理、小売店の仕入れ、レストランの調理、タクシーやバスの整備、または病院の調剤や会計などを担当する人びとや組織がこのバック・オフィスを形成する。

　顧客の視点からサービス・デリバリー・システムを見たとき、バック・オフィスは顧客の視界に入らないことが多く、また顧客は、そこにおける活動に関心を向けることがほとんどない。例えば、レストランの顧客は厨房内をほとんど目にすることがない。また、顧客は料理の完成度に対して関心を持つものの、食材の仕入れや調理作業などのバック・オフィスでの活動に関心を抱くことが少ない。一方、フロント・オフィスの物理的環境は、それが劣っていれば顧客の不満をもたらすが、それがきわめて優れていたからといって必ずしも多くの顧客を誘引するわけではない。どちらかと言えばHerzberg（1966）が提唱する「衛生要因」に近い性格をもっている。

　その一方で、顧客はフロント・オフィス従業員との相互行為を通じてサービスの生産・提供を受け、それを消費することが多い。特に顧客との相互作用性の度合いが高いサービスではそうである。そのようなサービスでは、フロント・オフィス従業員が企業を代表し、代理して、顧客と交渉し取引を行っている。そのため、従業員たちは、それぞれが独自に、かつ裁量的に行動するようになる。

　また、フロント・オフィス従業員は、この交渉過程で顧客情報を収集し、その中から所属企業にとって好ましい情報（例えば，新しいサービスに関するアイデアなど）を取り入れ、好ましくない情報（例えば、顧客の法外な要求）を排除することにより、情報のフィルター機能を果たしている。さらに、フロント・オフィス従業員は、この顧客情報に基づき、顧客が望むサービスを提供する。そのため、従業員たちは、マーケティング機能と生産・提供機能を同時に果たすことになる。

　このように、フロント・オフィス従業員は、さまざまな機能を果たす。それゆえ、

顧客はこの従業員をサービス・デリバリー・システムそのものとしてとらえやすい。さらに顧客にとって、フロント・オフィス従業員の行動、態度、外見、または知識やスキルは、サービス企業が提供するサービスのクオリティを判断するための重要な指標になるとともに、顧客の満足やロイヤリティ（忠誠心）を獲得するための要因になっている。

逆に、サービス企業では、高度な教育・訓練を受け、知識や経験豊かな従業員の存在なくして、優れたサービスを提供できない。そして、有能な従業員は、サービス企業にとって、長期にわたり持続可能な差別化と競争優位性を生み出す源泉になっている。

それゆえ、従前のサービス・マネジメント研究では、このフロント・オフィス従業員に注目し、従業員たちと顧客との相互作用が、サービス・クオリティや顧客満足、または顧客ロイヤリティを生み出すメカニズムの解明に努めてきた。

3．ホテル企業における女性労働の実態

（1）女性総支配人の少なさ

こうした状況の結果として、ホテル組織の下部にはたくさんの女性が働いているにもかかわらず、その組織の階層を昇るにしたがい、女性の数が著しく減少するという現象が明らかになった。例えば、1990年代初頭の英国のホテル業では、女性従業員比率が47％であったものの、宿泊部長などの部門長に占める女性比率は8％、役員では0.5％にすぎなかった。

また、1995（平成7）年時点の米国ホテル業では、マネジャーの41％が女性である。しかし、500室を超える大規模ホテルの女性総支配人割合はわずか2.6％である。さらに、全米ホテル・モーテル協会に所属するホテルに勤め、かつマネジャー以上の役職に就く5,547人を対象としたキャリア開発の実態に関する調査によると、全体の41％は女性であり、人数的には男女ほぼ拮抗していた。しかし、総支配人の性別を調べ直すと、女性の割合は15.5％に激減する。

そして、米英からアジアなどに視点を移しても状況は変わらない。例えば、1999（平成11）年時点の香港のホテル業では、女性マネジャー比率が33.7％であったものの大半は初級マネジャーであり、同年の女性総支配人割合は7.2％にとどまっていた。また、シンガポールの事例では、同国の77軒のホテルのうち、女性総支配人がいたホテルは2軒のみであった。一方、エジプト内の5星級ホテ

ルを対象に行った調査でも、マネジャー以上の役職に就く女性が153人いたが、そのうち総支配人は1名だけであった。

(2) 性による担当職務の分離

一般に、男女が異なった内容や規模の産業、会社、職業、職種で働くという現象を「性による分離（sex segregation）」という。ホテル企業を観察すると、まさにこの分離が世界的な規模で起こっている。

エジプトの5星級ホテルで働く女性マネジャー153人（同国内の5星級ホテル全77軒のうち71軒で働くすべての女性マネジャーに相当する）を対象にして行った研究では、女性マネジャーの配属先に偏りが見られた。つまり、ハウス・キーピング、マーケティング・セールス、人事・教育の3部門で女性マネジャーの約61％が働いていた。

また、シンガポールの女性マネジャーを対象に行った調査では、その回答者の約73％が、マーケティング・セールス、ハウス・キーピングおよびフロントの3部門に配属されていた。

さらに、米国の調査でも、女性回答者の約75％は、マーケティング・セールス、人事、ケータリング、およびハウス・キーピング部門に所属していた。

ところが、米国での別の調査によると、総支配人になるためのキャリア・パスとして、料飲部門またはフロント部門のマネジャー経験が重要であった。そうであるとすれば、上記の女性の配属先の多くは、将来の昇進にとってかならずしも有利と言えない。これに関して、昇進に有利な料飲部門またはフロント部門のマネジャーである女性は回答者の6％にすぎなかった。

図表10-5　ガラスの天井と性による分離

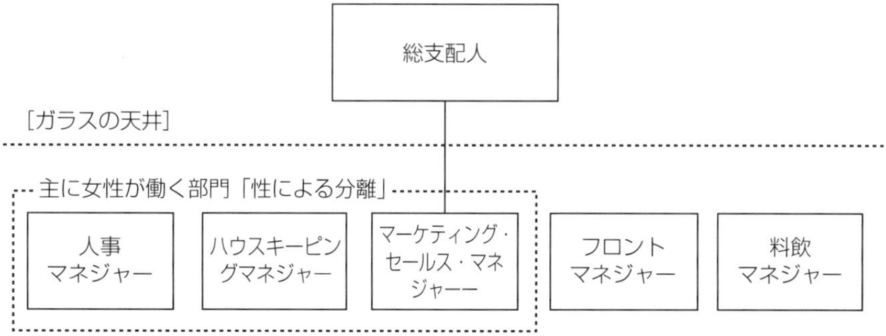

著者作成

以上から、ホテル企業の女性従業員には、組織階層の上部、つまりマネジャー職から総支配人に至る間に、目に見えない「ガラスの天井」が存在し、それ以上の昇進を妨げているように見受けられる。また、ホテル企業の客室部門や料飲部門には障壁が横たわり、それが女性の参入を拒んでいるようにみえる（図表 10-5）。

(3) 給与の男女格差

　上述したガラスの天井や性による分離に加え、ホテル企業内には給与に関する男女格差があるといわれてきた。米国では、ホテル企業の女性マネジャーは男性マネジャーに比べて、年収が 6,400 ドル少ないという。また、女性マネジャーの給与は、同じ職級にある男性マネジャーの 58％にすぎないとする調査結果もある。

　また、ホスピタリティ学を専攻する米国の大学生を対象とする、将来得られる給与に対する期待度を聴取した研究も行われた。その結果、女子学生は男子学生と異なり、高額の給与を期待していないことがわかった。この結果については、女性は家事・育児と仕事との両立や育児休業のことを考慮して、多額の給与を望んでいないのではないかと分析される。

　他方、米英などの研究者は、ガラスの天井を超えた先にある職位の総支配人や役員に着目し、彼・彼女らの成功要因を把握する一方で、女性のキャリア開発を妨げる要因について究明してきた。そして、このうちの成功要因について述べると、以下になる。

4. ホテル企業で女性が成功するための要因

　ホテル企業の男性役員を対象とした調査によれば、行動力と仕事への精励、公平性、他者を動機づける能力、および決断力が彼らの昇進を導いたもっとも重要な要因であることが明らかとなっている。また、財務担当重役を対象とした研究によれば、コミュニケーション能力、信頼性、および忍耐力の強さが、彼・彼女らのキャリアの成功をもたらしたと指摘されている。

　英国内の 4 人の女性総支配人との面接調査を通じた調査によると、4 人全員が、①総支配人になるという信念をキャリアのスタート時から抱いていた、②ホテル業以外の産業に携わったことがない、③平日、週末を問わず長時間働いている、④仕事に全力を傾けていることが見出された。

　さらに、米国の男女の総支配人を対象とした調査では、決断力、向上心、キャリアへの積極的な姿勢、対人的なスキル、および仕事への精励がキャリアの成功をも

たらす要因であることが明らかとなった。

　加えて、米国の「Hospitality Financial and Technology Profession 協会」に所属する女性役員1,228名を対象に行われた質問紙調査では、彼女たちのキャリア・アップを導いた要因が把握された。その要因とは、①キャリア開発に必要な知識・技能は、会社任せにせず、積極的、かつ自主的に養う、②仕事に集中するために結婚しない、または結婚しても子供をつくらないなどの以下の8つである。

① 自主的なキャリア開発を行う、必要な知識・技能は自分で養う。
② 自己犠牲（子供をつくるのを遅らせる、結婚を考えないなど）をいとわない。
③ 会社が提供するキャリア支援策（フレキシブル労働時間、ワークシェアリング、育児休業制度など）を積極的に利用する。
④ 社内からメンターを獲得する。
⑤ 転勤・転職を積極的に受け入れる。
⑥ 個人的な興味・趣味などを我慢したり、睡眠時間を減らしたりする。
⑦ 仕事以外に興味・趣味をもつ。
⑧ 上司の期待を超えた成果をつねに生み出す。また、上司が好む仕事の仕方を身につける。

5．ホテル企業が解決すべき女性のキャリア課題

（1）早期離職を生み出す2つの関門

　国内のホテル28軒を対象にした調査によると、男性従業員の平均勤続年数が9.2年であるのに対して、女性は4.0年であった。一方、別の調査では、ホテル企業における女性の離職理由のうち、結婚がもっとも多かった。これに対して、育児休業法施行後、結婚しても就業を続ける女性が増えている反面、出産後の就業継続は有意に増えていないという意見もある。そして、このことから、わが国の一般的な企業には、結婚と出産の間に女性の就業を中断させる何らかの要因が存在していることがわかる。

　だが、わが国のホテル企業では、結婚と出産の間ではなく、結婚を契機に女性のキャリアが中断されることが多い。そのため、ホテル企業で働く女性にとって、「家庭をもつこと」と「仕事を続けること」は、両立しにくいことが推測できる。

　さらに、わが国のホテル企業では、入社1年以内に離職する超短期離職が多いと推察される。例えば、「スイスホテル南海大阪（大阪市）」では、入社1年以内の離

職率が 2006（平成 18）年で 38％に達していた。また、厚生労働省の『平成 18 年度雇用動向調査』によると、ホテル企業が属する宿泊・飲食業の全離職者に対する 6 ヵ月以内、および 6 ヵ月以上 1 年未満で離職した人の割合は、それぞれ 28.3％、16.5％となり、両者を合算すると全体の約 45％を占めている。

　この雇用動向調査とスイスホテル南海大阪の事例を考えあわせたとき、わが国のホテル企業には超短期離職がかなり存在すると想像できる。そして、上述した 5 年に加え、「6 ヵ月前後から 1 年未満」までの間にも、女性のキャリア開発を妨げるひとつの大きな関門があるように思われる。

(2) 若年女性の希薄な昇進・勤続意欲

　入社後 5 年未満で辞める女性は、30 歳未満の若年者であることが多い。例えば女性職業財団（1991）の調査では、在籍する女性従業員の平均年齢がほぼ 24 歳から 26 歳の年齢幅に収まっていた。

　これに対して、30 歳未満の若年女性は主任以下の職位に就き、大卒者である割合が高い世代であるものの、現在の職位に対する満足度が相対的に低く、また昇進意欲と勤続意欲が他の年齢層の女性に比べ希薄である。さらに、30 歳未満の女性は、学生時代にホテルへの就職を希望していた人が多く、卒業後も直接ホテル企業に就職した人が多かった。

　だが、そうであるとすれば、ホテル業に携わることが自分の希望にかなっており、それゆえ就労意欲も高かったと思われる女性が、なぜ 10 年も経たないうちに勤続意欲が希薄になり、昇進意欲が乏しくなるのか。この結果をみる限り、わが国のホテル企業には、若年女性の勤続・昇進意欲を削ぐ何らかの要因が内在しているとみてよい。そして、それは同時に、早期離職者を生み出す原因になっているのではないかと思慮する。

(3) エントリー・レベルの従業員に対する配慮

　エントリー・レベルの従業員は、一般的に離職率が高い。そして、前述した雇用動向調査による 6 ヵ月未満の離職者の多さからみても、ホテル企業のそれは、他の産業に属する企業に比べて、著しく高いと予測できる。

　これに関して、『日経 MJ』（2009）は、①24 時間、年中無休営業による不規則労働である、②体力的にきつい仕事が多い、③入社前に抱いていたイメージと実際の仕事とのギャップが大きい、④新人研修の内容が先輩や上司による OJT が中心であるため、仕事上の悩みを話すことができる身近な相談者が周囲にいない、な

どの理由から、ホテル企業では入社後まもない従業員の離職率が高いという。

他方、『日経ビジネス』(2001)の調査結果から、企業が採用した従業員に対して、今後のキャリア・パスを十分に示さないと、入社後の現実と入社前の期待との差が明らかになり、従業員はミスマッチを感じやすいことがわかっている。そして、同誌は、今日では企業と従業員双方が終身雇用を当然視していないため、ミスマッチを感じた従業員は、離職を躊躇しないという。それゆえ、エントリー・レベルにある従業員の離職を防ぐためには、キャリア・パスを明示することが不可欠になる。

また、このミスマッチは、従来の考え方や知識、または行動様式が企業のなかで役立たない、受け入れられないことに驚き、ショックを受けることにより生じることがある。そのような場合、このミスマッチを放置し続けていると、やはり離職をまねくことになる[2]。

そこで、企業は、新人社員が知覚したおどろきやショックに対して、個別に意味づけを与えることが必要になる。つまり、なぜ彼・彼女らの考え方や知識、または行動様式が企業で通用しないのか、逆に、どのような行動や態度が有用で、どのような考え方や知識が求められているのかを従業員に明示しなければならない。その意味で、特にエントリー・レベルにある従業員には、キャリア・カウンセリングなどのきめ細かいフォローアップが重要になる。

(4) 女性のキャリア開発意欲を削ぐ要因

上述した女性従業員の早期離職や若年女性の勤続・昇進意欲の希薄さは、ホテル企業内に彼女たちのキャリア開発意欲を削ぐ何らかの要因があることをうかがわせる。ところが、わが国には、ホテル企業の従業員を対象にした離職研究はあまり存在しない。加えて、女性の離職行動に関する実証的研究は皆無である。そのため、ホテル企業で働く女性従業員の離職理由は、必ずしも定かではない。

しかし、女性職業財団(1991)は、ホテル企業とのヒアリング調査の結果をふまえ、わが国のホテル企業が女性を単純で、補助的な仕事にのみ就かせており、本人の適性や意欲、または能力の伸長度合いに合致した仕事を与えていないことに、離職の遠因があると指摘する。また、総合職の女性が配属されたとしても、仕事の与え方や育成方法がわからず、一般職の女性と同様の扱いをしているケースもあるという。さらに、同財団は、女性の配置転換を定期的に行う制度が未整備であるこ

---

2 竹澤(2007)を参照。

とから、女性を特定の職場に固定したままであることも、離職を生み出す一因になっていると主張する。

一方、女性従業員の早期離職は、上述したホテル企業の女性の活用法だけでなく、むしろそれ以上に、キャリア展望のなさがもたらしているといわれている。確かに、ホテル企業に勤める女性76名を対象に行われた調査でも、キャリア展望の欠如が離職をまねく一因であったことをうかがえる。

なぜなら、同調査は回答者に、「会社を辞めたいと思ったときはどのようなときか」とたずねており、この質問に対して、「何年たっても昇進の兆しがないとき」、「その職場での将来性を感じられないとき」、「自分の能力を正当に評価されないとき」と「なかなか社員にしてもらえないのに業務や責任ばかり増えるとき」という回答が多かったからである。つまり、女性従業員は、将来の見通しが得られないと感じたとき、会社を辞めたいと考えるのである。

他方、『週刊ホテルレストラン』(2009)は、ホテル従業員に対して（有効回答数216名)、「現在勤める会社での成長機会に対する満足度」と「自分が属する階層に期待されている役割、職務内容、必要な知識、スキルに対する理解度」を聴取している。

図表10-6　現在の会社での成長機会に対する満足度(%)

職　位	とても満足	おおよそ満足	ふつう	やや不満	とても不満
総支配人，副総支配人，役員	28	33	11	28	0
上級管理職	5	22	22	33	18
中間管理職	2	12	26	30	30
一般社員	3	10	19	33	35
新入社員	0	14	14	43	29

出典:『週刊ホテルレストラン』(2009)

そのうちの前者に対して、新入社員と一般社員の約7割は、現在の会社での成長機会を、「やや不満」または「とても不満」と評価しており、逆に、1割程度だけが「とても満足」または「おおよそ満足」と考えていた。

しかし、総支配人や役員などのトップ・マネジメントの半数は、この質問に対して、「とても満足」または「おおよそ満足」と答えており、「やや不満」または「とても

不満」という答えは、3割にも満たなかった(図表10-6)。

このことから、①新入社員や一般社員は、現在勤める企業から成長機会を得られると思っていない場合が多いこと、②成長機会に対する満足度は、職位に比例して高まる傾向があること、が理解できる。

他方、「職務上果たすべき役割や職務内容、および職務遂行のために必要な知識・スキル」については、新入社員と一般社員の約7割が「理解できている」または「おおよそ理解できている」と考えていた。だが、残りの3割は、「あまり理解できていない」または「まったく理解できていない」と答えている。そして、この割合は、中間管理職以上の役職者に比べると、2倍以上高い数値になっている(図表10-7)。

図表10-7 自分が属する階層に期待されている役割,職務内容,必要な知識・スキルの理解度(%)

職 位	理解 できている	おおよそ理解 できている	あまり理解 できていない	まったく理解 できていない
総支配人,副総支配人,役員	59	29	12	0
上級管理職	53	39	5	3
中間管理職	36	51	10	3
一般社員	29	44	23	4
新入社員	14	57	29	0

出典:図表10-6に同じ。

このことから、新入社員、一般社員の中には、自分の役割、職務内容や必要な知識・技能を理解していない人が相当数存在することがわかる。そして、この理解不足も、勤続意欲と昇進意欲を削ぎ、離職を生み出す原因の1つと考える。

(5) 女性の勤続・昇進意欲を向上させるための要件

上記の『週刊ホテルレストラン』(2009)は、女性に限定せず、ホテル従業員一般を対象にした調査である。しかし、それは、女性従業員のキャリア開発意欲を削ぐ原因について、いくつかの示唆を与えている。

つまり、それは、わが国の多くのホテル企業が、新入社員を含めた一般社員に対して日常的な定型業務を委ねるだけで、新しい課題や未知の体験に挑戦させるような職場環境を創造してこなかったことをわれわれに伝えている。そのため、若手社員は、成長の機会を感じることができなかったのである。

また、若手社員に向けた従前の社内教育、特にキャリア教育にも問題があったように感じられる。なぜなら、「仕事のしかた」に関する教育は施していたとしても、なぜその仕事をするのか、仕事の質を高めるにはどのようなスキルや知識を習得すべきなのかなどの仕事の意義や目的を明確にし、かつキャリアの方向性を確立するための教育が不徹底であったからである。

　早期に離職する女性従業員や、勤続意欲と昇進意欲が希薄な女性従業員は、上述の新入社員または一般社員であることが多いであろう。そのため、『週刊ホテルレストラン』(2009)が明らかにした新入社員・一般社員の意見は、女性従業員のキャリア開発を阻害する要因の解明にヒントを与える。そのヒントとは、以下である。

①　女性従業員に対する成長機会の供与不足。
②　女性のキャリア開発を支援する仕組みやキャリア・コンサルティングの不足。

　この2つは、前段の離職要因で述べた、女性を補助的な仕事でのみ使用している、高次の課題を与えていない、または将来の展望がないなどと意味内容がほぼ同じである。そのため、女性従業員の早期離職を避け、勤続・昇進意欲を高めるためには、新しい仕事に挑戦させるなどにより十分な成長機会を与えることや、キャリア開発への支援を行うことが大切になる。そして、ホテル企業にとって、その仕組みをいかに構築するかが課題になる。

（飯嶋 好彦／德江 順一郎）

参考文献

Galbraith, J. R.（1973）, *Designing Complex Organizations*, Addison-Wesley（梅津祐良訳（1980）,『横断組織の設計』, ダイヤモンド社）．

Herzberg, F.（1966）, *Work and the Nature of Man*, NY: Thomas Y. Crowell.

Lovelock, C. H.（1992）, "A basic toolkit for service managers", In C. H. Lovelock（Eds.）, *Managing Services: Marketing, Operation, and Human Resources*（2nd. Eds.）. NJ: Prentice-Hall.

Zeitmal, V. A., & M. J. Bitner（1996）, *Services Marketing*. NY: McGraw-Hill.

飯嶋好彦（2001）,『サービス・マネジメント』, 文眞堂．

女性職業財団（1991）,『働く女性の能力活用研究会報告書：ホテル・旅館業』, 財団法人女性職業財団．

竹澤史江（2007）,「組織社会化における意味形成とキャリア開発 プロティアン・キャリアと職業威信を用いた検討」,『キャリア開発論集』, 3：pp.13-21

沼上幹（2003）,『組織戦略の考え方』, 筑摩書房．

週刊ホテルレストラン（2009）.「階層別人材育成の現状と課題」,『週刊ホテルレストラン』2009年6月19日号, pp.42-45.

日経MJ（2009）,「自分の振る舞いをビデオでチェック、担当者の「支援日記」で助言」,『日経MJ』2009年2月13日号, p.9.

日経ビジネス（2001）,「できる人材を逃すな！採用で成功する4つの秘訣」,『日経ビジネス』2001年4月30日号, pp.26-29.

関東学院大学 青木ゼミHP（http://home.kanto-gakuin.ac.jp/~kaoki 2010年11月現在）

第11章
法制度とサービス／ホスピタリティ

1 サービス／ホスピタリティ産業の法制度概観

1．はじめに

　サービス／ホスピタリティ産業の関連法規を概観するにあたり、「サービス産業」、「ホスピタリティ産業」がいかなるものかを定義する必要があるが、「サービス」、「ホスピタリティ」という用語の多義性とあいまって、「サービス産業」、「ホスピタリティ産業」の範囲も論者により広狭の差がある。

　そこで、本章では、多くの論者がサービス産業、ホスピタリティ産業の中心として指摘する産業に範囲を絞って、その関連法規を概観することとした。具体的には、旅行業、交通事業、宿泊産業、料飲産業の4つである。

　なお、本稿は『ツーリズム学会誌　第9号』に掲載の論文を加筆修正したものである。

2．概観

　観光産業の事業者は、一般社会において営利活動を行うものであり、当然のことながら、民法、商法、会社法による規制を受ける。また、観光産業が一般市民を顧客とするものである以上、消費者契約法、不当景品類及び不当表示防止法（景品表示法）等にも注意が必要である。

　さらに、活動主体たる企業とその従業員との関係に着目すれば、労働契約法、労働基準法、男女雇用機会均等法、パートタイム労働法（短期時間労働者の雇用管理の改善等に関する法律）等の労働関係法規が重要となる。「ホスピタリティ」を「おもてなし」と訳すことの是非はともかく、仮に「おもてなし」がホスピタリティの一部であるとすれば、上記労働関係法規に反するような労働環境にある従業員に顧客への「おもてなし」を望むことは困難であろう。

　近時立法された観光産業全般に関する法律として重要なものは、2007（平成19）年1月1日から施行されている観光立国推進基本法であろう。同法は、国及び地方公共団体に観光立国の実現に必要な施策の実現を求め、観光産業の事業者に対しては、観光立国の実現に向けた主体的な努力を求めるものである。

3. 観光産業とコンプライアンス

　企業価値の維持・増大のためのコンプライアンス経営が当然視される昨今の情勢においては、観光産業においても、企業がその関連法規を遵守すること、いわゆるコンプライアンスの視点は最低限必要であり、観光産業のマネジメントにおいては、コンプライアンスの視点は絶対的に不可欠である。

　さらに、エコツーリズムの隆盛（上記観光立国推進基本法を受けた観光立国推進計画においても「観光地における環境及び良好な景観の保全」という項目が設けられ、エコツーリズム推進法も2008（平成20）年4月1日から施行されている）においては、観光産業の事業展開においても企業の社会的責任を強く意識せざるを得ず、結果として、法律よりもさらに厳しい自律規範がマーケットから求められることにもなろう。

（松本　創）

2 旅行業

1．概観

(1) 概要
　旅行産業に関連する法律としては、旅行業法および同法施行規則がその中心であり、他には通訳案内士法等を挙げることができる。

(2) 旅行業法
①「旅行業」の定義
　旅行業とは、旅行者や運送または宿泊のサービス（以下「運送等サービス」）を提供する者のため、報酬を得て、自社以外の事業者による運送等サービスの提供について、契約の代理、媒介、取次ぎ等を行う事業のことをいう（第2条1項）。旅行者の依頼を受けて、ホテルやバス、航空券などの手配をする行為が典型的なものである。

　いわゆるパッケージツアーについては、ツアーの中身に運送等サービスの提供が含まれる場合には、旅行業に該当するが、ツアーの中身に運送等サービスの提供が含まれない場合（テーマパーク内を歩いて道案内する等）や、自社運行のバスを使用した運送等のサービス提供は旅行業には該当しないこととなる。もっとも、自社のバスを使用して旅行者を運送する場合であっても、旅客自動車運送事業の許可を受けなければならないケースがあるなど、他の法令との関係には注意する必要がある。

② 旅行業法の目的・登録制度の概要
　旅行業法は、旅行業等を営む者について登録制度を実施し、あわせて旅行業等を営む者の業務の適正な運営を確保するとともに、その組織する団体の適正な活動を促進することにより、旅行業務に関する取引の公正の維持、旅行の安全の確保及び旅行者の利便の増進を図ることを目的とする（第1条）。

　かかる目的達成のため、旅行業を営む者に対する登録制度を採用し（第3条）、旅行業の登録を受けずに旅行業を営んだ者に対しては罰則が適用される（第28条〜34条）。

登録制度はやや複雑であり、その詳細をここで記載することはできないため、以下、その概略を説明するにとどめる。

まず、同制度は、旅行業者等を、業務の範囲により、第一種旅行業者・第二種旅行業者・第三種旅行業者・旅行業者代理業者に区分する。第一種旅行業者の業務範囲は、手配旅行及び企画旅行のすべてにわたるが、第二種旅行業者の業務範囲には、海外における募集型の企画旅行は含まれない。第三種旅行業者の業務範囲は、さらに、国内の募集型企画旅行が隣接市町村及び国土交通大臣の定める区域に限られるという制限を受けることになる。旅行業者代理業の業務範囲は、旅行業者から委託された業務である。なお、第三種旅行業者については、2007（平成19）年4月以前は募集型企画旅行を実施することができなかったが、法改正により、上記のとおり、隣接市町村及び国土交通大臣の定める区域に限っては認められることとなった。これは、近時の旅行者ニーズの多様化（エコツーリズム、ヘルスツーリズム、体験・交流型旅行、長期滞在型旅行等）に対応したものと評価できる。

登録要件については、上記区分に従い「営業保証金」（旅行業者や旅行業代理業者と旅行業務に関し取引をした旅行者の保護を図るため、供託することが義務付けられた一定の金額[1]）や「基準資産額」[2]が異なる。業務範囲の広狭により、旅行者が被る損害の範囲・程度にも差が生じ、その保護の必要性も異なるからである。

③ 旅行業務取扱管理者

旅行業者は、営業所ごとに旅行業務取扱管理者試験の合格者（国家資格を有する者）を選任し、当該営業所における取引の公正などについての管理・監督を行わせる必要がある（第11条の2）。かかる制度も、旅行業務に関する取引の公正の維持、旅行の安全の確保及び旅行者の利便の増進を図るためである（第1条）。

④ 取引準則及び旅行業約款

旅行取引の適正化を図るため、取引準則により、旅行業者が遵守すべき義務が定

---

1 旅行取引においては、通常、旅行者が旅行代金を前払いする形態がとられるため、旅行業者が倒産した場合、旅行者が受ける不利益は大きい。そこで、前払いした代金をこの営業保証金から返還することにより、旅行者の保護を図っている。なお、旅行業協会に加入すれば、営業保証金の5分の1の額を、弁済業務保証金分担金として旅行業協会に納付することで足りる。

2 旅行業者の安定した経営を維持し、もって消費者保護に資するため、旅行業者は、自らの業務の範囲に応じた額の基準資産を有している必要がある。

められている。この取引準則の内容は、標識（登録票）・取扱料金の掲示、約款の掲示（または備置）、広告規制、取引条件の説明、書面の交付等である。消費者契約法の旅行業における特別法と位置づけられる。

　また、旅行業者は旅行業約款を定め、観光庁長官の認可を受ける必要がある（第12条の2）。なお、観光庁長官及び消費者庁長官が定める「標準旅行業約款」と同一の旅行業約款を定めた場合には、この認可を受けたものとみなされる（第12条の3）。標準旅行業約款と同一であれば、旅行者保護の目的は一応達成されているというべきだからである。

2．旅行業法とホスピタリティ

　繰り返しとなるが、旅行業法の目的は、「旅行業務に関する取引の公正の維持、旅行の安全の確保及び旅行者の利便の増進を図ること」（第1条）にあり、基本的には、旅行業法は、旅行者の保護を図るため、事業者に対する規制を定めるものである。

　したがって、旅行業法は、旅行者と事業者との高密度の関係性を導くホスピタリティの実現を積極的に図る性格を有するものではなく、あくまでも事業者と旅行者との間の最低限度のルールを定めるものである。

　観光旅行を思い立った人間がまずどのお店に向かうことが多いのかを想起すれば明らかなように、旅行産業は、交通事業・宿泊産業・料飲産業へのエントランスと位置づけることも可能である。その意味では旅行産業におけるホスピタリティの重要性は高く、旅行業法はその前提条件を提供するものと言える。

（松本　創）

3 交通事業

1．概観

(1) 概要

　交通事業に関連する法規としては、鉄道事業法、鉄道営業法、道路運送法、航空法、航空の危険を生じさせる行為等の処罰に関する法律、空港法、海上運送法、高齢者・障害者等の移動等の円滑化の促進に関する法律（バリアフリー新法）等を指摘することができる。

(2) バリアフリー新法について

　バリアフリー新法は、高齢者、障害者等の自立した日常生活及び社会生活を確保することの重要性に鑑み、公共交通機関の旅客施設及び車両等、道路、路外駐車場、公園施設並びに建築物の構造及び設備を改善するための措置、一定の地区における旅客施設、建築物等及びこれらの間の経路を構成する道路、駅前広場、通路その他の施設の一体的な整備を推進するための措置、その他の措置を講ずることにより、高齢者、障害者等の移動上及び施設の利用上の利便性及び安全性の向上の促進を図り、もって公共の福祉の増進に資することを目的とする。

　公共交通機関の①旅客施設及び②車両等についてのバリアフリー化の内容は、以下のとおりである。なお、公共交通事業者が旅客施設を新設、大改良する際や車両を新たに導入する際には、バリアフリー化基準（公共交通移動等円滑化基準）への適合は義務であるが、既存の旅客施設や車両等については努力義務である。

① 旅客施設

ア）鉄軌道駅

- 駅の出入り口からプラットホームに通ずる経路におけるエレベーターまたはスロープの設置（高低差の解消）
- 車椅子が通るための幅の確保
- プラットホームと鉄軌道車両の床面を平面化し、隙間をできる限り小さくする。隙間や段差により車椅子使用者の円滑な乗降に支障がある際は、車椅子使用者の乗降を円滑にする設備を1以上備えること

- プラットホームにおける視覚障害者の転落を防止するための設備の設置（ホームドア、可動式ホーム柵、天井ブロック等）
- 照明設備の設置
- エレベーター、エスカレーター、トイレ、券売機などにつき、高齢者、障害者等の円滑な利用に適した構造とすること
- 視覚障害者用誘導ブロック、視覚情報及び聴覚情報を提供する設備の設置
- エレベーター、便所など主要な設備の付近には、JIS規格に適合する図記号による標識を設置すること
- 乗車券等販売所、案内所に筆談用具を設け、筆談用具があることを示すこと

イ）バスターミナル・旅客船ターミナル・航空旅客ターミナルについても、鉄軌道駅に準じた基準である。

② **車両等（鉄軌道・乗合バス・福祉タクシー・船舶・航空機）**

ア）共通
- 鉄軌道、バス、船舶、航空機には、視覚情報及び聴覚情報を提供する設備を備えること
- 鉄軌道、バス、船舶には車椅子スペースを設置すること
- 鉄軌道、船舶内のトイレは、高齢者、障害者等の円滑な利用に適した構造とすること

イ）鉄軌道車両
- 列車の連結路にはプラットホーム上の旅客の転落を防止するための措置を講ずること
- 車両番号などを文字及び点字で表示すること

ウ）バス車両
- 低床バス（ノンステップバス・ワンステップバスレベル）とすること
- 筆談用具・筆談用具の表示

エ）福祉タクシー車両
- 車椅子等対応車については、車椅子など使用者の乗降を円滑にする設備を備えること・車椅子などの用具を備えておくスペースを1以上設けること・筆談用具を設けること　など
- 回転シート車については、助手席又は後部座席を回転させるための設備を設けること・折りたたんだ車椅子を備えておくスペースを設けること・筆談用具を

設けること
オ）船舶
　・バリアフリー化された客席の設置
　・バリアフリー化された客席などからトイレ、食堂などの船内旅客用設備へ通ずる1以上の経路について、エレベーターの設置などにより、高齢者、障害者等が単独で移動可能な構造とすること
　・食堂、売店への筆談用具を設け、筆談用具があることを表示すること
カ）航空機
　・通路側座席の半数以上に可動式肘掛を装着すること（客席数が30以上の航空機）
　・トイレは、車椅子使用者の円滑な利用に適した構造とすること（通路が2以上の航空機）
　・航空機内で利用できる車椅子を備え付けること（客席数が60以上の航空機）

2．備考

（1）バリアフリー新法とホスピタリティ

　前記した、旅行産業における旅行業法や飲食産業における食品衛生法は、ホスピタリティに必要となる顧客と事業者の高密度の関係性を積極的に実現する性格のものではなく、ホスピタリティの前提たる最低限のルールを設定するものであった。
　そして、バリアフリー新法も、バリアフリーの実現により初めて高齢者や障害者がホスピタリティの場に参加することができるという意味では、ホスピタリティの前提たる最低限のルールを設定するという上記法律と共通の性格を有すると言える。
　ただし、バリアフリー新法も、結果として、高齢者、障害者以外の顧客に対しさらに良好な環境を提供し、ホスピタリティの質を高める可能性があるという点では、ホスピタリティの前提たる最低限のルールを設定するという範疇にとどまらない意味を持つということもできる。

（2）航空法とホスピタリティ

　交通事業におけるホスピタリティの担い手として多くの人が想起するのは、航空業における客室乗務員の存在だと思われる。しかし、客室乗務員に対する暴力、セ

クシャルハラスメント行為が話題となることも事実であり、これは、ホスピタリティの根幹を否定するものとも言えるだろう。かかる点についての規定として、安全阻害行為等の禁止を定めた航空法第73条の3、安全阻害行為等の抑止のための機長の権限を定めた同法第73条の4がある。

　第73条の5においては、航空機の機長は、安全阻害行為等をする者に対して拘束したり、降機させたり、当該行為を反復・継続してはならない旨の命令をすることが認められ、命令が出た場合には、それに違反した者は50万円以下の罰金に処せられる（同条第5項、第150条第5の3項）。例えば、便所における喫煙行為、正当な理由の無い携帯電話の使用、そして、客室乗務員に対するセクハラ等の迷惑行為がそれにあたる。

　ホスピタリティ産業の関連法律は、主として事業者に対する規制として機能するが、航空法において顧客に対する罰則規定が存在することは、ホスピタリティが事業者と顧客との双方向の関係を前提として成立することを示すものと言えるだろう。

（松本　創）

4 宿泊産業

1．概観

(1) 概要

宿泊産業に関連する法律として中心的なものは旅館業法であり、他に国際観光ホテル整備法、建築基準法、消防法、高齢者・障害者等の移動等の円滑化の促進に関する法律（バリアフリー新法）等が挙げられる。

国際観光ホテル整備法については、同法における政府登録ホテルや旅館を対象として、旅行者保護の観点から、国土交通省が「モデル宿泊約款」を作成している点が重要である。

(2)旅館業法の概要

① 定義（第2条）

旅館業とは「宿泊料を受けて人を宿泊させる営業」であり、「宿泊」とは「寝具を使用して施設を利用すること」とされている（第2条6項）。「宿泊料を受けること」が要件となっており（第2条2項～5項）、宿泊料を徴収しない場合は旅館業法の適用は受けない。

② 旅館業の種別（第2条2項～5項）

旅館業にはホテル営業、旅館営業、簡易宿所営業及び下宿営業の4種がある。

③ 営業の許可（第3条、第4条）

旅館業を経営するものは、都道府県知事（保健所設置市又は特別区にあっては、市長又は区長）の許可を受ける必要がある。旅館業の許可は、旅館業法施行令で定める構造設備基準に従っていなければならず、場所的要素（学校・児童福祉施設等への影響）も考慮される。旅館業の運営は、都道府県の条例で定める換気、採光、照明、防湿、清潔等の衛生基準に従っていなければならない。

④ 環境衛生監視員（第7条）

旅館業の施設が衛生基準に従って運営されているかどうか、都道府県知事（保健所設置市又は特別区にあっては、市長又は区長）は報告を求め、立ち入り検査をすることができる。この業務は環境衛生監視員が行う（同法施行規則第6条）。

⑤ 宿泊させる義務等（第5条、第6条）

　旅館業者は、伝染性の疾病にかかっている者や風紀を乱すおそれのある者等を除き宿泊を拒むことはできない。また、宿泊者名簿を備えておかなければならない。

⑥ 改善命令、許可取消又は停止（第7条の2、第8条）

　都道府県知事（保健所設置市又は特別区にあっては、市長又は区長）は構造設備基準又は衛生基準に反するときは改善命令、許可の取消又は営業の停止を命ずることができる。

⑦ 小括

　旅館業法の概要は以上のとおりである。

　同法は、旅館業の健全な発達及び公衆衛生・国民生活の向上への寄与を目的とし（第1条）、上記規制違反に対する罰則も存在する（第10条〜13条）。なお、サービス／ホスピタリティ産業の関連法規は、サービス／ホスピタリティ産業における関係者保護のための事業者規制を基本とするが（例えば、前記した消費者契約法や景品表示法は一般顧客の保護を目的とし、労働関係法規は企業の従業員の保護を目的としている）、この旅館業法については、当事者とは言い難い者の保護（近隣の教育環境の維持）にも配慮している点を特徴の一つとして指摘できよう。

2. 備考

(1) 旅館業法と宿泊拒否

　旅館業法第5条は、

> 「営業者は、左の各号の一に該当する場合を除いては、宿泊を拒んではならない。
> 一　宿泊しようとする者が伝染性の疾病にかかつていると明らかに認められるとき。二　宿泊しようとする者がとばく、その他の違法行為又は風紀を乱す行為をする虞があると認められるとき。三　宿泊施設に余裕がないときその他都道府県が条例で定める事由があるとき。」

と定めており、原則として宿泊拒否は認められていない。

　宿泊拒否については、①熊本県の黒川温泉にあったホテルがハンセン病元患者の宿泊を拒否した事件、②東京都港区内のホテルが日教組関係者らの宿泊を拒否した事件、が記憶に新しい。①においては、事件当時の社長、総支配人、法人が略式起訴され、有罪判決が出されている（その後、ホテルは廃業）。②については、法人としてのホテルと社長ら4人が書類送検され、民事裁判においても、第1審では

3億円近い損害賠償を課される結果となった。

　特に②については、集会の自由という基本的人権に対する制約が問題となること、警察による警備により街宣活動からの保護が期待できたこと、高等裁判所の仮処分命令を無視したものであったこと等の特殊事情も指摘されるべきではあるが、コンプライアンス一般に対する示唆に富む事件とも言えよう。

(2) 宿泊産業と個人情報保護法

　観光客が宿泊を希望する場合、当該旅館は宿泊者の氏名・連絡先等の情報を求めるのが通常である。これらの情報は特定の個人を識別することが可能な「個人情報」に該当するが、旅館営業者は宿泊者名簿を備え置く義務を負うため（旅館業法第6条）、当該個人情報を旅館業の通常の業務に必要な範囲で利用する限り、その取得に際して利用目的を本人に明示する必要はない。もっとも、漏洩を防ぐため、記帳された宿泊者の個人データを安全に管理しなければならないのは当然である。

（松本　創）

5 料飲産業

1．概観

(1) 概要

　料飲産業においては、食品・健康面の安全性確保は当然として、店舗の安全、社会風俗の維持等、保護すべき範囲が多岐にわたる。したがって、その規制範囲も広範にわたり、関連法規も多い。主なものとしては、食品衛生法、食品リサイクル法、調理士法、健康増進法、消防法、風俗営業等の規制及び業務の適正化等に関する法律（風営法）、騒音規規制法、商標法等である。

(2) 食品衛生法について

① 目的及び義務

　食品衛生法の立法目的は「食品の安全性の確保のために公衆衛生の見地から必要な規制その他の措置を講ずることにより、飲食に起因する衛生上の危害の発生を防止し、もつて国民の健康の保護を図ること」である（第1条）。かかる目的達成のため、国、地方公共団体、食品等事業者[3]の義務を定める（第2条・第3条）。

② 対象食品（第4条）

　食品衛生法が対象とする食品は、医薬品・医薬部外品以外のすべての飲食物である。

③ 食品・添加物について（第6～14条）

　販売の用に供する食品又は添加物の取扱い方法（「清潔で衛生的に行われなければならない」）につき定める（第5条）と同時に、健康保護の観点から、食品または添加物の販売禁止等につき規定する。

④ 器具・容器包装について（第15条～18条）

　健康保護の観点から、食品のみならず、器具及び容器包装についても規定する。

---

[3] 食品若しくは添加物を採取し、製造し、輸入し、加工し、調理し、貯蔵し、運搬し、若しくは販売すること若しくは器具若しくは容器包装を製造し、輸入し、若しくは販売することを営む人若しくは法人又は学校、病院その他の施設において継続的に不特定若しくは多数の者に食品を供与する人若しくは法人をいう。

すなわち、営業上使用する器具及び容器包装は、清潔で衛生的でなければならないし（第15条）、人の健康を損なうおそれがある器具若しくは容器包装は、販売・製造・輸入・営業上の使用が禁止されている（第6条）。

⑤ **表示・広告に対する規制**

一般消費者に対する食品、添加物、器具又は容器包装に関する公衆衛生上必要な情報の正確な伝達の見地から、食品等の表示につき、必要な基準を定めることとし、かかる基準が定められた食品等は、その基準に合う表示がなければ、販売・陳列・営業上の使用が許されない（第19条）。また、公衆衛生に危害を及ぼすおそれがある虚偽の又は誇大な表示又は広告も禁止される（第20条）。

⑥ **その他**

国・地方公共団体が行う食品衛生の監視・指導の指針・計画についての規定（第22条〜24条）、登録検査機関による検査についての規定（第24〜47条）、食品に関する営業を行う者の食品衛生管理者の設置等（第48〜56条）などが置かれている。罰則規定も存在する（第57条以下）。

2. 食品衛生法とホスピタリティ

食品衛生法は、「食品の安全性の確保のために公衆衛生の見地から必要な規制その他の措置を講ずることにより、飲食に起因する衛生上の危害の発生を防止し、もつて国民の健康の保護を図ること」（1条）を目的とするものであり、旅行業法と同様、顧客との高密度の関係性を導くホスピタリティを積極的に実現させる性格を有するものではない。あくまでも事業者と顧客との間の最低限度のルールを定めるものであり、ホスピタリティの前提を提供するものである。

なお、食品衛生法の目的は、2003（平成15）年改正以前は「飲食に起因する衛生上の危害の発生を防止し、公衆衛生の向上及び増進に寄与すること」と規定されていたに過ぎない。立法された終戦直後と比較して日本の衛生状況が飛躍的に向上し、行政に要求されるレベルも高いものとなったことを受け、「必要な規制その他の措置を講ずる」「国民の健康の保護を図る」との文言が追加されたものであるが、ホスピタリティの前提を提供するという性格に変わりはないと言えよう。

（松本 創）

6 サービス／ホスピタリティ産業におけるM&A

1. 概観

　近時、サービス／ホスピタリティ産業においても、M&A（買収合併）の動きが盛んになっている。本節では、これらの産業におけるM&Aに際して留意すべき法的問題について概説する。

2. M&Aの手続における留意点

　M&Aの手法としては、対象会社の株式の取得、事業譲渡、会社分割、合併、株式交換、株式移転といったさまざまな手法がある。各手法に応じて、会社法、金融商品取引法、独占禁止法その他の適用法令に従った手続を履践する必要があることはいうまでもないが、サービス／ホスピタリティ産業には、前節までに検討したようなさまざまな業法上の規制が存在するため、想定されるM&A手法に応じて、それらの規制上必要となる手続を履践する必要がある。以下では各産業における代表的な規制上の手続について述べる。

(1) 宿泊産業におけるM&A

　旅館業法上、営業の許可を得た者（営業者）でない法人が営業者と合併し、又は営業者から分割により旅館業を承継する場合、営業者の地位を承継するためには、都道府県知事の承認を得る必要がある（旅館業法第3条の2）。

(2) 料飲産業におけるM&A

　料飲産業においては、食品衛生法上、飲食店営業等の許可を受けた営業者（許可営業者）の営業を承継する合併又は分割を行うと、当該営業を承継した法人は許可営業者の地位を承継することとされているので、事前の手続は不要である。ただし、その後遅滞なく、都道府県知事にその旨を届け出なければならない（食品衛生法第53条第1項・第2項）。他方、風営法の適用がある場合は、合併又は分割により風俗営業者の地位を承継するためには、事前に公安委員会の承認を受ける必要がある（風営法第7条の2・第7条の3）。

(3) 交通産業におけるM&A

　交通産業においては、乗客の安全確保の要請が大きいため、M&Aに関する規制

も相応に厳格なものとなっている。

① **鉄道事業に関する規制**

　鉄道事業の譲渡、合併（鉄道事業者と鉄道事業を経営しない法人の合併であって、鉄道事業者が存続法人となる場合を除く）及び分割（鉄道事業者が分割をする場合で鉄道事業を承継させない場合を除く）は、国土交通大臣の認可を受けなければ、その効力を生じない（鉄道事業法第26条第1項、第2項）。組織再編行為によって、鉄道事業の許可（鉄道事業法第3条）のない者が鉄道事業を営むこととなるのを防止する趣旨である。なお、上記（1）（2）の規制とは異なり、認可がなければ、営業者の許認可に係る地位の承継のみならず、組織再編行為の効力自体が生じないとされている。

② **一般旅客自動車運送事業に関する規制**

　一般旅客自動車運送事業の譲渡、合併（一般旅客自動車運送事業者と一般旅客自動車運送事業を経営しない法人の合併であって、一般旅客運送事業者が存続法人となる場合を除く）及び分割（一般旅客自動車運送事業者が分割をする場合で一般旅客自動車運送事業を承継させない場合を除く）は、国土交通大臣の認可を受けなければ、その効力を生じない（道路運送法第36条第1項、第2項）。鉄道事業と同趣旨の規制である。

③ **航空運送事業者に関する規制**

　航空運送事業を譲渡する場合、譲受人が譲渡人の航空法上の地位を承継するためには、譲渡人・譲受人が国土交通大臣の認可を受ける必要がある（航空法第114条）。また、航空運送事業の許可を受けた者（本邦航空運送事業者）の合併（本邦航空運送事業者と航空運送事業を営まない法人の合併であって、本邦航空運送事業者が存続法人となる場合を除く）又は分割（航空運送事業を承継させる場合に限る）の場合、本邦航空運送事業者の航空法上の地位を承継するためには、国土交通大臣の認可を受ける必要がある（航空法第115条）。

　さらに、航空法上は、外国人等（航空法第4条第1項第1号乃至第3号に掲げる者）による本邦航空運送事業者（及びその持株会社等）の議決権保有割合が3分の1を超えることとなる場合は、外国人等による名義書換を拒否できる旨を定めている（航空法第120条の2）。名義書換ができなければ、対象会社に対して株主であることを対抗できないので、対象会社を支配することはできない。本邦航空運送事業者が外国人等によって支配されると我が国の安全にかかわるからであり、電

波法、放送法等にも同様の規制がある。

3. その他の留意点

　M&Aに際しては、取引実行の可否の判断、リスクの把握、価格等の条件決定、契約書に盛り込むべき条項の検討等のために、デュー・ディリジェンスと呼ばれる対象企業の調査が行われるのが通常であり、その一環として法的観点からの調査（法務デュー・ディリジェンス）が行われる。法務デュー・ディリジェンスには、対象会社の基本的事項の調査、対象会社を取り巻く各種契約関係・権利関係の調査、許認可等の調査、コンプライアンス関係の調査、法的紛争の有無とその内容の調査等が含まれるが、サービス／ホスピタリティ産業における特殊性としては、対象会社において、前節までに述べたような各種規制違反の有無を調査する必要がある。これらの規制違反は、事業を営むために必要な許認可等が失効してしまうリスクに直結するし、そうでなくとも、重要なコンプライアンス違反が明らかとなれば、レピュテーションの低下は著しく、場合によっては事業が立ち行かなくなるほどのダメージを受ける恐れがあるからである。

（藤津　康彦）

7 その他

1. その他のサービス/ホスピタリティ産業

観光産業以外のホスピタリティ産業としては、医療業、社会福祉業、教育関連産業、生活関連サービス業（理容・美容院等）、商業サービス業等が指摘される。

いずれにしても、これらの産業の関連法規は、基本的には、ホスピタリティの前提としての最低限のルールとして機能し、コンプライアンスの観点からこれらの法規の遵守が当然である一方で、ホスピタリティの観点からは、各事業者が法規の遵守にとどまるべきでないことは第5節までで説明した観光関連諸産業と同様である。

2. おわりに

ホスピタリティ産業に関連する法規を概観する意味について、簡単に指摘して、本章の締めとしたい。

① ホスピタリティ概念への影響

ホスピタリティ産業の関連法規は、基本的には事業者を規律するルールとして機能するため、事業者と顧客との関係の自由な設定を制約する可能性を包含する。このことは、法律による規制の内容・態様によってはホスピタリティの概念及び内容そのものを変容させる可能性を意味すると言えないだろうか。

② 観光立国の実現

観光立国の大号令のもと、観光産業のマネジメント能力育成の必要性が指摘されるが、コンプライアンスの観点からは、当該産業に関連する法規の知識は必要不可欠であろう。

（松本 創／藤津 康彦）

参考文献

松本創（2009），「ホスピタリティ産業関連法規の概観 −観光産業を中心に−」，『ツーリズム学会誌』第9号，ツーリズム学会。

第IV部

ホスピタリティ拡張論

第12章
ホスピタリティ拡張論 I

1 ホスピタリティ拡張論とは

1. ホスピタリティ拡張論のアウトライン

　本章以降では、ホスピタリティ拡張論について議論する。これは、ホスピタリティが関係性マネジメントであるとした場合に可能となる、これまではなされてこなかった、他の領域への概念の拡張を目指すものである。

　既存のホスピタリティ概念では、サービスの高度化、サービスの深度化といった考え方がホスピタリティである、というとらえ方が主流であったと思われるが、本書の主張においては、ホスピタリティとは、さまざまな主体間の関係性のマネジメントであり、そこに不確実性が生じた場合に、定型的ではない対応によって、関係を良好に保つための考え方であった。そのような視点からホスピタリティ概念を眺めると、多くの分野に応用可能であることが見えてくる。すなわち、第Ⅳ部は、将来的なホスピタリティ概念の体系化に向けての試論的な位置づけとなるだろう。

　新しいフロンティアにホスピタリティ概念を拡張して考えるにあたり、本書では2つの章に分けることとした。本章においては、地域、行政、ジャーナリズムにおけるホスピタリティについて論じることとする。

　また、次章においては、人ではなく、モノや技術に対するホスピタリティ精神について、そして消費者にもホスピタリティが求められるという立場からのアプローチを紹介する。

2. 地域、行政、ジャーナリズムとホスピタリティ

　以下の各節では、各界を代表する執筆者が、この困難な課題にチャレンジしている。

　第2節では、地域を軸として、地域外との関係について、高崎経済大学の佐々木茂先生に論じていただいた。先生は、同大学の附属地域政策研究センターで所長も務められ、「地域」に関してのエキスパートである。地域を、特定の産品といった狭い見地からではなく、幅広い見地からブランド化し、かつ、他との関係性をマネジメントすることについて、論じていただいている。

　第3節では、こうした「地域」の要である行政におけるホスピタリティについて、

第35代横須賀市長の吉田雄人先生に論じていただいた。先生は、横須賀という多様な顔を持つ地域における首長であり、就任以来、さまざまな施策を行って、横須賀を元気にしようとしていらっしゃる。地域の住民や企業がいくら頑張っても、行政にホスピタリティな発想がなければ、決してうまくいかないことは自明である。

　第4節では、こうした行政を含めた政治や経済、あるいはそれらを包含した社会を監視し、われわれに情報を提供してくれるジャーナリズムにおけるホスピタリティについて、明治大学の蟹瀬誠一先生に論じていただいた。先生は、長きにわたってジャーナリストとして活躍し、政治や経済の多くの事件をわれわれに伝えてこられた。ジャーナリズムが大きな変革を求められる今、ホスピタリティの視点も重要となってくる。

　拡張論の第1歩として、まずは本章で社会的ホスピタリティ概念について、具体的な事例も織り交ぜながら考察してゆきたい。

（徳江 順一郎）

2 地域を軸としたホスピタリティ

1．地域ブランド

　ブランドとは、ある商品やサービスを他の類似の商品やサービスと明確に区分させてくれる識別子のことである。その意味で、アイデンティティを持った単なる言葉とか表現以上の、企業やブランドを保有する人もしくは組織にとって資産としての価値がある要素と考えられる。Arkerがブランド・エクイティの議論を展開した際には、消費財のみならず産業財においてもブランドが企業と顧客に与えるパワーのあることが指摘されていた。今日では、多様な地域が他の地域との差異化を訴求するという範囲にまで、ブランドの応用展開が見られるようになった。KotlerとGertnerは国をブランドと見立て、国家のイメージがその国の製品やサービスや地域への投資、企業や観光客を惹きつける能力に対する態度形成に影響を与えることを論じている（Kotler & Gertner, 2002）。

　これは青木（2007）でも指摘されるように、かつては地域の名産品など農水産物や加工品を指していたのが、次第に対象とする範囲を商店街や観光地へと拡大し、地域全体をブランド化するところまで発展したと考えられる。その意味で、ツーリズム・マーケティングにおいても、ツーリズムのコアとなる地域をアイデンティファイさせる地域ブランドの構築は喫緊の課題である。

　地域ブランドが今日注目されるようになってきた背景としては、次のような要素をあげることができよう。すなわち、①上記のような国内外の地域間競争の激化に加え、②市町村合併によるこれまでの比較的小規模なエリアのアイデンティティの喪失懸念、つまり、地域内でのソーシャル・キャピタル[1]（人と人のつながり）の希薄化に対する不安からの取り組み、さらに、③テロや輸入食材への毒物混入や政変などによる空港閉鎖といった多様な地政学的リスクに影響された（若者世代を中心とする）海外旅行離れ、などである。

　地域ブランドは、その地域に固有の特性を踏まえた価値を訴求できない限り、さ

1　高崎経済大学附属産業研究所編（2006），所収「第1章　事業創造の新たな視点：ソーシャル・キャピタル，社会起業家，社会志向的企業と企業間連携」を参照されたい。

らには継続的に訴求できない限り、ブランドとしての価値が生まれない。Kerr (2006) は、「デスティネーション・ブランドはお土産などの製品ブランドと関連が強い。他方、地域ブランドは、コーポレート・ブランドのモデルの応用が主体で、そのアーキテクチャーとポートフォリオ（複数ブランドの管理）の強力な関係作りをすることで、地域マーケティング推進の責任者が、戦略的に管理すべきものである」としている。

　また、プロダクト・ブランドとの違いという点では、次のようにとらえることができよう。すなわち、前者が個別企業の個々の製品ブランドを指すのに対して、地域ブランドはその地域の情報発信をも含めたパワー・ブランドであり、いわゆるお土産物や特定地域だけで通用しているローカル・ブランドとも区別されるべき性質のブランドであると考えられる。

　地域ブランドの範囲としては、前述のKotlerの指摘のように国家レベルでとらえるもの、行政区分として、都道府県庁や市町村によるものや市民グループによる取り組みとしては、学校区もしくは地域の婦人会単位の取り組みもある。企業区分としては、①商店街、②地場産業、③観光地・リゾート、④企業、⑤遊園地・美術館・博物館などによるものが考えられよう。

2. 地域ブランド形成への取り組み方

　取り組み方としては、大別すれば、①地域に訪問してもらうことによって、地域の資源や人々との交流を通じて形成されるパターンと、②現状では地域まで足を運んでもらうことが難しいような状況下にあるが故に、地域内の生産物を活用した地産地消の加工品を域外に提供するというパターンが考えられる[2]。青木（2007）の地域ブランド形成の4つのステップに依拠するならば、第1ステップでは、ブランド化可能な個々の地域資源を選び出し、ブランド構築の基盤ないし背景として地域性を最大限に活用しつつブランド化していく。ブランド化の対象は、農水産物、加工品、商業集積、観光地（生活基盤）となる。いずれにおいても、当該地域の意味づけ・関連づけが不可欠と考えられる。

　第2ステップでは、前段階の地域資源ブランドを一つの柱としつつ、そこに共通する地域性を一つの核として「傘」ブランドとしての地域ブランドを確立する。

2　青木(2004)、関・日本都市センター編(2007)、波積(2008)

図表12-1 地域ブランドの体系図

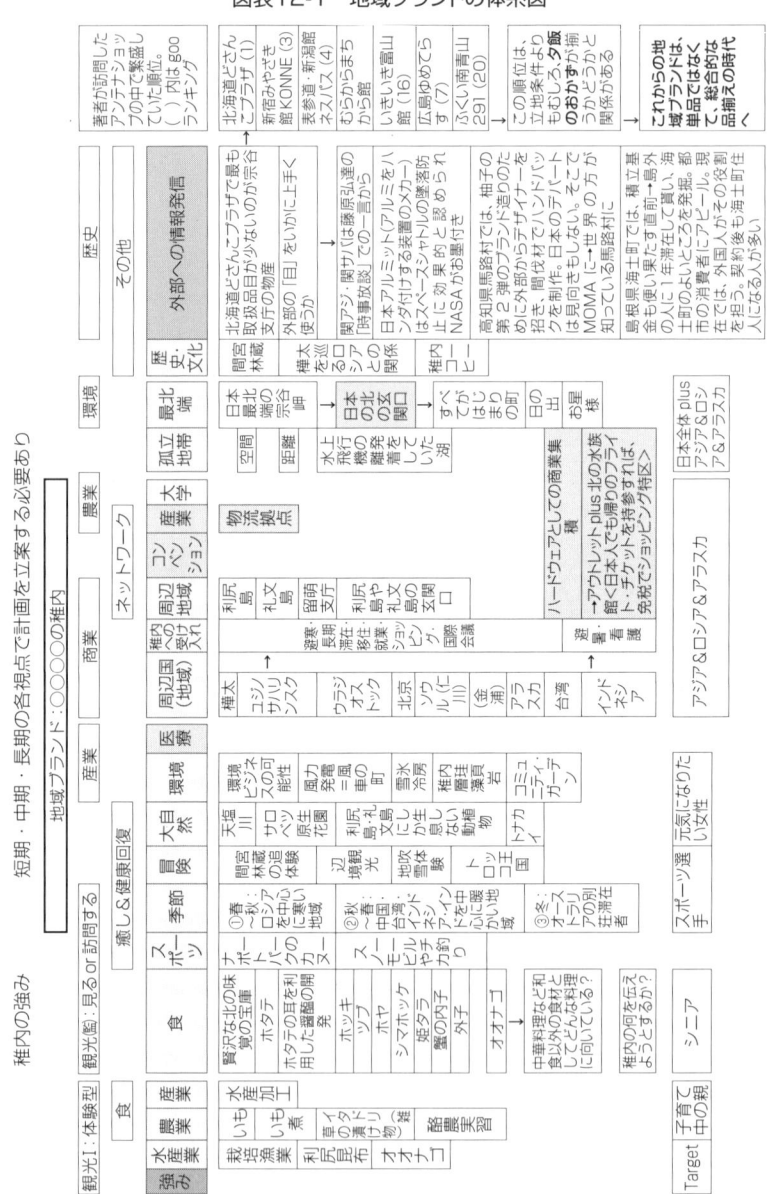

282

第3ステップでは、地域ブランドによる地域資源ブランドの強化と底上げを図る。人々の各地域資源ブランドへの期待値は、地域ブランドのバックアップ（これは、裏書きとか裏打ちされる価値と呼んでもいいかもしれない）によって高まる。
　第4ステップでは、底上げされた地域資源ブランドによって、地域経済や地域自体が活性化される。（つまり、地域資源ブランドが取引されることによって、地域の経済力が高まれば、地域の力は自ずと向上するのである。）
　これらのステップによって確立された地域ブランドを中核として、地域マーケティングの実行がより確実なものとなるのである。
　なお、前述の傘ブランドの考え方を活用して、稚内の地域ブランド作りの委員会に提言した[3]ものが、図表12-1の地域ブランドの体系図である。"強み"の欄の項目は現在の強みであるが、医療、コンベンション、産業の部分は今後強化すべき要素、外部への情報発信は課題を示している。○○○の稚内という地域ブランドの傘を構成するのは、観光Ⅰ・Ⅱ、産業、商業、農業、環境、歴史という軸であり、それらをさらに説明する下位ブランド体系から構成されている。最下部には、それぞれがターゲットとしうる対象も明示した。

3．地域マーケティングの視点

　地域マーケティングは、地域に活力をもたらすために、地域をそのターゲットに認識してもらい、地域への関心を高め、訪問してくれる人、地域の物産を繰り返し利用してくれる人、その地域出身の人や企業を応援してくれる人を増やし、地域が元気になるために実行される。こうした地域マーケティングの目的は、地域のイメージの向上にあり、Kavaratzis（2004）の指摘する、地域ブランドの出発点となる。地域ブランド構築のための地域マーケティングの実践が顧客の知覚とイメージを創出し、地域との出会いを産み出すのである。地域ブランドは、経済開発を進めるための政策の基礎を提供し、同時に、都市住民が自らの町のアイデンティティを確かめるための道筋としての役割も果たしてくれる。
　地域マーケティングに類似の考え方として、ツーリズムの分野では、デスティネーション・マーケティングも活用されている。いずれのマーケティングの目的も、地域もしくはデスティネーションのイメージの向上にある。KavaratzisとKerrの

---

[3] 稚内オオナゴ研究会における筆者講演資料2008.3

図表12-2　地域を軸とした概念の関係図

- 地域イメージ
- 地域のIDとしてのデスティネーション・ブランド
- デスティネーション・マーケティング
- 地域のIDとしての地域ブランド
- 地域マーケティング

著者作成

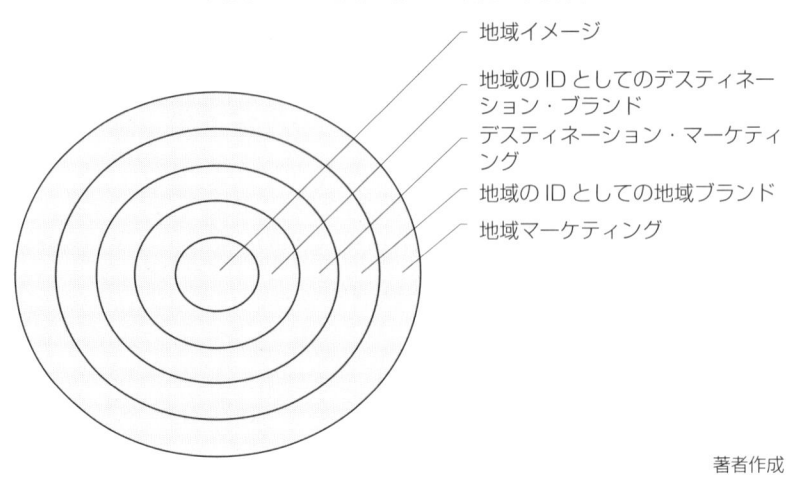

図表12-3　地域ブランドの構成要素

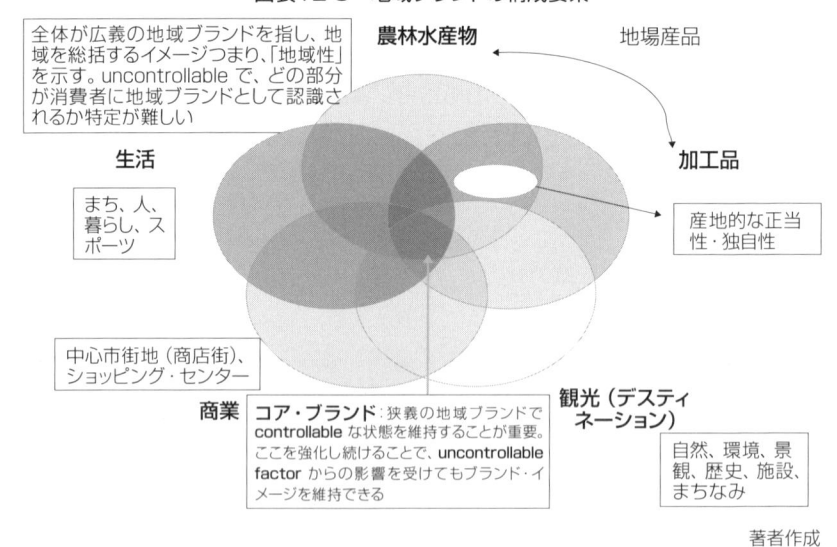

全体が広義の地域ブランドを指し、地域を総括するイメージつまり、「地域性」を示す。uncontrollableで、どの部分が消費者に地域ブランドとして認識されるか特定が難しい

農林水産物　地場産品　加工品

生活：まち、人、暮らし、スポーツ

産地的な正当性・独自性

中心市街地（商店街）、ショッピング・センター

商業　コア・ブランド：狭義の地域ブランドでcontrollableな状態を維持することが重要。ここを強化し続けることで、uncontrollable factorからの影響を受けてもブランド・イメージを維持できる

観光（デスティネーション）：自然、環境、景観、歴史、施設、まちなみ

著者作成

　考えを総括するならば、これらの関係は、図表12-2のようになる。
　また、地域ブランドについての構成要素は、青木や石原らの考え方[4]から、図表

4　青木（2004）、佐々木他（2008）

12-3のように分類できよう。

4. 地域ブランド形成のためのトータル・マーケティング戦略

　地域ブランド形成に当たってのターゲットとしては、ツーリストなどの消費者に加えて、地域住民の視点として住民満足度の向上も合わせて考えるべきである。すなわち、企業の取り組みでいうところの従業員の職務満足度の向上を実現させるインターナル・マーケティング[5]やインターナル・ブランディングの考え方は、地域ブランド形成にあっても不可欠であり、地域マーケティングの場合は、企業の従業員を住民に置き換えて捉えてみることが肝要であろう。ここでは、住民満足度の向上を通じた郷土愛（自慢）の形成と彼ら自身のホスピタリティの改善を通じた顧客満足の向上というとらえ方で、地域住民も参加できる地域づくりを通じた地域ブランドへの取り組みが活性化するものと期待される。

　次に、地域のアイデンティティを伝えるための地域ブランドの形成には、地域資源のマーケティング・ミックスを検討する必要がある。すなわち、①製品と生産とシーズの発掘（当該地域にかかわりのあるヨソ者による〜好きこそものの上手なれ）の要素、②チャネル：全国に開放するのか、地域で限定するのか、③価格：プレミアム→高価格→中価格→低価格（チャネルが開放的になればなるほど、価格は低下）、④プロモーション（見せ場）：ネット、アンテナ、横丁（たとえば、「おかげ横丁」のように三重県の物産を一堂に見せる場）、口コミ、パブリシティ、⑤ホスピタリティ：商品とサービスに地域性を込めていく、といった要素が考えられる。

　こうしたマーケティング・ミックスによって、消費者に対する地域のイメージが形成され、課題として指摘された点を恒常的にトータル・マーケティング戦略にフィードバックする仕組みを兼備することにより、市場変化にも対応可能な地域ブランドの維持が可能となる。

（佐々木 茂）

5　佐々木（2003）を参照されたい。

参考文献

Aaker, D. A.（1991）, *Managing Brand Equity*, Free Press（陶山計介・尾崎久仁博・中田善啓・小林哲訳（1994）,『ブランド・エクイティ戦略』, ダイヤモンド社）.
Kerr, G.（2006）, "From destination brand to location brand," *Journal of Brand Management*, 2006, 13, pp.276-283.
Kotler, P. & D. Gertner（2002）"Country as brand, product, and beyond: a place marketing and brand management perspective", *Journal of Brand Management*, vol.9, No.4-5, pp.249-261.
Kavaratzis, M.（2004）, "From city marketing to city branding: Towards a theoretical framework for developing city brands", *Place Branding*, Vol. 1, 1, pp.58-73.
青木幸弘（2004）,「地域ブランド構築の視点と枠組み」,『商工ジャーナル』30（8）, 2004.8, pp.14-17.
青木幸弘（2007）,「地域ブランドを地域活性化の切り札に」,『地銀協月報』,（560）, 2007/2, pp.2〜8.
関満博・日本都市センター編（2007）,『新「地域」ブランド戦略』, 日経広告研究所.
波積真理（2008）,「地域ブランド確立の必要性 -- きくちのまんまブランド戦略」,『農業協同組合経営実務』63（10）, 2008/9, pp.82-86.
佐々木茂（2003）,『流通システム論の新視点』, ぎょうせい.
佐々木純一郎・野崎道哉・石原慎士（2008）,『地域ブランドと地域経済―ブランド構築から地域産業連関分析まで』, 同友館.
高崎経済大学附属産業研究所編（2006）,『事業創造論の構築』, 日本経済評論社.
和田充夫（2002）,『ブランド価値共創』, 同文舘出版.
和田充夫（2007）,「コーポレイトCSRアイデンティティ作りと地域ブランド化の連携」,『商学論究』55（1）, 2007/6, 関西学院大学商学研究会, pp.1-17.

3 行政におけるホスピタリティ

1. 横須賀市長への道

　私が第35代横須賀市長に就任したのは、2009（平成21）年7月10日。その選挙戦は大変厳しいものだった。対立候補者が現職市長であり、政党は自民党、民主党、公明党などがこぞって現職を応援し、地元企業や団体も、すべて現職を支援していた。普通に考えれば「勝てない選挙」であった。さらには、地元のみならず、全国的に大変有名な「元首相」まで彼を支持するという状況の中で、私は出馬したのである。さらに選挙へ出馬した時には市議会議員2期目の途中であり、一般論で言えば、せっかくの立場を捨てて、何も無理に勝つ見込みのない選挙に立候補しなくても…というものであっただろう。

　しかし私は、横須賀は変わらなければならない、との強い想いがあった（もちろん今も変わらない）。そして選挙戦に臨み、まさに「四面楚歌」の環境でありながら当選し、市長となったのである。その動機について、少し述べておくこととしたい。

　まず第1に、何より横須賀に元気がない、と感じていた。横須賀には、造船業や自動車関連産業といった、いわゆる「重厚長大型産業」が立地していたが、産業構造の変化や経済環境の変化に伴い、こうした産業の成長には陰りが見えはじめている。また、これは横須賀に限った話ではないが、人口減少・少子高齢化が進行している。すでに人口は減少傾向に入り、高齢化率は24.91％（2010.10現在）に達し、4人に1人が65歳以上の高齢者になっている。そういったことを踏まえると、一刻も早く活力を取り戻していかなければいけないと感じてきたのである。

　横須賀に元気を取り戻すための手段はさまざまに存在し、これまでの政策も、決して「活力を削ぐ」ために行われてきたと言うつもりは毛頭ない。だが、既存の価値観とは異なる新しい戦略が求められる時代に入ったのは間違いないだろう。

　第2に、色々な表現の仕方はあるだろうが、何よりも「横須賀のまちで暮らす人たちの想いが行政に届いていない」と感じていた。われわれの周りにはさまざまな人々が暮らしている。そして、そうした人々はさまざまな想いを持っている。市議会議員時代には、1,200日以上、駅頭活動を行ってきた。私はこうした機会を通じて、多くの住民の声を聴くことができた。

「介護や子育てに疲れるときがあっても、ささやかな幸せを大切にする人たちの想いや、汗まみれになって、油や土や潮にまみれて働いている人たちの考え、失われてしまった緑や砂浜を取り戻そうと、努力している人たちの行動、ボランティアや町内会の活動に、愚痴を言わずにとりくむ人たちの意見、そして、市役所の仕事ってもっとこうすればよくなるのに、という窓口に来た人からの声…。」（マニフェストの表紙より）

　私は、こうした声を大切にする横須賀市へ、「住民と一緒に」変えていきたかったのである。労働組合や業界団体、政党などの支援は一切なく、これまでやってきた。「住民とともにある」新しい横須賀に変えてゆくことを目指してきたのである。

　就任当初より、私は職員の先頭に立ち、自らセールスマンとなって、横須賀の魅力を市の内外に売り込むことに腐心している。市長室の奥に閉じこもって市政運営を行うのではなく、トップセールスを買って出て、シティセールスに取り組んできた。特に「集客促進」をはじめとしたさまざまな施策は、行政におけるホスピタリティの視点とも考えられるだろう。

　行政というのは、きわめて多くの主体との関係が生じる。そして、多くの主体との関係性をマネジメントすることによってこそ、「人」も「企業」も集ってくれる「地域づくり」につながってゆく。こうした関係性には、不確実性の高いものもあるのだが、行政の中で皆がそれぞれの役割を果たしながら、着実な関係性マネジメントを実行してゆきたいと考える。

2．これまでの行政とこれからの行政

　地方における行政のイメージは、これまで財政負担を考えないひとりよがりのハコモノ行政や、法律や制度を知らなかった市民が相談に行っても「もう遅い、できない」といった冷血主義、新しいアイデアを提案しても「前例にない、うちの部署ではない」とされてしまう「事なかれ主義・タテ割り組織」といった形で語られてきたのではないだろうか。横須賀市においても、そうしたイメージは強かった。

　例えば、「観光についてこういう施策をする」となると、当然、観光をになう部局が動くことになる。また、一方で定住促進や企業誘致を行う部局が別に存在し、それぞれがそれぞれの動きを行っていた。

　しかし実際には、これらはすべて都市イメージを向上させ、市外から人を呼び込むための「シティセールス」という大きな方向性を構成する数多くの要素の1つな

のである。これまでは、定住を促進する、企業を誘致する、観光客の誘致をする、こういったものをさまざまな部署がバラバラにやってきたというわけである。

　なぜ、こうした事態が生じてしまうのか。これには仕方のない面もある。市役所のサービスは、ほとんどが法律で定められたサービスをするわけだから、そういう意味では、定型的なことを行って「一定の価値を生じさせる業務」の割合がほとんど、となる。その組織文化が根付く中で、決められたことを淡々と行うことが評価につながり、そこで働く人の存在意義に発展していくことになる。

　ただ、こうした業務の割合が９割５分くらいだとすると、残りの５分こそが、市役所を活性化させる源にもなるのである。そこで首長は、これからの行政では、この「残り５分」で行う活性化策を遂行することが期待されるのは当然である。

　そこで、タテ割りの組織にとらわれない大局的な視点が重要になる。例えば、「シティセールス」という大きな視点から眺めることによって、これまでの「タテ割り」とは異なる戦略展開が可能となる。すなわち、まず大前提として横須賀のイメージを向上させた上で、それに付随するさまざまな要素、すなわち

■住民の誘致（定住促進）

■企業誘致

■観光客誘致・集客イベントの開催

といったことを位置づけて、トータルで効果が上がるように志向してゆくのである。

　一例を挙げて観光について言えば、行政ができることは実際には限られていると思うが、これを多くの企業とともに実行委員会という形で行うことで、それぞれの役割分担を明確化しつつ、スピード感のある施策展開が可能な体制にしている。東京や埼玉や千葉から観光客を集めていくには、鉄道事業者の力が必要である。横須賀の域内を移動するのにはバスやタクシーの事業者にも頼らなければならない。さらに、日帰りではなく滞在してもらうためには、宿泊産業の力も必要であるし、地元の名産品に接してもらうには、１軒１軒の店舗の力が必要となる。そして、こうした調整役と、さまざまな情報発信やアピールについては、行政が行うことで、全体としての「シティセールス」が実現されることになるのである。横須賀市には、こうした関係性マネジメントのために「横須賀市集客促進実行委員会」というものがあり、さまざまな主体間の関係性をマネジメントしつつ、トータルとしてのシティセールスを遂行している。

　そして、これからの行政において重要なポイントがもう１つある。それは「マイ

ナスをプラスに転換する」ということである。

　例えば横須賀のイメージの1つに、やはり軍港の街、基地の街ということが多くの方に植えつけられてきているということは否定できないだろう。もちろん、横須賀に住んでいる人の意見としては、「自然が豊かな街」というのが非常に多く挙げられたりするのであるが、市域外の住民のイメージとしては、基地や軍港といったイメージが大きいようである。そして、この「基地の街」というイメージは、正直なところ、あまりいいイメージではないということになっていた。興味深い事例として、他の自治体のことで恐縮だが、厚木市について述べておきたい。日本経済新聞社が実施した、街のイメージ調査における「住みたくない街」ランキングで、2006年の第2位に厚木市が入ってしまっているのである。これは多分に「厚木基地」の存在が大きいのであろうが、実際には厚木基地は厚木市には存在していないのである（綾瀬市と大和市にまたがっている）。隣接の他市に存在していながら、「厚木基地」と名前がついてしまっているため、イメージがよくない状況になっている。個人的には、厚木市は、実際には大変住みやすい街であると考えている。

　こうした「基地の街」、「軍港の街」という、一般にはあまりよくないイメージで語られるいわば「マイナスの面」を、発想の転換によって活用していくことが、これからはむしろ重要なのである。この与えられてしまっているもの＜基地＞。これをどうしていくかという選択肢は2つしかない。

　1つは、払拭してゆく。もう1つは、活用してゆく。

　私が取った選択肢はどちらなのかというと、正にこの「活用してゆく」、という方向性である。

　基地というのは、実は大変人気のある観光資源・都市資源という側面も持つ。横須賀市の米海軍の基地は、年に数回開放されるのであるが、基地の開放日には3万人から4万人の観光客が、大規模なコンサート並みに訪れる。そういう意味で言うと、本当に貴重な観光資源・都市資源となっているのである。

　こうした前提において、米海軍基地と横須賀市との関係は、定期的な会談を行うなどして、住民を含めた「相互信頼関係」を築くよう努めている。

　ただし、このような都市資源の活用も、やはり住民や地元の企業の協力や理解なくしては成り立たないことは言うまでもない。すなわち、こうした場面においても、さまざまな主体によって構成される横須賀市集客促進実行委員会の意義がさらに生じてくることになる。

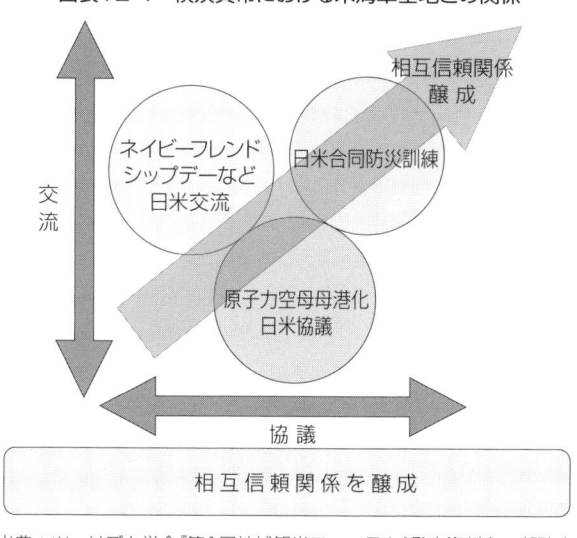

図表12-4　横須賀市における米海軍基地との関係

交流

ネイビーフレンドシップデーなど日米交流

日米合同防災訓練

原子力空母母港化日米協議

相互信頼関係醸成

協議

相互信頼関係を醸成

出典：ツーリズム学会『第1回地域観光フォーラム』発表資料を一部改変

3．具体的なアクション

　以上のポイントを踏まえても、またいくら掛け声を張り上げても、それだけでは何の意味もなさない。そこで、実際に横須賀市で行ってきた事例について簡単に述べたいと思う。

　まず第1に、情報の公開・発信を行い、問題を顕在化させ、改革・改善を進めるために市役所の仕事の「見える化」を進めてきた。例えば、これまでの情報発信は、定期的に行われる月に1回の記者会見のみであったが、できるだけ市役所の仕事や情報を身近に感じてもらうため、機会あるごとに、積極的な報道発表を行ってきた[6]。また、広報誌の『広報よこすか』も、読みやすさの観点から常に工夫を重ね、市のホームページも大幅にリニューアルし、見やすさ探しやすさを向上させた。

　また、これまで市民や市議会議員の方々にもほとんど明らかにされてこなかった予算策定のプロセスを、記者会見などを通じて公表してきた。2010（平成22）

---

6 http://www.city.yokosuka.kanagawa.jp/0120/nagekomi/index2.html（2010年12月現在）

年度は、事業仕分けなどに取り組んだが、そうした作業の前に、1年間の予算がどのように形作られていくのかについて、共通の理解を持てるような土壌づくりが必要と考え、予算の編成方針から6回にわたる記者発表を行ったりもした。

また、市役所の仕事の具体的な現場を統括している部長の仕事も「見える化」していく必要があると考え、「部長マニフェスト」とも言える部の経営方針を発表した。ホームページに写真付きで公開し、各部が市民の役に立つ所（：市役所）として運営されていることを「見える化」したと考えている。

次に、大規模な企業誘致（株式会社ニフコ、株式会社コロワイド）に成功したこともポイントとして挙げられる。何よりも経済の活性化、つまり雇用の場の確保が求められている中で、企業誘致は、一つでも多く成功させなければならないと考えている。今回、株式会社ニフコには技術開発センターとして13,000㎡以上の土地をYRP（横須賀リサーチパーク）に購入してもらえ、株式会社コロワイドには300人規模の雇用の機会を生むという食品加工工場を立地してもらえたことは、会長や社長にトップセールスをしてきた私としても、大きな成果であると感じている。

こうした企業誘致が成功する背景として、市役所職員の地道な努力が何より必須条件であり、市民にもぜひそれを感じてもらいたいし、また、伝える努力も続けなければならない。シティセールスは「やる気」だけでは意味がない。「結果」を出して初めて評価されるものなのである。

そして第3に、地域全体でお互いを支え合うことのできるような社会を再構築するために「ぬくもり」や「あたたかみ」のあるまなざしを大切にしたいと努力してきた。具体的には、2010（平成22）年度の予算の中で、たとえば、妊婦検診の助成金額を増額したことや、生後4カ月までの乳児のいる世帯への全戸訪問等を実施すること、保育所の入所待機者を減らすために保育所の定員を105人増員することなど、いくつもの取り組みをはじめている。さらに子どもたちの放課後の居場所として、働く保護者自身が運営する学童クラブに対して、ひとり親の世帯の支援をスタートさせた。学童クラブの数も「50か所」から「54か所」に増やしたいと考えているところである。子どもがお母さんのお腹に誕生してから、成長するまで、切れ目のないサービスの提供を考える必要がある。もちろん高齢の方にも、障害のある方にも、医療を必要とする方にも、「いのちを大切にするまち」という考え方に基づいて、親身な相談体制と的確なサービスを提供できなければならない。

そして第4に、市長の姿勢やあり方を親しみやすいものに変えた。今まで市長室

に入るためには3枚の扉を開けなければ入れなかった。エレベーターホールに1枚、秘書課に2枚の、重い扉が存在していた。この3枚の扉を常に大きく開け放して、「いつでも歓迎しています」とのメッセージが伝わるようにしている。そうすることによって、まずは、職員が「市長に会う」ことの心のハードルを下げることができればと思っている。さまざまなミーティングを職員と行う毎日であるが、できるだけ早い判断や情報共有を行うためにも、この「心のハードル」を下げることは、たいへん有効に機能していると言えよう。また、ミーティングでは、若い職員の意見を聴くことを重視しているので、常に同席するようお願いしている。さらにそのミーティング等の時間も、朝の8時30分からスタートするようにした。当たり前のことと思われるかもしれないが、これまでは10時頃からミーティングが始まっていたそうである。

　もちろん、市民との触れ合いも大切にしている。今まで市長と話せるのは、限られた人・限られた場所だけだったかもしれないが、海軍カレーによる車座ランチをはじめ、目安箱の設置や車座会議の実施など、できるだけダイレクトに市民の声を聞くことができるように努めている。

　他にも、市長交際費などについても、今までは職員が出席する会合や名刺代なども公費で支払ってきていたようだが、外交的に必要と判断された出費に限って、公費を使うようにしている。結果として、同期間の支出が前市長は80万円以上あったが、これを約8万円の支出に抑えることができた。この市長と副市長の交際費はホームページで公開している[7]。さらに、市長専用トイレの使用をやめ、運転手つきの専用の公用車はすべて共用化した。不必要な特別扱いはできる限り廃止して、今後も、効率的な行政運営を行ってゆきたいと考えている。

　住民との接点に関することで行ったことと言えば、まず、マナーアップカードを全職員に配布した。ここには、気配り5則（おもいやり）というものが書かれている。

　　「お」はようございます！明るい笑顔でご挨拶　：窓口対応
　　「も」てなす心で受話器を持とう　：電話対応
　　「い」らいらせずに、聞き上手！　：苦情対応
　　「や」る気を相手に見せましょう！　：態度

---

7 http://www.city.yokosuka.kanagawa.jp/0220/mayor/social_expenses/index.html
　（2010年12月現在）

公務員であることを「り」かい（理解）しよう　：公務員の心得

これらを常に意識してもらうことにした。そして、さらにそれぞれの項目の中には、
- ・電話に出るときは名乗る
- ・名札を付ける
- ・みだしなみにも気をつける

といったことも書いてある。また、外部の調査員による覆面での接遇の評価を行ったり、アンケート用紙を窓口に設置し、期間を決めて、手渡しもしたりした。そして、前にも触れたが、業務「カイゼン」を職員に応募してもらい表彰する制度や、政策提案を職員に応募してもらい報奨金つきの表彰をする制度を創ったりもした。

　こうしたプロセスを経て、横須賀市は内部の仕組みも、住民や企業・団体との接点においても、大きく改善されたことと考える。

4．行政におけるホスピタリティ

　こうして事例をあらためて眺めてみると、横須賀市に限らず、これからの行政におけるポイントが浮き彫りにされてくるのがわかる。

　明治から戦前にかけて、ゆっくりとした時間をかけて中央政府から権限が委譲されてきた。そして、戦後の1947（昭和22）年に施行された日本国憲法では、第8章に明確に地方自治の項目が掲げられるようになり、自治体の役割も変化した。そして、21世紀を目前にした1999（平成11）年に、地方分権一括法とも呼ばれる475本の法律が成立した。ここでは改革のポイントとして、地域住民による自己決定・自己責任の自由の領域を拡充したことが特筆される[8]。

　ここで、団体自治の拡充方策として挙げられるのは、①事務事業の委譲方策と②広い意味での関与の縮小・廃止方策である。これまでは機関委任事務制度のもとで、国が事務を画一的に行うよう細かい通達によって自治体の首長に命ずることができたが、これ以降、この制度が廃止され、自治体の自由度が高まることとなった[9]。

　こうした状況の下で、これからの自治体間競争に対する戦略といった考え方も見えてくることになる。それぞれの地域ごとの、それぞれの特性を活かした街づくりができなければ、衰退が待っているのみということになってしまう。基地や軍港があるからといって、それをマイナスのイメージでとらえて別の「ハコモノ」をどん

---

8 吉田（2006）

第12章　ホスピタリティ拡張論Ⅰ

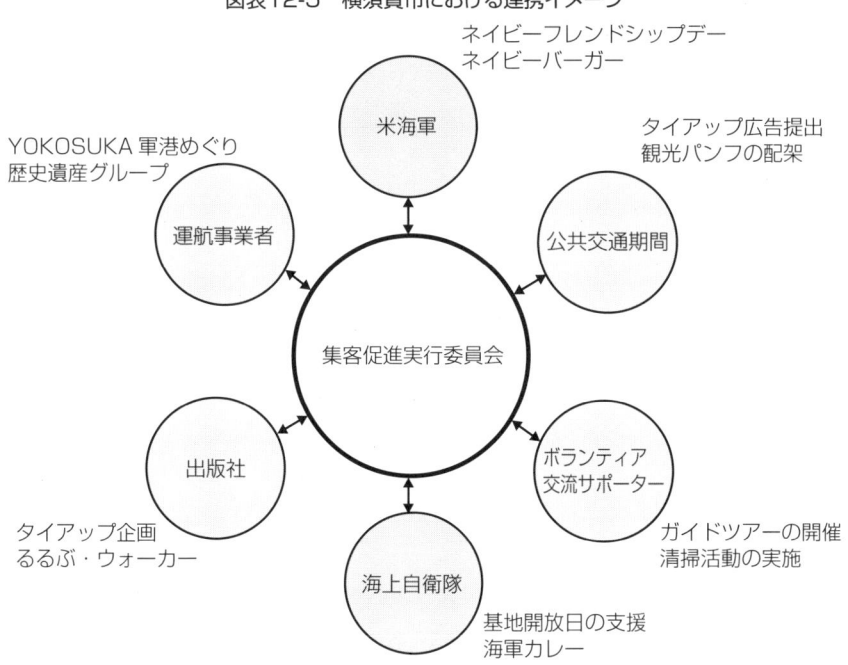

図表12-5　横須賀市における連携イメージ

- 米海軍：ネイビーフレンドシップデー／ネイビーバーガー
- 公共交通期間：タイアップ広告提出／観光パンフの配架
- ボランティア交流サポーター：ガイドツアーの開催／清掃活動の実施
- 海上自衛隊：基地開放日の支援／海軍カレー
- 出版社：タイアップ企画／るるぶ・ウォーカー
- 運航事業者：YOKOSUKA軍港めぐり／歴史遺産グループ
- 中心：集客促進実行委員会

出典：ツーリズム学会『第1回地域観光フォーラム』発表資料を一部改変

どん造ることで覆い隠すのではなく、「既にあるもの」として、むしろ強みに転換してゆくことが重要なのである。実は企業の生き残りにおいてもこうしたことは当たり前になされてきたのであるが、行政ではこれまであまりなされてこなかった。こうした資源を活かすために、これまでのタテ割りではなく、全体としてのビジョンも重要となってくる。前述した「集客」というキーワードで言えば、図表12-5のように、実行委員会が中心にはなるが、委員会はあくまでさまざまな主体間の関係性をマネジメントすることが主眼であり、さまざまな主体が力を発揮しやすい環境を創ってゆくための存在なのである。そして、図表12-6のように、市長という存在も、あくまで1つの主体であるセールスマンとしての要素も持つ存在として位置付けることで、集客への良い循環を構築する可能性も生じるだろう。

　もちろん、他の特に周辺の市町村との関係、国や都道府県との関係といったこと

9　吉田（2006）

図表12-6　集客促進とシティセールス

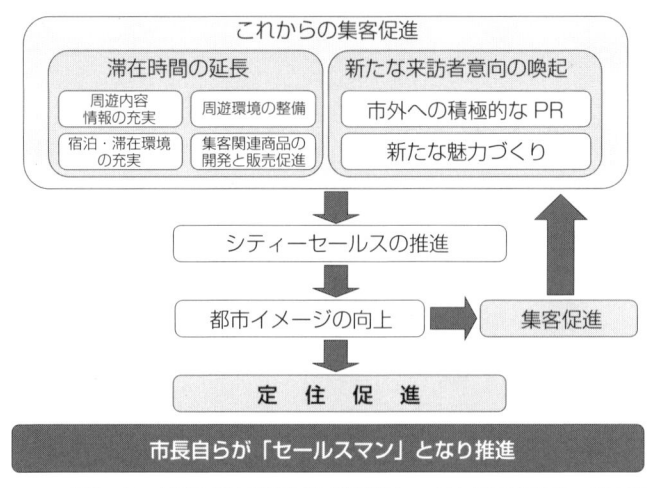

```
これからの集客促進
  滞在時間の延長              新たな来訪者意向の喚起
   周遊内容    周遊環境の整備    市外への積極的なPR
   情報の充実
   宿泊・滞在環境  集客関連商品の    新たな魅力づくり
   の充実      開発と販売促進
           ↓                    ↑
      シティーセールスの推進
           ↓
      都市イメージの向上  →  集客促進
           ↓
         定 住 促 進
   市長自らが「セールスマン」となり推進
```

出典：ツーリズム学会『第1回地域観光フォーラム』発表資料を一部改変

も重要である。これも、これまでのような「内向き」の「タテ割り」的な考え方では解決しにくい点が多いと言える。

　時代は、商取引やコミュニケーションにおけるマニュアルによる一定の価値創出ではなく、ホスピタリティによるさまざまな主体間の関係性を活かしてシナジーを創出する、応用的な価値の創出が求められている。95％の着実な業務をしっかりと行いつつ、残りの5％をしっかりと活かせるような行政が、これからは求められているのである。

（吉田　雄人）

参考文献

徳江順一郎（2009）,「ホスピタリティ概念・再考」,『観光・余暇関係諸学会共同大会学術論文集』, 観光・余暇関係諸学会共同大会学術論文集編集委員会, pp.111-118.
徳江順一郎（2010）,「関係性概念と信頼構造 —ホスピタリティ概念把握の前提として—」,『学会誌HOSPITALITY』第17号, 日本ホスピタリティ・マネジメント学会, pp.95-102.
吉田雄人（2006）,『地方議会活性化のためのIT化施策の可能性と限界　～地方議会IT化施策の事業評価より～』, 早稲田大学大学院政治学研究科修士課程修士学位請求論文.
吉田雄人ホームページ：http://www.yuto.net/.
吉田雄人『吉田雄人のユーティングレポート』各号（メールマガジン）.

4 ジャーナリズムとホスピタリティ

1. はじめに

　筆者がAP通信社に入社して、まず教えられたこと、それは、ジャーナリズムにおける権利と義務についてであった。ジャーナリストは、視聴者や読者に代わって知る権利を行使し、情報を収集して「真実」を報道するのが仕事である。常に、プライバシーや名誉棄損といった問題と紙一重の環境にあると言える。そのプロセスにおいて、どのような前提を守りながら、きちんと真実を報道してゆくか、この命題はジャーナリズムにおける永遠の課題となる。

　米国のジャーナリストは、会社に帰属しているというわけではなく、独立性が高いのが特徴である。わが国の新聞やテレビの記者は、それぞれの所属している「企業」に忠誠を誓わなくてはならないが、彼らが忠誠を誓っているのは「正義」に対してである。

　そして、その正義のために、真実を報道することを追及しているのであるが、単純に見たこと聞いたことを垂れ流しにしてもそれは報道とは呼べない。視聴者や読者の目となり、耳となっている、ということを常に自覚していなければならない。つまり、国民の「知る権利」に応えなければならないのである。そしてまた、情報を発信している側の代理的な要素も併せ持ってもいる。

　すなわち、ジャーナリズムにおいても、情報の対象、取材源、視聴者・読者、そしてジャーナリズム企業といった多くの主体との関係性が生じていることになる。

2. ジャーナリズムの特性

　メディアにはテレビ、ラジオ、新聞、出版、インターネットといったものが存在するが、これらのうちで、ジャーナリズム性が高いという点から眺めると、テレビと新聞の存在感が際立っている。また、最近ではインターネットによるニュース配信もウェイトが高まってきている。

　メディアとしての特性から言えば、テレビは視聴覚をフルに活かしたコミュニケーションが可能である一方、新聞のような縮約されたテキスト・データとしての強みはなく、後でじっくりと考えながら見返すといったことも実際的には難しい。

そして、こうしたデータの蓄積とその検索性についてはインターネットが他の追随を許さない。とはいうものの、インターネットにおける情報は、その「質」においてはカオス的な状況であることがしばしば指摘される。

また、新聞や出版に比べるとラジオとテレビの即時性は際立っている。特に、生放送の持つ即時性については、新聞はたとえ「号外」を発行しようとも全く相手にならない。最近ではインターネットにおける即時性も、しばしば話題に上っている。

これらの中でも、特にジャーナリズムとしての意識が問われるメディアとしては、やはり新聞とテレビということになるだろう。しかし、これらの位置づけも時代とともに変化している。例えば、1985（昭和60）年から5年ごとに行われているNHKの世論調査「日本人とテレビ」から、受け手の意識の変化を探ってみる。ここでは、ニュースの役割として、大きく報道と解説とに分けている。報道は、「世の中の出来事や動きを知るうえで」役に立つ、解説は「政治や社会の問題について考えるうえで」役に立つメディアはそれぞれ何であるか、という質問である。報道については、2010（平成22）年の調査では新聞18％、テレビ63％と、圧倒的にテレビが支持されている。これは1985（昭和60）年の調査当初から大きな変化はない。もっとも、近年急速にインターネットの割合が高まってきており、特に新聞はそのウェイトを下げている。だが、解説に対する回答では、1985（昭和60）年の新聞46％、テレビ43％から、1990年には、新聞37％、テレビ52％と逆転し、現在では新聞27％、テレビ57％と、さらに差が開いている。

これは、もともとテレビの即時性と視聴覚によるイメージしやすさという特性と、後述するような1980年代以降のニュースの変化とが大きく影響していよう。インターネットが重視されるようになってきているのも同じ理由からと考えられる。

いずれにせよ、インターネットの重要性が増してきているとは言え、近年では新聞とテレビとがジャーナリズムの中心的役割を果たしてきたと考えていいだろう。そこで、まずそれぞれのメディアにおけるポイントについて論じたい。

3. 新聞とジャーナリズム

江戸時代の「瓦版」もそうであったように、新聞の本義は「読み手に『新』しい情報を伝えること」である。そして、印刷されたテキストという前提で考えるならば、読み手へ単に「出来事」を伝えるだけでなく、その出来事の背景にあるさまざまな要因や現象についても合わせて解説し、読み手が理解しやすいような形にする必要

がある。また、テレビとは異なり、自分の手元で自分のペースで情報を咀嚼できることもポイントとなる。

江戸時代は「お上」絶対であったため、言論の自由などは当然存在しなかった。だが、明治以降、急速に言論が自由化されたかと言えば、もちろんそんなことはない。国会開設を求める自由民権運動の高まりは、新聞の果たした役割も大きいと言われているが、一方でその後、明治政府は「讒謗律」という言論弾圧の法律を制定したりもしている。

戦後、言論の自由が大きくなるにつれて、新聞の役割も大きくなったと言える。ただし、前述したように即時性については他のメディアにはもはやかなわない。これからの新聞が読者から求められるものは、こうした単純な「情報」としての報道よりもむしろ、そうした事件が発生した背景に対する考察や、いくつかの事象の背景に横たわる大きな問題について掘り起こすといった、解説や考察というような方向性となってくるであろう。

これに関連して1点、つけ加えるならば、わが国の新聞においては、一部の例外を除いては不偏不党的な「客観報道」が重視されている。しかし米国では、本質的な意味での「客観報道」などは不可能だとの立場で、さまざまな意見を個々のメディアが持つことで、全体としての「客観性」を担保するという考え方に立っている。このような考え方についても、今後は検討する必要が生じてくるかもしれない。

4. テレビとジャーナリズム

テレビは、発展の過程では「娯楽性」の方が主であった。わが国では1953（昭和28）年に本放送が始まり、またたく間に全国的に普及することになったが、そのトリガーになったと言えるイベントとして1959（昭和34）年の皇太子ご成婚実況中継が挙げられる。しかし、番組制作能力の向上が追いつかなかった面もあり、アメリカの娯楽番組やテレビ映画の輸入などによって編成がなされていたのが実情であった。その後、徐々に自前の取材網の構築がなされることになる。

1980年代後半にテレビが報道機関としての地位を確立したと言われているが、そのきっかけは、1985（昭和60）年10月にスタートした「ニュース・ステーション」の成功だと言われている。しかし、1990年代以降の不況とも相まって、テレビにおける報道は迷走しているようにも感じられる。

テレビには3つの主義があると言われる[10]。1つは「現在主義」であり、これ

は生放送による即時性に対する信仰とも言い換えられる。しかし、何でも生中継で即時性を求めるのがいいのかというと、必ずしもそうとは言い切れないのが現状である。

　2つ目は「映像主義」である。映像の持つ直感性は、他の既成メディアにはない最大の強みであった。しかし、これが行き過ぎるといわゆる「やらせ」的な演出が行われることになるなど、やはり問題点は多い。そこまではいかなくても、例えば乱闘事件をどの時点から放送するかによって、どちらが先に手を出したのかも変わりうる。警官隊とデモ隊の衝突をどちらの側から撮影するかでも、集会の模様を、参加者が大勢座っている場所を写すか空席の多いところを写すかでも変わる、ということを忘れてはならない。

　3つ目は「感性主義」であり、理論的に考察するような内容よりも、直感的に受け入れやすい方向へと向いてしまうことである。視聴者は頭を使うことよりもわかりやすいことを求めている、という前提に立つと、低俗な番組ばかりになってしまいかねない側面も内在している。映像には多義性が存在している。その中で、報道側が留意していないと、例えば視聴者は、首相の記者会見でも、政治上の発言よりも表情やネクタイの事ばかり覚えている、といったことになりかねない。「小泉劇場」を思い出してほしい。首相の会見などで流れる映像の多くに、首相が好きであった有名アーティストの話であるとか、田中真紀子との疑似夫婦のようなやり取りであるとか、政策とは何の関係もない話が多かった。

　こうしたことを推し進めすぎてしまうと、インターネットの出現によってテレビのジャーナリズムとしての役割が、どんどん減じてしまうであろうことはたやすく予想できよう。米国CBSの名物キャスターであったエド・マロー（エドワード・マロー）が、あれほど伝説的な存在となったきっかけの1つが、ウィーンからの初放送において、ヒトラーとの微妙な関係におかれたオーストリアの国民の息遣いを伝えることに成功したからであると言われている[11]。もちろんこれはラジオであったのだが、遠い地域から直接音声を伝えられる、という特性を、フルに活用したことが、後の彼の地位の基盤になったことは見逃せないだろう。彼は後にテレビが出現した際も、その特性をフルに活用して、映像もつけ加えられた環境において、視

---

10 原(1997), pp.24-71などを参考にした。
11 田草川(1991), pp.22-24

聴者に真実を伝えることに傾注している。マッカーシーとの対決において、「赤狩り」に対する一貫した態度を貫き、その後の米国の「正常化」に果たした功績は大きなものがあるだろう[12]。

しかしながらテレビが政治を、社会を動かす力があるのもまた確かである。歴史の転換点にテレビが果たした役割も無視できない[13]。だが、テレビにとってのジレンマとも言えるものは、娯楽、報道、広告という全く異質な要素が混然一体となっている点にある。これらの要素をいかに分離して考えることができるか、これが将来のテレビのあり方に大きくかかわってくることになる。

5．インターネットの出現によるジャーナリズムの変化

尖閣諸島沖で中国漁船が海上保安庁の巡視船に衝突する映像は、新聞でもテレビでもなく、インターネットのYouTubeで初めて公開された。政府はもちろん、既成のメディア各社も犯人捜しとその後の処遇を探ることに躍起になっていたが、この騒動が既成のメディアとインターネットとの関係をよく示していよう。

そもそも、既成のメディアに映像が持ち込まれなかった理由は何なのだろうか。この映像を目の当たりにした国民からは、その「犯人」に対し大いなる賛辞が寄せられた。つまり、国民は「知りたかった」のである。だが、国会でも流された映像を入手し、国民の知る権利に応えて報じようとしたメディアは皆無であった。既成のメディアは、役割を放棄したと指摘されても反論はできないだろう。

ジャーナリズムとしては、知る権利にすべて応えるという義務は必ずしも存在しない。しかし、あまりに権力側に寄りすぎると、権力の代理人としての性格が強くなってしまいかねない。こうした現状に対するアンチテーゼが、インターネット上でYouTubeやWikiLeaksなどで流される「真実」の「報道」であり、Facebookやmixiで行われる議論、つまり「解説」ということになるのだろう。

ただし、インターネット上に流れる情報の「質」はバラバラである。もちろんきちんとした「取材」を踏まえて構成されている情報もあるが、それらがすべてではない。というよりも、インターネットにおいては、個々人が皆、記者としての役割

---

12 エド・マローとマッカーシーとの対決については、田草川（1991），pp.95-137に詳しい。
13 蟹瀬（2005a），pp.45-47に、歴史の転換点においてテレビが果たした役割の例については詳述している。

も担っているため、真実ではない情報もむしろ多いというのが実情である。そしてまた、こうした質についての問題もさることながら、情報の「無料化」が進んでしまっていることも見逃せない。

6．ジャーナリズムにおけるホスピタリティ

　ジャーナリズムの役割は、Teacher：情報について解説する、Forum：情報を伝えたり話題を提供したりする、Watch Dog：権力を監視する、の３つに集約しうる。これからのジャーナリズムにおいては、メディアの特性に合わせて、これらのバランスを取りつつ受け手との関係性を構築することが重要となるだろう。

　活字は論理的思考を必要とするが、画像や映像は直感的思考で対応しうる。その分、活字ではより深い内容について語ることが可能であるが、画像や映像では求められるものが「わかりやすさ」、「面白さ」、「インパクト」といった方向に偏りがちであり、特にテレビでは視聴率が無視できない存在であるので、最近この傾向が特に強いと言わざるを得ない。

　また、情報を軸とした主体間の関係で考えると、新聞は上意下達型、テレビは上位下達的でありつつも一部ではあるが視聴者参加型、そしてインターネットは皆が言いたい放題にさまざまな情報を流している、このような大きな図式がうかがえる。これは、情報の流れが中央集権型から自律分散型へと移行し、カオスの状態になってきつつあることを示していよう。ただし、前述した「尖閣諸島沖」の事例などが積み重なると、これまで上位下達的に情報発信をすることができた根拠である「権威」が失われ、すべての情報が「カオス」といったことになりかねない。

　メディアは「第４の権力」とも言われてきた。為政者が正しいことを行っているか常に監視し、批判し、時には賛美し、三権分立では果たし得ない面を補完する第４の権力だったのである。だが、わが国の記者クラブに象徴されるように、政府が一方的に流す情報を垂れ流しているだけでは、きちんとした報道がなされていないという状況であるどころか、「権力の代理人」のような状況になってしまっていることに注意が必要である。

　確かに政府の発表を記者クラブで受け、これを流すだけであればメディアは楽だろう。だが、これでは為政者の恣意性を排除することは不可能である。つまり、為政者にとって都合の良い情報ばかりが流されることになり、国民が本当に知りたい、あるいは知るべき情報が伝わらないということになってしまうだろう。

もちろん、「知りたい」ということに応えるべく、「視聴者が望むから」といった理由で、安易な番組作りに流されてしまっても、これもジャーナリズムとしての責任を放棄してしまっていると言わざるを得ない。しかし、情報の受け手が、本来知らされるべき情報が知らされない、あるいは遅れて知らされるという状況は、民主主義の根幹にかかわる事態である。

　すなわち、ジャーナリズムにおいては、情報の対象となる主体、その情報を発信する主体、情報を受ける主体といった、さまざまな主体との関係性を、自身の正しいと考える方向性を軸として、情報の媒介を図らねばならないということになる。米国のようにある程度の不偏不党の放棄があってもいいのかもしれない。その中で、受け手は正しいと思う情報を得られる機会が確保されていれば、むしろ全体としての「真実の担保」が実現できるのかもしれない。

　そして、情報の発信側に都合のいい情報だけを流していれば、それは受け手との関係を悪化させるだろう。国民の知る権利に応えられないメディアは、そもそもメディアとしての存在意義はない。また、情報の受け手が望む情報だけを流していれば、それは情報の対象との関係を悪化させるだけかもしれない。ゴシップネタや直感的に「面白い」ネタばかりでは、その対象となった主体はメディアを避けるようにもなってしまうだろう。こうした関係性に対する意識が、これからのメディア主体としてのジャーナリズムには必須のものとなる。これこそが、ジャーナリズムにおけるホスピタリティと言えるのではないだろうか（図表12-7）。

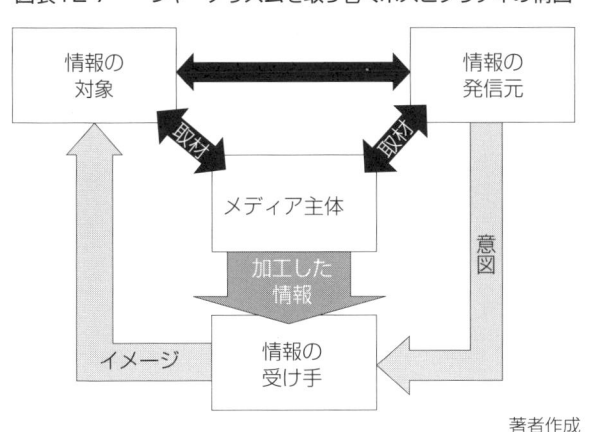

図表12-7　ジャーナリズムを取り巻くホスピタリティの構図

著者作成

ジャーナリストは常に、「誰に語っているのか」ということを意識すべきだろう。特に視聴者層がある程度想定しうるテレビにおいては、例えば高齢者が比較的多いと考えられるならば、自分の祖父母をといったように、身近な人間を想定して話せば、受け手にとって意味のある情報を、よりわかりやすく伝える、すなわち「真実」を報道する方向性になれるのではないだろうか。これこそが、「聞き手に対する『ホスピタリティ』」ということになる。

（蟹瀬 誠一）

参考文献

奥武則（2010），『熟慮ジャーナリズム』, 平凡社．
蟹瀬誠一（2005a），「テレビがつくる劇場型政治」, 徳山喜雄編著，『報道不信の構造』, 岩波書店, pp.40-49.
蟹瀬誠一監修（2005b），『最新時事キーワード』, 高橋書店．
田草川弘（1991），『ニュースキャスター』, 中央公論社．
原寿雄（1997），『ジャーナリズムの思想』, 岩波書店．

コラム 12-1. 関係性の功罪　　　　　　　　　　　　　（宮本 博文）
■映像コンテンツにおける関係性

　映像コンテンツ産業とは主に映画・ビデオ・アニメーション等の映像の制作にかかわる産業をいう。総務省標準産業分類上は、大分類 G 情報通信業 411 映像情報制作・配給業のうち、4111 映画・ビデオ制作業（主として映画の制作を行う事業所又は制作及び配給の両者を行う事業所並びに記録物，創作物などのビデオ制作を行う事業所をいう）、ならびに、4112 テレビ番組制作業（主としてテレビ番組の制作を行う事業所をいう）が該当する。さらに広告制作業等のうち映像制作を行うものを含む。

　この映像コンテンツ産業は「狭くて閉鎖的な世界」であるということが指摘される。具体的には、次のとおりである。

　実際問題として、同産業内には同業者同士で顔見知りが多い。直接の人間関係がない場合であっても、数人を介せばほとんどの関係者にたどり着くことができる「スモールワールド（狭い世界）」である。

　また、集団凝集性も高い。映像コンテンツは制作開始時点では上映日、放映日、発売日が決定している場合がほとんどであるが、スポンサーの意向等による作品内容の急な変更、出演者の都合、天候の変化等、不確定な要素をいくつも抱えたまま制作は進められる。しかし、制作現場では限られた資源（予算、人員）で納期を厳守しなければならず、このために過酷なスケジュール進行を強いられる場合が多い。

　このような状況において作品完成に向けた諸課題を解決する唯一の方策は、現場責任者である監督の強いリーダーシップによって集団規範を確立し、集団凝集性を高めた制作体制を構築することとなる。信頼できる監督のもとで共に苦労して作品を完成させたスタッフ同志は気心が知れることになり、次回の作品制作においても同一メンバーでチームが結成されることになり、チームはより集団凝集性が高い集団へと進化する。こうしたプロセスを経て、監督をリーダーとするチームは業界内で確固たる地位を確立し、同時に他のチームとの競合を排除するための参入障壁を構築することになる。映像コンテンツ産業では競争原理が働いており、完成度の高い作品を作り続けて業界内で生き残るためには集団凝集性を高めることが重要となる。

　上記のような要因により、特定地域でのアニメーション産業の集積が形成されている。

しかし近年、コンテンツ制作プロセスにデジタル技術が用いられるようになるにつれて、工程間の物流の近接性は重要性を失いつつある。将来的には同産業の立地条件として、地域労働市場が取引先の能力把握と信頼性の提供を可能とできるかどうかという人材供給面の比重が高まることが予想できる。
　集団凝集性は経営体の短期的な目標達成のためには一定の効果をもたらすが、環境変化への適応が必要な局面においては大きなデメリットを生じさせる可能性がある。すると、このような環境変化は、これまでとは異なる産業構造への変化を促す可能性がある。
　外部環境の変化にともなって、関係性も変化することを忘れてはならない。

第13章
ホスピタリティ拡張論 Ⅱ

1 職人によるホスピタリティ

1．はじめに

　ある有名な大工と話をした際に、驚くべき発言を聞かされたことがある。
　「オレはいい材しか使わない。杉とかは他の奴が使えばいいんだ」
　同じように、銀座の、とある有名な寿司店の板前がこんなことを言っていた。
　「真鯛は明石の、鮪は大間のしか使いません。他で揚がったのはどうにも使う気にならなくてね」
　いい材木、いい食材、こうしたこだわりを持つことそのことは決して悪いことではない。しかし、問題なのはその後の発言である。ここでの「いい」というのは、「市場において高い価格がついているもの」ということであり、彼らが否定的に見ているものは、「安い」ということだろう。
　職人が自分の仕事に誇りを持って、「いい」素材を相手に「いい」仕事をしようとすることは決して否定はしない。しかし、市場原理において「いい」というわけではないものにも、実は隠れた魅力が潜んでいて、その魅力を引き出せる存在こそが職人なのではないだろうか。
　一方で、ある料理人からこんな発言をあった。
　「高い素材を使えば、素人の方々だってそこそこ美味しいものが作れるに決まってるじゃないですか。逆に、あまりに素材が良すぎると、その素材に職人の側が負けてしまうこともあります。つまり、職人の腕で素材の良さを100％出せないんです。素材の『良し悪し』は関係なく、私たちは、素人の方が知らない素材の魅力を引き出せるから『プロ』なんです。」
　ここで彼が言っている素材の良し悪しとは、やはり市場での価格の高低ということであろう。すなわち、市場価格が決して高くなくとも、あらゆる素材には魅力がひそんでおり、それを引き出すことこそが職人なのだ、という主張なのである。
　これは、「職人」的な力量が問われるあらゆる分野において重要な考え方である。市場での価格によって質の高低が決まり、それによって自身の技量が左右されるのであれば、その職人は、自分の腕よりもむしろ、素材の「腕」で評価されていることになりかねない。逆に、他の人たちからの評価が決して高くはない素材であって

も、職人の腕で素晴らしいものに仕上げることができるのであれば、それこそ素晴らしい腕を持った職人ということになるだろう。

実際、こうした「素材に埋もれたよさ（魅力）」を掘り起こすことができる職人は減ってきているという。職人全体が、後継者難にあえぐ状況では、当然のことであるとも考えられる。

しかしながら、中にはそのような腕を持っている職人も存在する。こうした職人たちの仕事は、素材の市場評価に関係なく、素晴らしいものを世に送り出している。これは、見方を変えれば、市場原理主義に対するアンチテーゼにもなろう。そして、こういう考え方こそが、環境に対しても「優しい」資源利用につながってゆく可能性がある。

そこで、ホスピタリティ概念の拡張として、以下、職人におけるホスピタリティについて考察する。

2．職人にとっての関係性

職人とは、身につけた技術によって、物を作ったり加工したりする人たちのことである。その仕事の多くは手作業で行われる。

かつてわれわれが日常的に用いていたものはほとんど、職人たちの手によるものであった。夏の暑い日、今では多くの家にエアコンが装備されているだろうが、かつては扇子やうちわで涼を求めていた。冬の寒い日に暖をとるためには、火鉢を用いたりしていた。他にも、衣食住にまつわるほとんどのものが、職人が手作りで作り上げていたのである。

工業化が進んだ現在でも、職人は消えたわけではない。上記のような「ものづくり」の職人も、一般には伝統工芸としての扱いとなってしまい、人数的には激減しているが存在するし、料飲産業においてはまだまだ職人が主役である。

職人が関係性を意識するべき主体には、大きく分けて3種類存在する。すなわち、

① 自分の作品を使用する消費者・他の職人
② 自分の工程の前後の工程を受け持つ他の職人
③ 素材そのもの

である。

「自分の作品を使用する消費者や他の職人」に対しての関係性とは、例えば箸職人の例で考えるとわかりやすいだろう。

わが国は、食器の種類が大変豊富であるという珍しい文化が存在する。他の国では、食材を盛る皿は、飾りは多様なものがあったとしても、ほとんどが陶器か磁器であり、それ以外の相違点は大きさ程度しかない。しかし、日本料理で用いる食器には、陶磁器の種類が多いのはもちろん、木製もあれば、その木製のものも、木の地肌をそのまま活かしたものや、漆でなめらかに仕上げたものなど、非常に種類が多い。形状も、「割山椒」という、山椒の実がはじけた形を模したものなど、大変に豊富である。

　そして、食材を口に運ぶ食器も、西洋ではフォーク、ナイフ、スプーンが基本で、あとは大きさの違い程度であるが、箸の種類の豊富さには驚くべきものがある。素材だけでも、木、竹、金属、かつては象牙なども用いられていた。そして、同じ木材でも、木肌を活かしたものや、漆で仕上げた塗り箸など、やはり種類が非常に多い。

　このような事実から、これまで日本人が抱いてきた食器に対する態度というものは、他国や他文化圏の人々とは異なっていることがうかがえる。いわば「食」という行為を、人間が、自然と、自然の中に存在する他の生命との関係構築を行っているととらえ、食器はそれらを媒介するものであると位置づけているのである。この、食器というものの質が変化することは、食という行為そのものの質も変化してしまいかねない側面を持っているということになる。

　杉の箸を作る工程の最後に、鉋で仕上げの削りをかける仕事が必要となる。そこでは、食べる人の口にとげが刺さったりすることのないよう、丁寧に鉋掛けが行われる。これは、自然、生物、人間の関係性マネジメントをするべく、職人が持てる能力のすべてを発揮している例であろう。

　「自分の工程の前後を受け持つ他の職人」については、扇子の事例が理解しやすいであろう。伝統工芸と言われるものの中には分業で成り立っているものも多い。例えば京扇子は、紙の扇子の場合、完成するまでに大別して20工程以上、さらに細かく分けると80を超える工程を経ている。

　扇骨加工と言われる、扇の骨を加工する工程では
　1．胴切（どうぎり）
　2．割竹（わりたけ）
　3．せん引（せんびき：割竹を必要な厚さまで薄く削ぐ（へぐ））
　4．目もみ（要を通す穴をあける）
　5．あてつけ（扇骨成型）

6. 白干し（しらぼし）
  7. 磨き（みがき）
  8. 要打ち（かなめうち）
  9. 末削（すえすき：紙の間に入る扇骨を薄く細く削る）
地紙加工（じがみかこう）と言われる、扇に張られる紙を加工する工程では
  10. 合わせ（あわせ）
  11. 乾燥
  12. 裁断
加飾（かしょく）と言われる、加工された紙に模様を施す工程では、
  13. 箔押し（はくおし）
  14. 上絵（うわえ）（手描き）
  15. 木版画摺り（もくはんがずり）
折加工（おりかこう）と言われる、骨と紙とを一体化する工程では、
  16. 折り（おり）
  17. 中差し（なかざし）
  18. 万切（まんぎり）
  19. 中附け（なかつけ）
  20. 万力掛け（まんりきがけ）
  21. 親あて（おやあて）
といった工程があり、これらをすべて経ることで、扇子が完成するのである[1]。

そのほとんどが、今も熟練の職人による手作業で1つ1つ加工され、工程ごとに分業になっている。つまり、これらの工程には複数の職人がいて、最終的に1つの扇子を完成させるために、全員が分業しているということになる。そして、これらの職人は、自分の仕事を完璧に全うできなければ、決して次の工程には送らない。なぜなら、自分の仕事にミスがあれば、それはその工程を分担しているすべての職人のミスとなってしまうからである。

こうした職人の意識は、その製品を完成するために力を合わせる他の職人に対する関係性を意識しているととらえることができる。他にも、鉋などは、日本各地で

---

1 工程については、京都扇子団扇商工協同組合ホームページ（http://www.sensu-uchiwa.or.jp/sen/howtosensu.html　2010年12月現在）より

同様な工程の分担が行われ、最終加工地に運ばれてきて製品になるが、個々の職人たちは同様の心持で仕事をしているという。

最後に、「素材そのもの」との関係性の事例を紹介する。

重金（2009）では、コハダの寿司にさまざまな工夫をして、昇華させた職人の事例が紹介されている。しかし彼は、「やはり野に置け蓮華草」という一節を引合いに出し、「最近は蓮華草を床の間の『床飾り』にしたがる傾向がありはしまいか」と、やや批判的にとらえているようだ。さらに、「サンマにまで『名残』と言っていいのかなあ。これも『床の間の蓮華草』の口である」と、やはりこうした風潮にあまりいい印象を持ってはいないようだ。

こうした職人の「演出」が過剰になりすぎるのは、確かに鼻につく面も多々あろう。だが、寿司職人の話では、コハダは寿司で食べるのがもっともおいしく、かつ、寿司でしかコハダの良さは引き出せないという。確かに、他の料理の材料としてコハダが用いられているのを見ることは、ほとんどないと言ってよい。また、もしかしたら「盛りが過ぎた」というつもりだけではなく、心からサンマを名残惜しく感じたのかもしれない。

職人たちの工夫によって、かつては「下魚」と言われてきた魚種が、今ではとてもおいしく食べられる逸品に昇華した例は多い。

徳島で経営を続けてきた「青柳」という店が東京へ進出したのも、「ボウゼのシンコ」の握り寿司がきっかけとなった、と言われている。ほとんど値がつかないような評価をされていたイボダイ（これを地域によっては「ボウゼ」と呼ぶ）の新子を、食べた者が感動するような一品に仕上げたことは特筆される。

青山のフランス料理店「ラ・ブランシュ」では、この店のスペシャリテである「筍とフォアグラの田ゼリ添えトリュフ風味」が提供されている。フランス料理に和の食材を用いることも（最近では多くなってきたとはが）興味深いことであるが、これは何も奇をてらってしていることではない。オーナーシェフの田代和久氏は福島で生まれ育ったのであるが、小さい頃から慣れ親しんだ素材の良さを見直し、また、最大限に引き出し、青山のレストランで皿の上に再現しているのである。日本の田舎ではごくありふれた素材を、フレンチの3大珍味のうちの「2大」と出会うことで、最高の脇役に、いや、場合によっては主役級に引き上げている。いわば、日本の田園とフランスの田園との融合の皿となっていると言えよう。

3．職人にとってのホスピタリティ

　職人とホスピタリティという言葉の間には、まったく関係がないように感じられるかもしれない。だが、これまであげた例からもわかるとおり、職人がその腕を存分に発揮する際には、何らかの関係を意識して、その関係性をマネジメントしようとしていることがうかがえる。

　確かに、職人が扱う素材は、一定の品質が保たれているわけではないものが多い。魚介類を扱う場合はもちろんのこと、植物系の素材を扱う場合でも、1つとして同じ素材はない。ヒラメの食べ頃は、その魚体の質や釣り上げられた海域によっても大きく異なるし、木材も節の場所が異なれば、反りや乾燥の度合いなども異なってくることになる。

　こうした素材の種類ごとの違いのみならず、素材1つ1つの個体差にまで想いを馳せ、それぞれの持ち味を最大限に引き出すことは、その素材そのものに対しても、それを使う人に対しても、さらには自分の担当の前後の工程の人々に対しても、関係性のマネジメントを意識しているということになるだろう。そして、こうした姿勢こそが、ものを大事にする原点でもある。

　これからは、職人の技術のみならず、こうした精神性についても伝承してゆくことが望まれよう。

（徳江 順一郎）

参考文献

重金敦之（2009），『すし屋の常識・非常識』，朝日新聞出版．
友里征耶（2009），『グルメの嘘』，新潮社．

2　消費者側に求められるホスピタリティ

1．はじめに

　有名なラーメン店などでよく見られるような、客を見下し、統制させようとする店のオヤジ。あるいは、逆に居丈高になって店員に向かって威張り散らす客。こうした存在は、ホスピタリティの観点からは程遠いものであることは誰でも理解できよう。

　では、店側は常に客にへりくだっていればいいのだろうか。逆に、顧客は、どんな店員にも常に合わせていればいいのだろうか。これはどちらも間違っている。なぜならば、非対称な関係になってしまっては、関係そのものが長続きしないからである。等価交換としてのサービス交換も成り立たなくなるだろうし、ホスピタリティとしての相互性もそこには存在しない（第3章に詳しい）。

　本節では、消費者がより満足のゆくサービスを受けるための、いわば「処方箋」を提示する。これは、消費者だけの満足でもなく、サービス提供側だけの満足でもない、双方の関係から生じる新しい価値創出のためのプロセスづくりのために必要なことである。

　これまでは、サービス提供側についてのホスピタリティについて、議論されることがほとんどであった。だが、ホスピタリティに相互的な要素があり、お互いの存在によって「新しい価値」の創出ができるのであれば、消費者側でも何らかの対応が必要とされるのは当然であろう。

　まずはその前提となる消費者に求められるホスピタリティの基礎知識について、確認しておきたい。

2．消費者側のホスピタリティにおける基礎知識

（1）トランザクション分析

　人間同士の交流には、さまざまな先行研究の蓄積が存在する。ここでは、その中でも古典的な分析手法を紹介する。

　Berne（1964）はトランザクション分析を提唱した。これは、
(A) 人は誰でも3つの「私」（自我状態）を持っている。

(B) 対人関係の鍵は、他人を変えるよりも、自分を変える方がはるかに簡単であり、生産的である。
(C) 自分こそが自分自身の行動、感情、思考をコントロールし、管理する責任者・指揮者である。

という点が大きな前提となっている。

まず、3つの自我状態についてであるが、これは個人の自我状態を
① ［親の自我］　親の姿に似ている自我状態
② ［大人の自我］現実の客観的な評価に自動的に向けられる自我状態
③ ［子供の自我］幼年期に固着された原初的な遺物として現在も活動している自我状態

と分類し、どのような個人の内面にもそれぞれが存在するとした。そしてそれらの価値を次のように説明した。

① 親（P：Parent）の自我状態：親の考え方、行動、感じ方を取り入れた部分であり、幼児期によく言われたこと、親を通じて行ったこと、これらをそのまま自分の中に組み込んでいるものである。これは、2つの主な機能を持っている。

　(ア) 批判的P（CP）
　　　自分の中の価値観・良心・理想・規則などがもとになっており、相手を批難、批判、叱責する厳しい「私」である。これが強すぎると、相手に支配的な態度や命令調の口調を取ったりすることになる。

　(イ) 保護的P（NP）
　　　親切、思いやりなど、保護的・養育的な態度であり、相手をいたわったり、励ましたり、やさしく親身になって面倒をみたりと、世話をする「私」であるが、度が過ぎると親切の押し売りになってしまう。通常は、どの対人関係にも必要な、潤滑油のような役割を果たしている。

② 大人（A：Adult）の自我状態：成人は、生存にとって必要である。それは、情報を処理し、外界を有効に扱うために、欠くことのできない確率を計算する。

　　これは、データを収集し、整理統合し、最も適切な解決法を探そうとするなど、事実に基づいて判断しようとする部分であり、感情に左右されにくい面がある。すなわち、知性・理性と関連し、現実を冷静に吟味して行動する

部分となる。ただし、ここが強いと、感情を出さず、情緒性に乏しい、人間味のない打算的な人間と見られる場合がある。
③ 子供（C：Child）の自我状態：直感、創造性、自発的な動因、それに楽しみが含まれる。

　これは、さまざまな感情や、その感情を表す方法の部分であり、創造性や直観力なども含まれることになる。相手が親のように振舞う時、あるいは自分が依存的な時や楽しい時に機能するが、以下の２つに分けられる。
（ア）自由なC（FC）

　感情的、本能的、自己中心的、積極的で、好奇心や創造性に満ちており、楽しいこと、快楽なことを求め、不快や苦痛を避けようとし、道徳や規範など、外界の現実を吟味しようとしない。喜怒哀楽を自由に表現し、直観力・創造性の源でもある。明るく、天真爛漫で、怒ってもさっぱりしており、率直な感情表現がなされる。一方で、感情に流され、自分の欲求をコントロールできず、わがままな行動や軽率な言動が目立つようになる面も持つ。

図表13-1　トランザクションにおける自我状態

	P・親		A・大人	C・子供	
自我状態の成り立ち	幼児期に親などがよく言ったことややったことを、いつの間にか親と同じように、そのまま自分の中に取り込んだ部分		思考力が発達するにつれ事実に基づいて物事を判断し対処しようとする過程の中でつくりあげられた部分	幼児期に親などの養育者に対応しようとする過程の中で感覚的・感情的な反応の仕方を身につけてできあがった部分	
自我状態の区分	CP 批判的P	NP 保護的P	A 大人	FC 自由なC	AC 順応のC
自我状態の特徴	価値観・信条・良心・道徳観など理想とする考え方を身につけた部分 父性的	親身になって世話をしたり、優しさや愛情を示す部分 母性的	問題処理にあたって、合理的に情報を収集し、整理統合して、今ここで何が最も適切な解決法かを判断する部分 理性的・知性的	親などの養育者の影響をほとんど受けずに人間が本来もっている自然な感情を自由に表す部分	他人の顔色をうかがい、本来の自然な感情を抑え、周囲の期待に添おうとして妥協したり従順になったり時として反抗的になったりする二つの部分
	厳しい私	優しい私	冷静な私	あけっぴろげな私	人に合わせる私

著者作成

(イ) 順応のC（AC）

親や先生の期待に応え、相手に合わせるために、自分の本当の感情や欲求を抑える部分である。対人関係は良好に見えるが、本心を抑えているので、内部にいろいろな問題を秘めている。抑圧が限界に達すると、思わぬ反抗や激怒の形で、感情が爆発することがある。

人間の自我の中には、それぞれ親の部分（CP, NP）、大人の部分（A）、子供の部分（FC, AC）が存在し、それらの部分が他者と相互に交流する場合に、場面に応じて、それぞれが強く出現するということである。例えば、ある場面で、ある交流相手と相互交流する場合、人は時として子供の部分の自我が強く出る。また、別の場面においては大人の部分が強く出る。そして、また別の場面では親の部分が強く出るといった形である。そして、その交流は一般的に1回の交流で終わるのではなく、行為、言葉、感情のキャッチボールを行うことによって何回も繰り返されることとなる。

Berneによれば、それぞれの自我は社会的な交渉を行う場合に顕著に顔を覗かせるとのことである。つまり前述のとおり、時と場所、目的により個人の自我状態は変化するということであり、その出現した自我がどのタイプかによって、「友好な関係」が築けたり「敵対する関係」になったりするわけである。たとえば、「敵対する関係」が現れるということはコンフリクトが発生するということであり、相互交流が行われる際のホスピタリティ観点からは逸脱しているということができよう。

具体的には、この自我状態を軸として人間同士のトランザクションについて分析すると、例えば以下のように分けられる。

まず、「平行的トランザクション」で、これは、ある自我状態から送られた刺激に対して、期待していたような反応が相手から戻ってくるものである。通常はP同士、A同士、C同士といった形で、同じ自我要素同士でのやり取りとなる。この交流は刺激と反応のやり取りが平行しており、期待したやり取りともいう。ここでは言語的メッセージと表情や態度などの非言語的なメッセージが一致している。このように矢印が平行線になっているとき、そのコミュニケーションはいつまでも続くことになる（図表13-2）。

図表13-2　平行的トランザクション

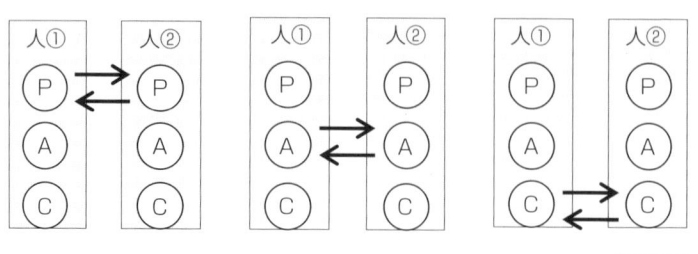

著者作成

　次は「交叉的トランザクション」で、これは、ある反応を期待して相手に刺激を投げかけても、期待に反する予想外の反応が返ってくるものである。ここでは交流の矢印は交叉して、平行にはならず、そのコミュニケーションはただちにとだえることになる。そして、相手に対する一方的批難、批判に終わるもの、受信者の反応が期待外れで食い違うもの、相互に求めるものがまったくずれているもの、という3つの種類に分かれる。

図表13-3　交叉的トランザクション

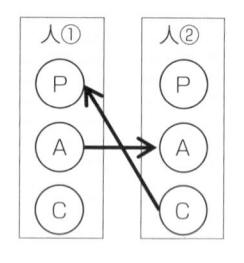

著者作成

　図表13-3の場合は、刺激者と反応者の間で最初、刺激者の大人の自我から反応者の大人の自我に対して何らかの言葉、行為により働きかけが行われたことに対し、反応者の大人の自我は有効に機能せずに反応者の子供の自我がきわめて子供っぽい（例えば理性的ではなく、きわめて感情的な）反応を刺激者の親の自我に、何らかの言葉、行為で返したという場面である。当然、この場合には真っ当な社会的な交渉（取引）は刺激者と反応者との間で行われることは不可能である。社会的な交渉

が行われるためには反応者の大人の自我の出現を待つか、刺激者が大人の自我で対応するのではなく、親の自我で対応しなければならない。

そしてもう1つ、「裏面的トランザクション」というものもある。表面的には一応もっともな、明白なメッセージを相手に伝えてはいるものの、その裏には心理的に、本音の欲求、意図、感情などの真意が隠されている場合である。ここでは、相手の1つ以上の自我に向け、顕在的・潜在的両方の交流が同時に行われているため、表面的レベルの交流にのみに焦点を合わせては、相手の真意は理解できないことになる。言葉の奥に潜む心理的レベルのメッセージに注意を払うことが、相手の行動を理解し、予測する上で大変重要な決め手となってくる。

図表13-4　裏面的トランザクション

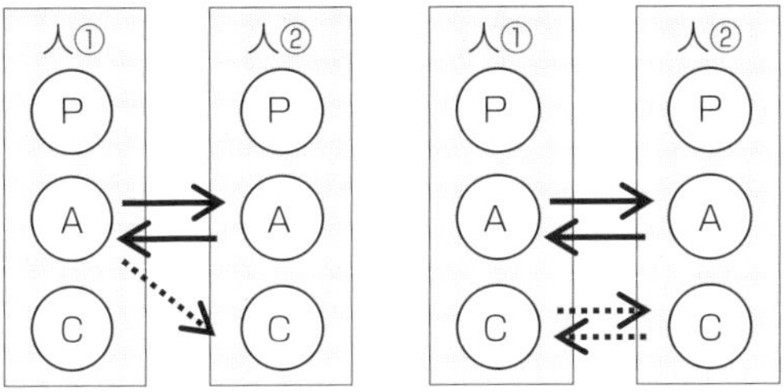

著者作成

ここでも、発信者が1つの自我状態から、表と裏の2つのメッセージを同時に送ることで、人をだましたり、陥れたり、あてつけや皮肉を言う場合と、発信者と受信者の間で、表面・裏面2つの交流が同時に行われる場合との2種類がある。特に後者には、相手への心遣い、という面もある。

この裏面的トランザクションにおいては、本音と建前とが入り乱れてやり取りされることになる。しばしば話に出されるような、「京のぶぶ漬け」などはまさにその好例であろう。しかし、この裏面的トランザクションによって、人間同士のコンフリクトが回避される面があることも見逃せない。特に、「異邦人」とのコンタクトがあまりないような閉鎖的な社会においては、このトランザクションによって、人間関係が円滑に動くことも忘れてはならない。

(2) 基本的構えとストローク

Berne は同時に、人間関係における「基本的構え」の考え方についても影響を及

ぼしている。基本的構えとは、自分と他人とに対して、肯定的なイメージを持っているのか、否定的なイメージを持っているのかで分類するものである。この「肯定的」という方向性を「OK」と表現すると、自他それぞれに対してOKか否かで4つに分けることができる。

図表13-5　基本的構え

	I'm OK	I'm not OK
You are OK	We are OK （自他肯定）	I'm not OK （自己否定） You are OK （他者肯定）
You are not OK	I'm OK （自己肯定） You are not OK （他者否定）	We are not OK （自他否定）

著者作成

　ここでは当然、自他肯定を目指すべきなのは言うまでもない。サービス提供側は何らかのトレーニングを受けているので、他者肯定でいられることが一般的である。もちろん、必ずしもそうではないケースもあるが、とりあえずここでは置いておくこととする。

　一方で、客側としては自己肯定に必ずしもなり得ない面もあるだろう。特に、サービス提供の場面では、客側の知らないこともとても多かったりするので、そういう点でも自己否定につながりやすい面もあろう。こうなってしまうと、提供されるサービスを楽しめないばかりか、苦痛の経験となってしまいかねない。

　しかしながら、本来的には顧客を疎んじる気持ちが店側にはないのが基本である。つまり、サービス提供を受ける際には、なるべく自己肯定の前提で相手と接し、相互的な関係の構築を目指す必要が生じる。そこにはお互いの信頼も必要となってくるであろう。この点については、やはり第3章を参考にして欲しい。

　そして、こうした基本的構えを踏まえ、実際のコミュニケーションが行われることになるのであるが、このコミュニケーションをさらに分解すると、「ストローク」と呼ばれる感情的刺激のやり取りということになる。ストロークとは、相手の存在や価値を認める刺激や働きかけのことである。これには、自分は相手に受容され、認められ、自分に存在価値があることを認識することができるプラスのストローク

と、相手に一応、自分の存在を認められてはいるが、繰り返されると次第に自分に対する自信を失い、意欲が消失していくマイナスのストロークとがある。プラスのストロークの具体例としては、相手に愛情表現をする、ほめる、励ます、勇気づける、信頼する、相手の話を傾聴する、うなずく、ほほえむ、声をかける、挨拶する、抱きしめる、握手する、なでる、さする、キスする、といったことが挙げられる。また、マイナスのストロークの具体例としては、批難する、しかる、怒る、ばかにする、けなす、軽蔑する、ダメだと決めつける、たたく、なぐる、つねる、足で蹴る、といったことが挙げられる。

　また、ストロークにはパターンが存在する。特有のストローク・パターンとしては、褒めることはできても叱ることが苦手、あるいは常に批判・批難ばかりで相手のよいところを認めず、決して褒めない、といったことが挙げられる。

　悪いストローク・パターンとしては、与えるべきストロークがあってもそれを与えない、欲しいストロークがあっても素直に要求しない、欲しいストロークが来ても受け取らない、欲しくないストロークが来ても拒否しない、自分自身にストロークを与えない、といったことが挙げられ、効果的なストローク・パターンとしては、自分のストロークの与え方、受け方の傾向をつかむ、つまり問題点に気づく、適切な肯定的ストロークを、周囲の人に積極的に与える、心から深いストロークを交換する、周囲から与えられる肯定的ストロークを素直に受け入れる、自分自身に肯定的ストロークを与える、つまり自分を励まし、勇気づける、といったことが挙げられる。

　そして、このストロークに関連したものとして、儀式（ritual）が挙げられる。これは、慣習的・形式的に決まりきった会話や態度、表情といった要素をやり取りすることで、お互いに肯定的なストロークを得ようとするもののことである。例としては、冠婚葬祭で取り交わされるメッセージのやり取りがある。サービス業でしばしば言われる儀式としては、天気の話や野球の話など、すなわち「予定調和」的なやり取りが挙げられるだろう。このような、定型的パターンで交換されるストロークの総量は、通常の相互的なコミュニケーションで得られるストロークよりも少ないのは当然である。

3. 消費者に求められるホスピタリティ

(1) 前提となる要素

 そもそもサービス提供側に必要であるはずのホスピタリティが、なぜ客側にも必要なのか。それは第1節の冒頭でも述べたが、ここでもう一度確認しておく。

 メニューの中から好きなものを選んで、それを着実に提供してゆく。こうしたサービス提供プロセスでは飽き足らない消費者が、応用的なサービスを求めることで、古よりのホスピタリティを事業としてマネジメントする必要性が出てきたことは第3章で述べたとおりである。

 そのような環境においては、客側がある程度、サービスの提供側に選択を委ねる必要が出てくることになる。そうであれば当然に、サービス提供側と顧客側とが良い関係性を保てる方が良いということになる。この良好な関係によって意思の疎通も図れ、また、関係そのものからの満足にもつながることになる。

 ただし、他の顧客との関係もポイントとなる。飯嶋(2001)においては、他の顧客がサービス事業に与える影響の大きさについて詳述されている(p.192-235)。ここでは、同質的な顧客を集めることが基本としてとらえられているが(p.234)、必ずしもそのような同質性の高い顧客ばかりを集められるわけではない。

 重金(2009)において、山口(1996)に出てくる銀座の高級寿司店での冗談の引用が興味深い。ここでは、銀座の高級店で主人公の「江分利氏」が、

 「このコナワサビ、ほんとによくできているなぁ」

とつぶやいたことに対して、店側はもちろん、その店の常連であることを誇りに思っていた顧客たちの反応も、いずれも「江分利氏」の存在を煙たがるものであったのは当然である。

 こうした場面に出くわすことは、残念なことに稀なことではない。このような光景が繰り広げられるのは、店側だけでなく、顧客側にもホスピタリティが足りない面があるからではないか。第1節で述べたようなコミュニケーションを基軸として、客も店と向かい合えば、より新しい価値の創出がしやすくなることが予測できるだろう。

(2) 消費者側のホスピタリティ研究

 吉田(2010)は、顧客側のホスピタリティ行動を、行為的要素の「委ね」、「反応」と、内面的要素の「受け入れ」、「許す・認める」の4つの要素から成り立つとした。

① 委ね：委ねとは、店側のコンサルテーション機能を最大限活用する行為である。
② 受け入れ：受け入れとは、店側から提供された応用的サービスについて、客自身の好みや価値観などによる評価は行わず、提供されたサービス・商品を受け入れ、とりあえず試してみようとする精神である。
③ 許す・認める：許す・認めるとは、消費した商品やサービスによって満足を得られなかったこと、あるいは、自分との価値観の違いを受容しようとする精神である。
④ 反応：反応とは、消費した商品やサービスの評価や感想を店側に伝える行為であり、消費した商品やサービスによって、期待以上の満足や新たな価値が創出された場合など、その喜びを店側に伝える行為である。当然、その逆もありえる。

まず、消費者は、さまざまなお店を探索し、何かしらの基準を満たしたと感じた店に入る。初めての店では、その店についての情報量は多くない。もちろん、事前にインターネットや書物などである程度の情報は入手できるだろうが、主観的判断ができるような「体験」は有していない。

つまり、初めての店では、その店が良い店なのか、良くない店なのか、主観で判断するための材料はほとんどない。消費者は情報を補うために、店内を見回したり、実際に商品を手にとってみたりといった行動をとる。しかし提供されている商品がサービスをはじめとした経験財である場合は、商品の評価には消費が必要である。そこで、その店の商品やサービスについての情報をできるだけ引き出そうと店員に商品やサービスについて質問したりする。

この際に、情報の非対称性が存在することを忘れてはならない。店は当然のことながら商品やサービスについての情報を消費者側よりも多く持っているのである。そこで、店にほとんどの商品選択を任せ、商品やサービスのコンサルティングを依頼するのが「委ね」である。

委ねた上で、店から提供された客にとって未知の商品やサービスを、過去の経験や、その店との関係性とは無関係にその商品やサービスを購入することで、その店を「受け入れ」る。

そして、受け入れた商品やサービスが、自分の期待どおり、あるいは、期待以上のものであった場合、その喜びを「反応」として、店側へ返す。この反応によって

店側のモチベーションが向上し、次の商品の推薦や、応用的サービスへの創意工夫の原動力となり、新たな価値創出の可能性が高まる。本来であれば、逆の反応についても「反応」すべきであろうが、日本人ではこうしたことはあまりない。

この「委ね→受け入れ→期待を超える満足→反応→店側の新たな応用的サービスの実施」のスパイラルが実現されることによって、店との関係性において、相互信頼関係（第3章）が構築されることになる。

一方、受け入れた結果として、期待を下回る満足しか得られなかった場合は、その反応として、店の拒絶、あるいは、新たな店の探索を行わず、「許す・認める」という行程をへて、再び「委ね」の行程へ戻り、店側の新たな応用的サービスを引き出すこともある。

しかしこの、「委ね→受け入れ→期待を下回る満足→許す・認める→委ね」のスパイラルは客にとって好ましい結果とは言えない。この負のスパイラルが一定以上繰り返されると、新しい店の探索が開始され、その店との関係性は放棄され、ゼロとなってしまうのである。

ただ、このモデルは普遍的に適用可能なものではなく、男女でかなり差があることがわかっている。

行為的要素の全体とお店との信頼度とは、女性においては相関があるが、男性においては相関があるとは言えない。すなわち、行動特性の高い女性は、どちらかと言えば、店側とホスピタリティな関係の構築がしやすいと考えられる。興味深いのは、委ねるという行為とお店の信頼度との相関は、男性ではマイナスの、女性ではプラスの相関があることである。店側に委ねる男性は、関係性マネジメントしにくいが、女性はしやすい面があるということになる。さらに、受け入れの要素は、男性においてはお店の信頼度と負の相関が見られた。つまり、男性は、店側に委ねたり受け入れたりが強くても、必ずしも関係構築ができるとは言えないということになる。男性の場合、関係構築につながっているのは店の利用頻度である。特に飲食店の場合にはその傾向が見受けられる。また、反応が強いほど、店との関係は構築しやすい。

ここから導かれる結論は、以下のとおりである。男性においては、店での態度よりも利用頻度の影響が大きい。ある程度、常連のような状態になっていきつつあるプロセスで、店との関係性をマネジメントしている様子がうかがえる。そのプロセスにおいて、委ねたり受け入れたりしすぎない方が、関係構築がしやすいようであ

る。女性は逆に利用頻度には関係なく、委ねたり反応したりといった態度が店との関係性マネジメントに重要となる。

4. おわりに

　ホスピタリティは、確かに提供側にとっての消費者との関係性マネジメント手法の1つではある。だが、このようにして見てくると、消費者自身がよりその店などの施設で楽しむためのものという側面も生じてくる。これこそが、ホスピタリティに内在する「相互性」によるものなのだろう。

　すなわち、ホスピタリティとは消費者自身のためにも必要なことなのである。

（佐々木 一彰／德江 順一郎）

参考文献

Berne, E.（1964）, *Games People Play*, Grove Press（南博訳（1967），『人生ゲーム入門』，河出書房新社）．
飯嶋好彦（2001），『サービス・マネジメント研究』，文眞堂．
重金敦之（2009），『すし屋の常識・非常識』，朝日新聞出版．
宮城まり子,『コミュニケーション』，産能大学教科書．
山口瞳（1996），『江分利満氏の華麗な生活』，角川書店．
吉田佳尚（2010），「客のホスピタリティ」，『産業能率大学德江ゼミナール論文集』，産業能率大学德江ゼミナール論文集編集委員会．

コラム 13-1．ブライダルを軸に B to C へ　　　　　　　　　　（徳江　順一郎）

■東京衣裳株式会社にみるホスピタリティ

　2010年で創業60周年を迎えた東京衣裳株式会社は、一般の人にとっては、普段はあまりなじみがない名前であろう。だが、実は同社は、テレビや映画、演劇、イベントにおける貸衣装の最大手である。つまり、われわれがテレビの画面やスクリーンで眺めている時代劇の侍の裃やお姫様の十二単、あるいはバラエティ番組でタレントが着ている派手な衣装などは、ほとんど同社が手掛けていると言っても過言ではない。

　そんな同社にも、われわれ一般人が接する部門が存在する。その中でもブライダル事業部は、Venus（ヴィーナス）というブランド名で、ディズニーランド・オフィシャルホテルの「ホテルサンルートプラザ東京」、「東京ベイ舞浜ホテル」、「東京ベイ舞浜ホテルクラブリゾート」に衣裳室を構え、聖なる日を迎える花嫁・花婿の衣裳を取り仕切っている。

　同社は、Sugar Kei や Sancta Carina、Jill Stuart、Barbie Bridal といったブランドドレスも多数揃えているが、特に力を入れているのが、13号以上、身長170cm以上といった大きなサイズのウエディングドレスである。このサイズになると、通常はドレスの選択肢が少なくなってしまったりするが、同社では「より美しく」というキーコンセプトを掲げ、妥協することなく選んでもらうという姿勢を貫いている。

　新宿の伊勢丹からほど近い場所に試着可能なサロンを構え、まさにホスピタリティ精神あふれるスタッフが、日々、幸せな日を迎える花嫁たちを彩るため奮闘している。あるスタッフは、「自分の幸せよりも、花嫁の幸せそうな姿を見ている方が『幸せ』を感じる」とまで話している。

　ブライダルは一生に一度の、きわめて重要な儀式であることは言うまでもないことだが、こうしたスタッフたちの精神の背景には、同社の長年にわたる姿勢があると考えられる。

　同社は創業以来、

　「『感動』をテーマに、今日までさまざまな趣向をこらしながら、数多くのテレビや映画、演劇、イベントをバックアップしてまいりました。

　時には、夢をクリエイトするメディアの担い手として、時には、笑いをおくるエンターティナーとして、それぞれの目的に応じ、人々の心に感動を呼び起こすもの

を創作してきたと自負しています。」
　という。
　すなわち、衣装を軸とした「裏方」のプロ集団としての自負がある。一般にホスピタリティというと、最前線のサービス・スタッフに意識が行きがちとなるが、それを支えるこうした企業の存在、そこで働くスタッフたちのホスピタリティ精神にも、これからは意識を向けなければならないだろう。
【インタビュー：東京衣裳株式会社　川田真之代表取締役社長、ブライダル事業部・石川雄一部長】

第14章
明日のサービス／ホスピタリティ

1. はじめに

わが国では、これからもますますのサービス経済化、ホスピタリティ社会化が進んでゆくことだろう。一方で、第1次産業や第2次産業の重要性が減じるということはもちろんない。しかしながら、メーカーを軸として発展したマーケティングを礎としてサービス・マーケティングが発達したように、これからは逆にサービスやホスピタリティで培われた知見が、第1次産業や第2次産業にフィードバックされてゆくことになるかもしれない。いや、むしろそうでなければ、わが国の第1次産業や第2次産業も衰退してゆきかねない。

そこで、本書の最後に、将来に向かってのサービス／ホスピタリティについて、若干の考察を加えておきたい。

2. 今後のサービス／ホスピタリティ研究

まずは、これからのサービス／ホスピタリティ研究に求めたいことがいくつかある。それを以下にまとめておきたい。特に、ホスピタリティ研究における現在の状況を踏まえて、言及しておくべきであろうと思われることについて指摘する。

第1章でも指摘したことだが、過度の語源重視と、情緒的ホスピタリティ観は、サービスとホスピタリティが表裏一体の関係である状況においては、有益なことはないと考えられる。確かにサービスと対比させることによって、ホスピタリティという言葉の持つ人間的なイメージが強調され、その結果としてホスピタリティが一般に広まっていったことは否定できない。しかしながら、この方向性が続いてゆくと、サービスの研究よりもホスピタリティの研究が重要であるといった雰囲気になりかねない。本書において、「サービス／ホスピタリティ」と並列に扱ってきた大きな理由はこれである。

さらにもう一つは、定義における要素羅列である。ホスピタリティにはA1、A2、A3、B2、などといった要素が含まれ、これを以ってホスピタリティとする、という定義づけがなされることが多い。だが、このような定義方法は、そこに記されていない要素について除外される可能性を生じせしめてしまう。さらに、いわば「鼻が長く足が太くグレーの色をした動物が象である」と「定義づけ」したようなもので、必ずしもホスピタリティの本質を抽出したものとは言い難い。

もう1つの大きな問題は、造語の多用である。あまりに多くの造語が用いられる

ことによって、他の学問分野の先行研究における成果との関係が希薄になる一方で、造語の定義者にとって都合の良い解釈がなされているケースも散見される。それこそ「サービス」や「ホスピタリティ」のように、どうしても他の既存の日本語にある用語では説明し得ない概念もあるのかもしれないが、特にホスピタリティからの派生語をあまりに多用しすぎると、結果的にホスピタリティが一般に受け入れられにくくなるのではないかと危惧される。

先人たちは、われわれが持っていなかった概念を表現する外国語の導入に際し、幾多の労苦を伴ってきた。かつて、マーケティングは「配給論」と呼ばれた時代もある。サービスも「用役」といった訳語があてられたこともある。このように、まずは日本語の概念に照らし合わせをして、われわれの持つイメージに少しでも近づける努力が求められるだろう。造語の多用は、こうした努力と正反対の行為である。

いまどきこのような表現を使うのは、むしろパロディーになってしまうであろうが、「ギロッポン」や「シースー」のような「業界用語」を多用する人間は、いわば「特殊な扱い」を受けるであろう。同様に、ホスピタリティ研究においても、可能な限り既存の用語を採用してゆくことで、研究のより一層の深化と他研究分野との交流による好影響の実現とが可能となろう。

ホスピタリティが「学際的」であると主張するのであれば、なおさら先行研究において深化されてきた研究成果を活かすためにも、そして先行研究との繋がりを保つためにも、あまり造語を用いずに理論展開をしてゆくべきである。

3. 産業界とサービス／ホスピタリティ

第1章でも述べたように、経済のサービス化はどんどん進んでいる。一方で、産業界ではサービス産業が一段低く見られていることも多い。

図表14-1は歴代の経済団体連合会会長と日本経営者団体連盟会長、そして合同してからの日本経済団体連合会の会長一覧である。所属企業のほとんどすべてが、いわゆる「重厚長大」型産業の製造業で占められていることがわかる。2010（平成22）年5月現在のその他の役員の所属企業を見ても、三菱重工業、トヨタ自動車、パナソニック、東芝、新日本製鐵、日立製作所、小松製作所、東レ、三菱商事、三井物産、みずほFG、野村HD、第一生命、三井不動産、全日本空輸、東京電力、日本電信電話となっており、サービス／ホスピタリティ産業としては、わずかに全日空1社が名を連ねているに過ぎない。評議員会の副議長になると、J. フロント

リテイリング（百貨店の大丸と松坂屋）、東日本旅客鉄道（JR東日本）、とサービス／ホスピタリティ関連企業が2社増加するが、それでも16名の評議員会副議長のうちの2名ということである。

ただし、これには仕方のない面もある。日本のサービス／ホスピタリティ産業は、売上規模でみると、上記の重厚長大型産業とは比べものにならないからである。企業ごとの売上高ランキングでは、トヨタ自動車の18.9兆円を筆頭に、日本電信電話の10.1兆円、日立製作所8.9兆円（いずれも2010年3月期、以下、特記なしは同期）がベスト3で、以下、本田技研工業、日産自動車、パナソニック、ソニー、東芝、日本たばこ産業、第一生命保険と続く。この中にはサービス／ホスピタリティ産業の企業は入ってこない。かろうじて11位にセブン&アイ・ホールディングスが5.1兆円（2010年2月期）で顔を出している程度である。

図表14-1　経済団体の歴代会長

	経済団体連合会歴代会長		日本経営者団体連盟歴代会長	
	歴代会長	所属企業	歴代会長	所属企業
初代	石川一郎	日産化学工業	諸井貫一	秩父セメント
2代	石坂泰三	東京芝浦電気	三鬼隆	八幡製鐵
3代	植村甲午郎	経団連事務局	加藤正人	大和紡績
4代	土光敏夫	東京芝浦電気	櫻田武	日清紡績
5代	稲山嘉寛	新日本製鐵	大槻文平	三菱鉱業セメント
6代	斎藤英四郎	新日本製鐵	鈴木永二	三菱化成
7代	平岩外四	東京電力	永野健	三菱マテリアル
8代	豊田章一郎	トヨタ自動車	根本二郎	日本郵船
9代	今井敬	新日本製鐵	奥田碩	トヨタ自動車
	日本経済団体連合会歴代会長			
初代	奥田碩	トヨタ自動車		
2代	御手洗冨士夫	キヤノン		
3代	米倉弘昌	住友化学		

出典：各団体資料

第14章　明日のサービス／ホスピタリティ

　他のサービス／ホスピタリティ産業では、オリエンタルランドが3714億円、エイチ・アイ・エス3250億円といったあたりが比較的規模が大きなところであるが、製造業と比べると桁が違っている。
　世界的な規模で眺めるとどうであろうか。日本経団連の役員にわが国でも唯一顔を出している航空業では、フォーチュン500によると、1位のLufthansa Group（ルフトハンザ・ドイツ航空）が364億ドルで総合順位では216位（この順位は500社総合、以下同様）、2位のAir France-KLM Group（エール・フランス、KLMオランダ航空）が338億ドルで240位、3位のAMR（アメリカン航空）が237億ドルで381位、4位のDelta Air Lines（デルタ航空）が226億ドルで403位、5位のUAL（ユナイテッド航空）が201億ドルで459位となっている（いずれも2009年）。やはり売上規模では他産業よりも低いことは否めないが、それでも数兆円規模の売上となっている。
　ただし、こうした事態は、サービスを提供する産業としては仕方のない面もある。サービスの持つ特性、すなわち在庫が不可能であるといった理由などから、大量生産がコスト削減に直結しないなど、規模の追求が必ずしも利益につながらないからである。
　だが、同一産業内での比較をした場合、わが国のサービス／ホスピタリティ産業が、世界的な基準からすると、規模が小さいことは確かである。
　例えば、わが国のホテルの売上げは、プリンスホテルが1,352億円、JALホテルズ1,299億円、東急ホテルズが745億円、東横インが519億円、帝国ホテルが495億円、ロイヤルホテル491億円、ニューオータニが421億円、阪急阪神ホテルズ417億円、ホテルオークラが399億円といった数字になる（いずれも2009年度、日経MJ他より）。
　一方、世界のホテル企業の代表として、こちらは米国企業のランキングであるフォーチュン1000から拾ってゆく。1位のMarriott Internationalは128億ドルで208位（この順位は1000社総合、以下同様）、2位のHarrah's Entertainmentは101億ドルで263位、3位のMGM Mirageは72億ドルで344位、4位のStarwood Hotels & Resortsは59億ドルで417位、5位のLas Vegas Sandsは43億ドルで519位、6位のWyndham Worldwideは42億ドルで528位、7位のWynn Resortsは29億ドルで691位、8位のPenn National Gamingは24億ドルで794位となっている。これらの企業は皆、

世界的なチェーン展開を行っているが、日本の上位ホテルはほとんどが国内での展開にとどまっている。これは他のサービス／ホスピタリティ産業でも同様である。

この「国内中心の事業展開」ということが、わが国におけるサービス／ホスピタリティ産業の売上規模が大きくなく、結果として国内の産業界におけるプレゼンスも低くなってしまっている大きな要因の1つである。そして、この事実は、昨今しばしば声高に叫ばれている「ガラパゴス化」の弊害にもつながりかねず、結果としての日本全体の地盤沈下という悲劇が待ち受けている状況に至ってしまう。

4. 明日のサービス／ホスピタリティ

わが国の製造業や金融機関、商社といった企業は、数兆円規模の売上を上げている一方で、サービス／ホスピタリティ産業の企業では、こうした世界的なプレゼンスを持ちうる企業がほとんど存在しないことがわかった。この大きな理由は、世界的な事業展開ができているか否かである。

第5章の宿泊産業でも述べたが、世界的な超高級ホテルが1990年代以降に続々とわが国に上陸した。一方で、わが国の高級ホテルの代名詞であった「御三家」のホテルは、いずれも海外進出に成功しているとは言いがたい。他にも、第7章のその他のサービス／ホスピタリティ産業において述べられていた、飲食関連事業者の売上げトップである日本マクドナルドは、誰もが知っているとおり米国起源の企業である。ランキングされている他の飲食関連事業者も、日本以外の起源のものが多いことが理解できよう。こうした事態が生じてしまったのはなぜだろうか。

例えば製造業であれば、いいモノをなるべく安く造ることができるシステムを構築すれば、他の国や文化圏にそのシステムを持って行っても、これまでは比較的受け入れられやすかった。文化的・社会的背景の相違によって、消費者のニーズや欲求の相違が生じたとしても、フィードバックされたデータと照らし合わせつつ、システムの改良を続ければよい。あるいはさらに安価に製造できる国や地域へと、製造拠点を移してしまえばよい。

しかしながら、人と人とが接するサービス／ホスピタリティ産業においては、文化的・社会的背景が異なる消費者だけでなく、そのような従業員に対しても特段の配慮が必要となる。日本人に受け入れられる顧客対応が、他の国においても受け入れられるとは限らないのである。ここに、

ホスピタリティ：（心からの）おもてなし

などととらえることの最大の罠が潜んでいる。われわれ日本人にとっての「おもてなし」は、必ずしも他の文化・社会においてもおもてなしになりえるとは限らないのである。逆に言えば、日本的なおもてなしをそのまま輸出したところで、それはまったくのピント外れな対応になる危険性さえはらんでいる。むしろ、その前提としての文化的・社会的な要素が、先に「輸出」されている必要が生じてくる。

日本国内での展開を意識するのであれば、暗黙知にのっとって関係性マネジメントを行ってさえいればよかったかもしれない。しかしながら、第5章で提示した旅館の衰退の原因からも明らかなように、日本国内でさえも価値観の大きな転換があり、暗黙知が通じにくい状況が出現しつつある。こうした状況においては、海外展開どころか、国内市場においても、やがて外資系の進出に対抗しえなくなってしまうかもしれない。いや、すでに宿泊産業や料飲産業においては、それが現実のものとなっている。

製造業や金融機関、商社などは数兆円規模の売上げを誇り、世界レベルのプレゼンスを持っていると述べたが、こうした産業でもわが国の存在感は低下する一方である。宿泊産業や料飲産業のようにならない保証はまったくないと言える。

わが国の企業は、一定のレベルのモノやサービスを産み出すシステムを構築すると、それで満足してしまう傾向が高いように思える。最近の日本企業は、その後にそれを取り巻くさまざまな要素について検証した上で、より一層の消費者にとっての利便性を追求して、さらに改良を加えたり、他の要素との相乗効果による消費者にとってのメリットを追求したりすることが少なくなってきているように感じられる。かつての日本企業ではそんなことはなかったのではないだろうか。最近ではむしろ、ひとたびあるカテゴリーで成功を収めると、それを軸として消費者を囲い込んで、より一層の利便性を「人質」に、さらに支払いをうながす（というよりも脅迫する）ような方向性が強いように見受けられる。

グローバルな競争を意識すると、こうした戦術がもはや通じなくなってきているのは自明の理である。その結果として国内市場でしか競争しえなくなり、海外に進出するどころか、逆に外資の上陸とともにその業界が席巻されてしまう。

ポイントの1つは、第2章で提示した、モノを軸とした視点ではなく、サービス的な視点で消費者を眺めることである。そして、時間軸を意識しつつ消費者との関

係性をマネジメントすることで、おのずからその企業は消費者にとってかけがえのないものになってゆくことだろう。そのプロセスにおいては、「異邦」な要素に対するアンテナを常に張っておき、利用できる面や相乗効果が期待できる面は大いに取り入れ、「新しい価値」の創出を意識するようにしなければならない。

　成立のプロセスにおいて、多くの民族や文化的背景を持つ人々が集まった国家である米国に存在する企業が、サービス／ホスピタリティ産業において世界的なリーディング・カンパニーを多く持つようになったことは、こうしたことを考慮すれば当然のことである。わが国はもちろん、米国ほどの民族的・文化的多様性は持っていない。

　しかし、われわれ日本人が普段着ている服は「洋服」であるし、普段用いている文字は「漢字」である。決して他の文化との親和性が低い民族や文化ではないはずである。さらには「漢字」をもとに「かな」と「カナ」を生み出し、西洋の料理をもとにして、「洋食」をはじめとした多様な料理を創出したりもしている。

　つまり、もともと自分たちには存在しなかった文化的・社会的要素を受け入れ、さらに、もとからあった要素と融合して「新しい価値」の創出を行うことは、決して苦手ではない。というよりも、製造業がこれほどの存在になったのは、まさにこうした技術導入とその革新の歴史に他ならず、むしろ得意なことであると考えられる。

　このようなことを成し遂げるためには、「異邦」な要素に対してのバリアを低減させ、共感・共鳴しあえる方向性を志向する必要がある。

　確かに、画期的なことをゼロから発想するような能力は、「出る杭は打たれる」この国ではなかなか難しいかもしれない。しかしながら、無理に革新的なことばかりを目指すのではなく、１＋１を３にも４にもできれば、それだけでも意義のあることとなる。

　繰り返すが、ホスピタリティとは

社会的不確実性が存在する状況での、主体間の関係性マネジメントによる新しい価値創出

を目指す考え方なのである。

　ここで、改めて主体間関係に存在する不確実性を、勇気をもってとらえなおすこ

とによって、サービス／ホスピタリティ産業が、暗黙知に頼りすぎない、世界に通じる関係性マネジメントを実現できるようになれば、わが国の衰退にブレーキをかけることもできるだろう。さもなくば、「かつて繁栄を誇った極東の島国は…」というフレーズが現実のものとなってしまうであろう。

(徳江 順一郎)

あとがき

編者あとがき

　本書は、私のライフワークとなっている、サービスとホスピタリティについてまとめたものである。いずれの概念も、一般的に使われる言葉でありながら、なかなかその実態がつかめない点で共通している。実は、ホスピタリティという研究対象に出会ってから、私の研究は、いったん迷走しかけてしまった。正直に告白をすれば、この得体のしれない概念に、まるで振り回されるような状況となった時期があったのである。

　その迷いを断ち切ることができたのは、学生時代からずっと研究を続けていたマーケティング論に立ち返ったことであった。マーケティング論で積み重ねられてきた重厚な理論体系は、多くのアプローチの存在の中で、さまよっていた私の羅針盤となってくれた。このことに、改めて先人たちに対する畏敬の念を深めた次第である。

　そして、マーケティングにおいて、関係性パラダイムに即した研究が増えてきていることも、私の研究にとっては追い風となった。関係性を軸として考えられるようになったことで、サービスとホスピタリティとに対するアプローチに、一本の芯を通せたと考える。さらに、関係性について研究する途上で出会った社会心理学もまた、私が新しいフレームワークでサービスとホスピタリティを考察するのに大変に役立った。

　このような本が上梓されるに至ったのも、こうした研究上の諸成果に触れることができたことが大きい。しかし、同時に、これまで私を指導して下さった先生方や仲間たち、協力して下さる現場のプロの方々のおかげである。この場を借りて御礼申し上げたい。

　上智大学の田中利見名誉教授、早稲田大学の宮澤永光名誉教授には、学部時代から大学院にかけて、マーケティングの考え方をしっかりとご教授いただいた。両師の存在がなかったら、私はサービス業の経営をはじめることも、マーケティングのコンサルテーションの仕事をすることもなく、また、大学の教壇に立つこともなかったであろう。

　ツーリズム学会においては、私にさまざまな機会を与えて下さる東京成徳大学教授（東洋大学名誉教授）の井上博文会長、常に細やかなお声をかけて下さる日本大学教授の今防人前会長、いつも温かな助言を与えて下さるホスピタリティツーリズ

ム専門学校校長の東條仁英前副会長、私のつたない研究に対しても1つ1つご指摘をして下さる東洋大学教授の松園俊志先生（日本国際観光学会会長）、確実な事務局運営をして下さる自由が丘産能短期大学の宮本博文先生をはじめ、多くの学会員の先生方にいつも叱咤激励されており、私のモチベーションの大きな源となっている。

また、同学会に入るきっかけとなった東洋大学の故・佐々木宏茂名誉教授は、一介のコンサルタントに過ぎない私を、体調を崩される直前まで大いにかわいがってくださり、その後の観光関連の諸研究への道を開いていただいた。

佐々木先生のご紹介による東洋大学の飯嶋好彦先生には、ツーリズム学会に入るきっかけともなり、多くの機会をお作りいただいた上に、本書の執筆も引き受けて下さり、大変なお世話になった。

金沢星稜大学の林雅之先生には、いったんは研究者の道をあきらめていた私に、再び立ち戻るきっかけを与えていただいた。林先生に誘われて顔を出させていただいた研究会でお会いした高崎経済大学の佐々木茂先生、早稲田大学の長谷川惠一先生には、多くの機会をお作りいただいた上に、本書の執筆にも参加していただいている。同じ研究会で議論させていただいた広島修道大学の森岡一憲先生、高崎経済大学の関根雅則先生、白鷗大学の飛田幸宏先生、高崎経済大学の坪井明彦先生、東京庵の戸倉信一郎先生には、常に学問上の刺激をいただいている。

日本大学の佐々木一彰先生、東洋大学の島川崇先生には、いつも刺激に溢れる「夜の勉強会」を共にさせていただき、本書において執筆もしていただいている。また、お二人と私も含め、観光学・余暇学を盛り上げようと力を合わせて下さっているLEC東京リーガルマインド大学の崎本武志先生、立教大学の佐野浩祥先生、ミュージシャンの宮入恭平先生、桜美林大学の下島康史先生、タナカ印刷株式会社の佐々木雅紀氏、株式会社チューブの青木禎斉氏は、私にとっての大切な仲間である。

私が学生時代からホテルや料飲サービスの研究を続けてこられたのは、広尾The Placeの山本隆範氏、山の上ホテルの大沼信氏、ホテルラフォーレの長沢篤氏、ホテルニューオータニの櫻庭周子氏、京王プラザホテルの高橋紀江氏、寿し処くにの近藤邦茂氏、六本木駄菓子屋の西貫氏、御徒町かっぱ寿司の真島秀治氏、六本木あきんどの大脇直樹氏、たていしの立石恭二氏・立石和哉氏ご兄弟といった、現場のホスピタリティ溢れるサービス・スタッフたちのおかげである。

また、社業がおろそかになりかねない状況で、しっかりと会社を守ってくれ、か

つ資料整理に奔走してくれた、株式会社アトレイユ・コーポレーションの浅井美希嬢の存在がなかったら、本書がこの時期に世に出ることはなかったであろう。そして、10年以上にわたって応援して下さっている、Salon de Cabaretのお客様方の存在が、サービスとホスピタリティを探求するモチベーションにつながっていることは間違いない。

　さらに、産業能率大学の作道恵介氏、由井格氏、産業能率大学出版部の坂本清隆氏には、本書の執筆にあたり、大変にお世話になった。

　最後に、本書を手にとって下さったすべての方々、心からのホスピタリティな関係構築ができることを祈りつつ、そしてそれが皆様の日々を豊かにしてくれることを願って、筆を置くこととしたい。

2011年3月

徳江　順一郎

索　引

あ行

- アゴン …………………………………………………………124
- アジアン・リゾート …………………………………………106
- アットハート婚 ………………………………………………163
- アットホーム婚 ………………………………………………163
- アレア …………………………………………………………124
- 安心保障関係 …………………………………………47,48,50
- 暗黙知 …………………………………………………………188
- 意図に対する期待 ……………………………………………47
- イリンクス ……………………………………………………124
- インターナル・マーケティング …………………………203,285
- インターネット ……………………………………59,77,102,297
- インタラクティブ・マーケティング ………………………203
- エキナカ ………………………………………………………70
- 応用的サービス ………………………………………………188
- 大手総合旅行業 ………………………………………………62

か行

- カウンター …………………………………………………151,154
- カジノ ……………………………………………………123,130,134
- ガラスの天井 …………………………………………………246
- 関係性概念 ……………………………………………………45
- 関係性マネジメント ……………………51,278,288,310,324,336
- 管理会計 ………………………………………………………217
- 企画旅行契約 …………………………………………………60
- キャスト ……………………………………………………172,189
- 客観的品質 ………………………………………………40,157,188
- キャリア ………………………………………………………246
- 行政 ……………………………………………………………287
- 競争戦略 ………………………………………………………194
- 挙式 ……………………………………………………………159
- グローバル・アライアンス …………………………………76

343

項目	ページ
ケータリング	165
ゲーミング	123
ゲーミング企業	130
ゲーミングの種類	125
ゲスト	172,189
ゲストハウス	160
原価	221
原価計算	221
航空業界	74
コードシェア	75
国際観光ホテル整備法	89,265
国際観光ホテル整備法施行規則	89
国鉄	68
個人情報保護法	267
固定的サービス	188
コミットメント関係	46
コミュニティホテル	93
コンプライアンス	257

さ行

項目	ページ
サービス・デリバリー・システム	180,242
サービス・マーケティング	200,330
サービス・マネジメント	180
サービス経済化	4
サービス主体	39
サービス対象	39
サービスの語源	9
サービスの定義	16,38
サービスの特性	17,39,196
財務会計	217
財務諸表	209,217
自我	314
資産	213
市場細分化	196
シティセールス	288

シティ・ホテル	88,96
私鉄	69
ジミ婚	162
ジャーナリズム	297
社会的不確実性	46,51
収益	210
周遊券	69
主観的品質	41,153,187
宿泊産業	88,265,270
宿泊施設の統一会計報告様式	224
宿泊特化型ビジネスホテル	93
受注型企画旅行	61
純資産	213
情緒的ホスピタリティ観	13,330
職人	111,308
新幹線	68
人的資源	241
信頼の下位構造	46
水族館	168
ストローク	320
性による分離	245
税務会計	218
セントラル・キッチン	149
船舶事業	81
専門結婚式場	160
総合結婚式場	160
相互作用	25
相互信頼関係	48,50,290,324
相互性	25
組織	232
損益計算書	210
損失	210

た行

ターゲット	196
貸借対照表	212

タクシー	84
地域ブランド	280
地域マーケティング	283
ツアーオペレーター	63
ディストリビューター	63
テーマ・パーク	170,172
デスティネーション・ブランド	281
デスティネーション・マーケティング	283
鉄道事業	68,271
手配旅行	61
動物園	168
渡航手続代行	61
都市ホテル	96
土地の文脈	108,111
トライアド・モデル	190
トランザクション	314

な行

仲居	103
ニーズ	18,20,38,154
ニーズの束	22
能力に対する期待	47

は行

パイディア	125
バス事業	82
バック・オフィス	181,242
パッケージ	42,187
ハデ婚	161
ハブ・アンド・スポーク	76,78
バリアフリー	261
ビジネスホテル	88,96
費用	210
披露宴	159

品質の変動性	40
負債	213
ブライダル	159
ブランド	280
フリークエント・フライヤーズ・プログラム	75
フロント・オフィス	180,242
ホールセラー	63
ポジショニング	198
募集型企画旅行	60
ホスト	189
ホスピタリティ・マネジメント研究	23,28
ホスピタリティ概念の定義	23
ホスピタリティ概論研究	23
ホスピタリティ拡張論	278
ホスピタリティ産業	26
ホスピタリティ産業研究	23,26
ホスピタリティの語源	10
ホテル	88,92
ホテルの分類	90
ボトルネック	235

ま行

マーケティング	194
ミミクリ	124
民鉄	69

や行

| 欲求 | 38,104 |

ら行

ラグジュアリー型都市ホテル	94
ランドオペレーター	63
利益	210

リゾートホテル	88,103
リテーラー	63
リブランディング	100
料飲産業	149,268,270
旅館	88,103
旅館業法	88,265
旅館業法施行令	89
旅行業	58,258
旅行業法	58,62
旅行相談	61
ルドゥス	125
レクリエーション	168
レンタカー	83

わ行

割引乗車券	69

英字

CRS	76
FFP	75
GDS	76
ICカード	70
IR：Integrated Resort	134
IT運賃	60
JR	68
LCC	77
M&A	270
MICE	118
PEX運賃	60

【執筆者一覧】(サービス&ホスピタリティ・マネジメント研究グループ)(五十音順)

飯嶋　好彦
　　京浜急行電鉄、東洋大学短期大学観光学科助教授を経て、
　　現在、東洋大学国際地域学部国際観光学科教授
　　ツーリズム学会常任理事、
　　日本国際観光学会／日本ホスピタリティ・マネジメント学会理事
　　博士（経営学）

伊藤　綾
　　早稲田大学法学部卒業
　　料理本の編集者を経て、現在、
　　株式会社リクルート　ブライダルカンパニー　メディアプロデュース部
　　ゼクシィ（首都圏版）編集長

蟹瀬　誠一
　　上智大学文学部新聞学科卒業
　　AP通信社記者、フランスAFP通信社、『TIME』誌東京特派員を経て、
　　フリージャーナリストに。主にTBSやテレビ朝日でのキャスターを歴任。
　　明治大学文学部教授を経て、現在、明治大学国際日本学部教授・学部長

佐々木　一彰
　　日本大学経済学部卒業
　　日本大学大学院経済学研究科博士前期課程修了
　　日本大学大学院経済学研究科博士後期課程単位取得満期退学
　　ネヴァダ州立大学EDP（カジノ上級管理者養成プログラム）修了
　　鈴鹿国際大学専任講師を経て、現在、
　　日本大学経済学部専任講師、早稲田大学ホスピタリティ研究所客員研究員
　　ツーリズム学会／ギャンブリング＊ゲーミング学会理事、経営行動研究学会幹事、
　　日本ホスピタリティ・マネジメント学会監事
　　博士（地域政策学）

佐々木　茂
　　明治大学商学部卒業
　　明治大学大学院商学研究科博士前期課程修了
　　明治大学大学院商学研究科博士後期課程単位取得満期退学
　　双田産業株式会社、高崎経済大学経済学部専任講師、助教授を経て、
　　現在、高崎経済大学経済学部教授、高崎経済大学附属地域政策研究センター所長、
　　早稲田大学大学院会計研究科、同商学研究科兼任講師
　　ツーリズム学会／経営行動研究学会常任理事、日本地域政策学会理事
　　博士（商学）

島川　崇
　　国際基督教大学卒業
　　ロンドンメトロポリタン大学経営学修士（MBA）観光学専攻課程修了
　　日本航空株式会社、財団法人松下政経塾、韓国観光公社海外振興所日本部客員研究員、
　　大検フリースクール島川勉強堂、株式会社日本総合研究所、東北福祉大学講師を経て、
　　現在、東洋大学国際地域学部国際観光学科准教授
　　日本国際観光学会常務理事

德江　順一郎
　　上智大学経済学部卒業
　　早稲田大学大学院商学研究科修士課程修了
　　在学中に起業し、現在、株式会社アトレイユ・コーポレーション代表取締役
　　東洋大学、高崎経済大学、産業能率大学、桜美林大学兼任講師
　　ツーリズム学会副会長

長谷川　惠一
　　早稲田大学商学部卒業
　　早稲田大学大学院商学研究科修士課程修了
　　早稲田大学大学院商学研究科博士後期課程単位取得退学
　　早稲田大学商学部助手、高崎経済大学専任講師、
　　早稲田大学商学部専任講師、助教授、教授を経て、
　　現在、早稲田大学商学学術院教授
　　ツーリズム学会常任理事、経営行動研究学会理事

藤津　康彦
　　早稲田大学政治経済学部卒業
　　カリフォルニア大学デービス校ロースクール卒業
　　米国 Debevoise & Plimpton 法律事務所を経て、現在、
　　森・濱田松本法律事務所弁護士・パートナー

松本　創
　　東京大学法学部卒業
　　一橋大学大学院法学研究科法務専攻法務博士課程ビジネスローコース修了
　　現在、井垣法律特許事務所弁護士
　　法務博士

吉田　雄人
　　早稲田大学政治経済学部卒業
　　早稲田大学大学院政治学研究科修士課程修了
　　アクセンチュア株式会社、横須賀市議会議員を経て、現在、横須賀市長

【執筆協力者一覧】

崎本　武志
　　法政大学法学部卒業
　　東洋大学大学院国際地域学研究科博士前期課程修了
　　株式会社ジェイティービー、環境・文化弘報研究所、
　　財団法人横浜市産業振興公社ベンチャーマネジャーを経て、
　　現在、LEC 東京リーガルマインド大学総合キャリア学部専任講師
　　日本ホスピタリティ・マネジメント学会評議員

重田　玲子
　　現在、産業能率大学情報マネジメント学部現代マネジメント学科在学中
　　ジャズシンガー

藤田　範子
　　九州歯科大学卒業
　　現在、宮田歯科三田診療所副院長

宮本　博文
　　創価大学経営学部卒業
　　放送大学大学院文化科学研究科修士課程修了
　　証券会社、広告代理店、企画会社勤務を経て、現在、
　　中小企業診断士（(社) 中小企業診断協会東京支部所属）
　　自由が丘産能短期大学能率科兼任講師
　　ツーリズム学会理事、NPO 法人文京区中小企業経営協会理事

サービス＆ホスピタリティ・マネジメント

〈検印廃止〉

著　者	サービス＆ホスピタリティ・マネジメント研究グループ
編著者	徳江　順一郎
発行者	田中　秀章
発行所	産業能率大学出版部
	東京都世田谷区等々力6-39-15　〒158-8630
	（電話）03（6266）2400
	（FAX）03（3211）1400
	（振替口座）00100-2-112912

2011年3月31日　初版1刷発行

印刷所／渡辺印刷　製本所／協栄製本

（落丁・乱丁本はお取り替えいたします）

ISBN 978-4-382-05646-6